国家自然科学基金（71363032）资助

昆明科学发展智库丛书

乡村旅游用地增值收益公平分配机制研究

——以云南为例

黄继元　白志红　著

中国财经出版传媒集团

经济科学出版社

Economic Science Press

图书在版编目（CIP）数据

乡村旅游用地增值收益公平分配机制研究：以云南为例/
黄继元，白志红著．—北京：经济科学出版社，2017.11
ISBN 978 - 7 - 5141 - 8667 - 3

Ⅰ.①乡…　Ⅱ.①黄…②白…　Ⅲ.①乡村旅游 - 土地
经营 - 收入分配 - 研究 - 中国　Ⅳ.①F592.3②F321.1

中国版本图书馆 CIP 数据核字（2017）第 280276 号

责任编辑：李晓杰
责任校对：刘　昕
责任印制：李　鹏

乡村旅游用地增值收益公平分配机制研究
——以云南为例

黄继元　白志红　著
经济科学出版社出版、发行　新华书店经销
社址：北京市海淀区阜成路甲 28 号　邮编：100142
总编部电话：010 - 88191217　发行部电话：010 - 88191522
网址：www.esp.com.cn
电子邮件：esp@esp.com.cn
天猫网店：经济科学出版社旗舰店
网址：http://jjkxcbs.tmall.com
北京季蜂印刷有限公司印装
710×1000　16 开　18.75 印张　270000 字
2017 年 11 月第 1 版　2017 年 11 月第 1 次印刷
ISBN 978 - 7 - 5141 - 8667 - 3　定价：58.00 元
（图书出现印装问题，本社负责调换。电话：010 - 88191510）
（版权所有　侵权必究　举报电话：010 - 88191586
电子邮箱：dbts@esp.com.cn）

前　言

　　有许多学者认为，中国经济社会的核心问题是"三农"问题，而"三农"问题的核心是农村土地问题，而农村土地问题的核心是土地增值收益分配问题。党的十八届三中全会明确提出："建立兼顾国家、集体、个人的土地增值收益分配机制，合理提高个人收益。"

　　土地增值收益分配是一个古老而又现实、普遍而又复杂的问题，吸引了古今中外许多著名学者对其进行研究，例如，国外的亚当·斯密、大卫·李嘉图、约翰·穆勒、亨利·乔治、卡尔·马克思、阿弗里德·马歇尔、约翰·梅纳德·凯恩斯等；中国的孙中山、杜润生、林毅夫、厉以宁、陈锡文、周其仁等。直到今天，对这一问题的研究仍然非常"热闹"，其研究历史之长、文献之纷繁、观点分歧之大、论战之激烈在经济学研究史中并不多见。

　　为什么本书作者选择"乡村旅游用地增值收益公平分配机制"进行研究呢？这是因为，近年来，乡村旅游及旅游扶贫成为了农村的热点问题，随之而来的乡村旅游用地增值收益分配成为当前乡村旅游开发中的现实问题。乡村旅游是旅游与农业的结合，其土地增值收益具有典型的综合性和多样性的特征，其形成机理和分配机制特别复杂，所以乡村旅游用地增值收益分配有其自己的特殊性。中国农村土地问题本来就很复杂，乡村旅游用地增值收益分配更增加了农村土地增值收益分配的复杂性。在学科范畴上，乡村旅游用地增值收益分配从属于旅游业与农业的交叉领域，是一个重要的应用性和基础学科课题，同时，乡村旅游用地增值收益分配理论研究直指收入分配学中矛盾"普遍性与特殊性"

的哲学命题。乡村旅游用地增值收益公平分配关系到乡村旅游健康发展、农民的切身利益、旅游扶贫的成败、社会公平正义。但目前，这方面的研究成果还非常少，因此，作者遵循在"现实"中选择"问题"，在"问题"中选择"热点"，在"热点"中选择"前沿"，在"前沿"中选择"难点"，在"难点"中选择"新点"的选题思路，既留下理论创新的空间，又使选题具有实用价值。

本书采用了实际调研与理论演绎，定性与定量相结合的研究方法，结合云南乡村旅游开发中的一些典型案例，通过"相关概念界定——构建基础理论——进行实证分析——找出问题的根源——构建公平的分配机制"这一分析框架，研究了中国乡村旅游用地增值收益公平分配机制的构建问题。本书的主要内容有以下七个方面。

第一，理论综述。对前人关于乡村旅游用地增值收益分配的研究成果进行了梳理和总结，找出现有研究成果可借鉴之处、存在的问题和不足，提出本书的突破点和创新点。

第二，乡村旅游开发与土地关系的研究。主要研究乡村旅游的发展与土地资源之间相互影响、相互依赖的关系。乡村旅游用地流转和乡村旅游发展之间的互动机理。

第三，借鉴地租理论、土地增值理论、土地增值收益定量分析、土地增值收益分配理论来研究乡村旅游土地增值收益。从农地开发、用途变化、投入要素、市场需求几个方面，解析了乡村旅游用地增值收益来源和形成机理，并研究了乡村旅游用地增值收益的表现形式、类型、特点和本质。

第四，研究了乡村旅游用地增值收益评估的内容和计算模型。在理论分析的基础上，应用模糊评价法和意愿调查评估法对乡村旅游资源和乡村旅游用地增值收益的评估进行了实证研究，提出了乡村旅游用地增值收益评估的基本方法。

第五，根据乡村旅游用地产权要素，界定了其增值收益的分配主体。围绕乡村旅游用地增值收益分配各主体的博弈策略和行为特征，为乡村旅游土地增值收益公平分配提供了理论依据，构建了复杂对象分配的理论基础。

第六，在实地调查的基础上，总结和分析了目前云南乡村旅游用地增值收益分配的基本状况、存在的问题和原因，为探索乡村旅游用地增值收益公平分配机制的建立提供了现实依据和理论根据。

第七，中国乡村旅游用地增值收益公平分配机制建设的总体框架。主要内容包括分配原则、分配目标、分配对象、分配依据、分配途径、分配模型、分配机制、制度保障等基本理论。

本书力求在理论上扩展乡村旅游发展及旅游扶贫研究的领域和范围，在中国土地补偿制度的理论体系中建立起适合乡村旅游用地增值收益分配机制理论框架，为完善乡村旅游用地增值收益分配理论提供有参考意义的理论分析方法，为旅游扶贫研究和倡导公平正义提供一个新的理论视角，丰富我国土地增值收益分配的理论体系。同时，本书也提出了一些实践层面上的政策建议以期对实际工作有参考价值。但由于乡村旅游用地增值收益分配涉及的内容太多、太复杂，更由于作者水平有限，本书难免有错误和疏漏，敬请读者批评、指正。

在本书出版之际，对指导和帮助本书出版的熊晶副校长、吴瑛教授、沈艳萍教授、毕丽芳博士、李树燕副教授、李微副教授、阮明阳副教授、王薇副教授、马少春副教授以及经济科学出版社的有关同志表示最衷心的感谢。

作　者

2017 年 10 月 17 日

目 录
contents

>   >   >   >   >   >

第一章

绪　　论

乡村旅游作为一种农业与旅游业交叉渗透的新业态，在提高农业经济效益、增加农民收入、农村扶贫等方面发挥了重要的作用。土地是农村的主导性资源，也是发展乡村旅游最重要的物质基础。旅游开发商进入农村，以各种方式流转农民承包地的使用权进行旅游开发带来的增值收益分配问题成为理论界和实际工作关注的热点。党的十八届三中全会明确提出："建立兼顾国家、集体、个人的土地增值收益分配机制，合理提高个人收益。"土地增值收益分配为世界性难题，各国的土地增值收益分配政策始终在土地增值收益归公与产权收益保护之间不断博弈平衡。[①] 对乡村旅游用地增值收益公平分配的理论研究，将对乡村旅游发展水平的提高及和谐社会的建立产生重要的推动作用，其理论及实践意义重大。

第一节　研究背景及意义

一、背景

早在 19 世纪 30 年代，西方发达国家就有了乡村旅游。20 世纪

[①] 朱一中，曹裕. 农地非农化过程中的土地增值收益分配研究 [J]. 经济地理，2012 (10)：135 - 140.

80年代以后，这些国家改变了乡村旅游单纯的观光功能，把休闲、体验和度假等多种功能融入乡村旅游，如德国的"度假庄园"、意大利的"绿色度假"、日本的"度假农业园"、法国的"乡村度假"、澳大利亚的"休闲牧场"、奥地利的"农家旅游"、韩国的"休闲农园"、匈牙利的"乡村旅游"等。在发达国家农村，乡村旅游的发展对阻止逐渐衰退的农业经济起到了意想不到的效果，乡村旅游对当地的就业、收入、社会文明的推动作用得到充分证明。许多国家把发展乡村旅游作为一种增收致富的重要手段。在美国有30个州制定了针对乡村旅游开发的政策，其中14个州编制了乡村旅游发展规划。西方许多国家都把乡村旅游作为推动当地农村地区农业发展的新兴动力。

在中国，乡村旅游起步于20世纪80年代。中国农业部公布的数据显示，中国乡村旅游"十二五"时期游客接待数和营业收入年均增速均超10%。2016年全国休闲农业和乡村旅游接待游客近21亿人次，营业收入超过5700亿元人民币，同比增长30%，从业人员845万人，带动672万户农民受益。2016年全国休闲农业和乡村旅游投资金额约3000亿元，同比增长15.38%。全国休闲农业和现存旅游上规模的经营主体达30.57万个，比上年增加近4万个。① 2015年8月11日，国务院出台《关于进一步促进旅游投资和消费的若干意见》，提出"2020年，要在全国建成6000个以上乡村旅游模范村、10万个以上休闲农业与乡村旅游特色村、300万家农家乐；乡村旅游年接待游客超过20亿人次，受益农民5000万人，通过发展旅游将带动全国17%的贫困人口实现脱贫。"国家旅游局分别在2015年7月和2016年8月召开了全国乡村旅游和旅游扶贫工作会，并制定了《乡村旅游扶贫工程行动方案》，提出："十三五"期间，广泛动员各方力量推动乡村旅游发展，加大旅游扶贫攻坚力度，力争通过发展乡村旅游带动全国25个省（区、市）2.26万个建档立卡贫困村230万贫困户747万贫困人口实

---

① 资料来源：《人民日报》（2017年04月12日09版）。

现脱贫致富。因此，很多地方把发展乡村旅游作为脱贫致富的重要方式，甚至列为主导产业或先导产业，各级政府和当地农村纷纷制定了吸引外资参与旅游开发经营的诸多政策，以出租土地等资源和各类优惠政策来换取外部资金开发乡村旅游。例如，云南省提出"十三五"时期，围绕全省打赢脱贫攻坚战的新任务，实施全域旅游富民工程，加快改造提升原有 350 个旅游特色村（其中民族特色村寨 150 个），新建 300 个民族特色和旅游特色村、250 个旅游古村落和 100 个旅游扶贫重点村，加大精准旅游扶贫力度，推进旅游扶贫开发建设，促进乡村旅游大发展。①

乡村旅游必须依托农村土地资源才能发展，乡村旅游用地就是农村土地利用的一种新方式，由单一利用转为综合利用，提高了农地的边际收益和综合效益。乡村旅游用地需要实现集中化、规模化经营。于是，很多农村农户通过出租、转让、反租倒包、股份制等把土地流转给外来企业或当地大户开发乡村旅游。虽然，土地流转提高了乡村旅游的发展速度，带动了当地农村的经济发展，但也增加了农村的复杂关系，从大量发生的案例来看，乡村旅游土地流转开发引起的土地增值收益并没有得到合理的分配，农民的利益在不同程度上受到了损害，不少"农家乐"变成了"老板乐"，引发了不少矛盾。旅游开发如果处理不好利益分配，既可能成为制约乡村旅游发展的因素，又可能激化农村的社会矛盾，例如2007 年，西双版纳傣族自治州傣族园景区内的居民由于不满旅游利益分配，一些村民通过砍树破坏路灯，协助游客逃票，修建异化建筑等发泄不满。② 例如在云南，在全国时有类似情况发生。

真正撕裂一个社会的，不是生产力水平的高低，而是分配。③ "土地是一切生产和一切存在的源泉"，④ 农村集体土地，既是集体重要的

---

① 资料来源：云南省旅游发展委员会，云南省旅游扶贫专项规划（2016～2020 年）.
② 左冰，保继刚. 制度增权：社区参与旅游发展之土地权利变革 [J]. 旅游学刊，2012（2）：23-26.
③ 中国未来十年的政治经济分析 [N]. 人民日报：2017-02-15.
④ 马克思恩格斯全集（第2卷）[M]. 北京：人民出版社，2003：109.

资产，又是国家的经济命脉。土地是乡村旅游发展的基础性资源和农民收入的主要来源；乡村旅游用地增值收益分配是政府、企业、集体和农户的利益纽带缔结要素，影响着各利益主体之间的平衡关系，从长远看来，也是农村土地制度改革、经济结构优化、社会稳定发展的关键因素。所以，乡村旅游用地增值收益的公平分配成为乡村旅游发展的核心问题之一。

二、意　义

（一）理论意义

党的十八大明确提出"改革征地制度，提高农民在土地增值收益中的分配比例"。2013 年 2 月国务院批转《关于深化收入分配制度改革的若干意见》指出，给予农民"合理分享土地增值收益。"中央十八届三中全会明确提出："建立兼顾国家、集体、个人的土地增值收益分配机制，合理提高个人收益。完善土地租赁、转让、抵押二级市场"。这就提出了研究土地增值收益公平分配机制理论的迫切性和重要性。目前，理论界关于农村土地增值收益分配的研究成果非常多，但把它与乡村旅游开发联系起来的研究很少。旅游发展中的收益分配问题已经成为整个社会关注的焦点，但至今缺乏深入的探讨和有建树的观点。① 研究乡村旅游开发中土地增值收益分配的理论成果几乎还是空白，另外，本书把土地流转与乡村旅游用地增值收益分配联系起来研究，是因为农村土地流转与农村土地的价值紧密相连，乡村旅游用地的价值在流转中得以体现，不流转即无价值。所以，从内容上讲，本书是一个具有创新内容的成果，在理论上具有探索性，可为正确处理乡村旅游开发中土地增值收益分配提供理论参考；为精准扶贫决策有重要参考价值。

---

① 左冰. 分配正义：旅游发展中的利益博弈与均衡 [J]. 旅游学刊，2016 (1)：14 – 16.

乡村旅游用地增值收益分配有其自己的特殊性，乡村旅游是旅游业与农业的结合，其土地增值具有典型的综合性和多样性的特征，其形成机理和分配是一个特别复杂的问题。在学科范畴上，乡村旅游用地增值收益分配从属于旅游业与农业的交叉领域，是一个重要的应用性基础学科研究课题，同时，乡村旅游用地增值收益分配理论研究直指收入分配学中矛盾"普遍性与特殊性"的哲学命题，本书为之提供理论解释，有助于构建对复杂对象分配的理论基础，发展和完善土地增值收益分配理论。乡村旅游用地增值收益公平分配的研究承载了旅游管理和农业管理科学的双重理论价值，这个新兴的、尚缺乏太多研究关注的交叉领域值得进行更加精深的学术耕耘，其理论研究对乡村旅游管理与土地管理都具有重要的理论意义。本书从乡村旅游开发土地增值收益分配这个新角度探讨乡村旅游具有一定的特色和创新。一方面，很多地方响应党中央的号召，把乡村旅游作为脱贫致富的新途径，大力开发乡村旅游；但另一方面，遍地开花的乡村旅游却处在小、散、弱、差的状况。如何提升乡村旅游的水平？如何通过旅游开发帮助农村脱贫？很多工作者和学者从资源开发、融资投资、培训教育、经营模式、市场营销、生态环境保护等方面进行研究，但本书把焦点放在乡村旅游开发中的土地增值收益分配这一领域，扩展了乡村旅游发展及旅游扶贫研究的领域和范围，把研究引入更加深入的层次。通过对云南典型代表的研究，对中国土地增值收益分配理论体系建设，建立乡村旅游用地增值收益公平分配理论框架；通过公平分配机制的引导，形成政府、企业、村级组织和农民在乡村旅游发展中和谐共处，避免非合作博弈的低效率纳什均衡，理论成果在全国乡村旅游开发热潮中有广泛的应用前景。

（二）现实意义

发展乡村旅游是国家新农村建设、精准扶贫的重要举措。例如，云南省旅游发展委员会制定的《云南乡村旅游发展总体规划（2012～2020 年）》提出，到 2020 年要建设乡村旅游点 5 万个、旅游小镇 60

个。中国广大乡村地区脱贫心切，发展乡村旅游的热情高，乡村旅游发展快、数量多，具有民族多样性、投资主体多、生态环境敏感、问题和矛盾复杂等特点，对其进行研究具有重要的实际意义。在乡村旅游业迅猛发展的农村地区，农地使用的分散性与旅游经营集中性要求的现实矛盾日益突出，于是产生了土地流转集中土地资源的需求，随着乡村旅游的深入发展，大量的土地流转给了外来企业或大户或当地政府发展乡村旅游，但是土地流转中的土地增值收益分配加剧了农村土地问题的复杂性。乡村旅游用地的流转过程可以说是一个新的利益分配过程，涉及农地转让方及受让方、基层政府包括村集体经济组织等各主体方面的利益再次分配。可以说，如何做好乡村用地增值收益公平分配，实现农地的有效整合与高效经营，是当前推进乡村旅游发展和社会安定的重要命题，对中国乡村旅游健康发展及扶贫有其重要的现实意义。

第一，有利于引导农业资源的合理利用，促进农民脱贫致富。广大农村是一个乡村旅游资源丰富的地区，如何在发展乡村旅游的过程中，充分利用农村土地资源，同时又能够保障农民的实际利益，成为乡村旅游发展过程中的一大难题。本书有助于这一难题的解决。

第二，随着乡村旅游业的发展，乡村旅游用地的经营方式也多样化，在土地经营权转让过程中，乡村旅游用地增值收益分配对于显化土地资产、加强集体土地资产管理，促进旅游用地流转的培育与规范、促进土地资源开发体制创新等方面有重要的意义。加强对乡村旅游用地要素的价值构成进行分析和乡村旅游用地增值收益研究，为短中期的旅游用地经营权转让中的土地资产评估提供了一个新思路。

第三，有利于乡村旅游的健康发展。乡村旅游在农村具有重要的扶贫作用，通过对乡村旅游开发中土地增值收益分配的研究，找出问题及其中的深层次原因，构建乡村旅游开发土地增值收益公平分配的制度，有助于政府实施精准识别、精准帮扶、精准管理的治贫方式，对推动乡村旅游健康发展及旅游扶贫有积极的实际意义。

第四，有利于农村和谐发展。在一个社会中，贫困的存在及其严重的程度取决于两个因素：其一，这个社会能够生产多少物质财富？其二，这些财富如何分配？乡村旅游用地增值收益分配就是一个物质财富经过劳动分配（初次分配）和社会保障（再分配）的过程。在乡村旅游开发过程中，如果处理不好土地增值收益分配问题，不但影响乡村旅游的健康发展，甚至还有可能积聚、酿成群体性事件引发社会矛盾。所以研究在新的土地政策指导下，妥善、合理地处理好这个问题，对于农村社会稳定有很大实践意义。

第二节 相关概念、研究对象界定及研究方法

一、相关概念界定

鉴于学术界有关乡村旅游、土地流转及土地增值收益等相关概念太多，部分概念还没有得到学术界的一致认可，没有统一的定义和标准，尚处于争议阶段，同时，也为了行文上的方便并避免文字上的争议，本书对如下几个关键概念和研究对象加以界定。

（一）农村集体土地

《农村土地承包法》第二条规定"农村土地，是指农民集体所有和国家所有依法由农民集体使用的耕地、林地、草地，以及其他依法用于农业的土地。"农村集体土地在《宪法》第十条规定"农村和城市郊区的土地，除由法律规定属于国家所有的以外，属于集体所有；宅基地和自留地、自留山，也属于集体所有。"《土地管理法》第四条中规定"农村集体土地分为农用地、建设用地和未利用地三大类"，其中农用地"是指直接用于农业生产的土地，包括耕地、林地、草地、农田水利用地、养殖水面用地等"。考虑到农村土地上的旅游开发的土地增值收

益分配是问题的焦点所在，本书把农村集体土地分为三个部分：生产用地、建设用地和宅基地。生产用地一般是指耕地、林地、园地、牧草地等用地，建设用地主要是指用于乡镇集体企业建设用地或乡镇公共基础设施用地，直接服务对象是当地乡村全体农民，宅基地是指农民为建造自家住宅而占用的土地。

（二）农村土地流转

直到目前，理论界对土地流转的理解还不准确和统一，鉴于乡村旅游开发与土地流转的多样性和复杂性，本书认为：在农村家庭承包制的制度框架下，可把农地产权结构分解为所有权、承包权、经营权（使用权）三种基本权益。农村土地所有权归农村集体拥有，土地的承包权和经营权归农民拥有，农民可以将土地经营权转让给其他个人或组织，也就是说土地的所有权、承包权和经营权可实现"三权分离"。基于此，本书把农村土地流转定义为，在土地所有权不变的基础上，农户把自己承包村集体的部分或全部土地的经营权（使用权），以一定的条件流转给第三方经营。从产权制度的角度看，根据我国相关法律的规定，农村土地实行集体所有制，即农村土地归全体农民拥有。所以，从产权的角度讲，农村土地可以实现所有权、承包权、使用权的分离。农民可以将土地使用权转让给其他农户，但仍可保留承包权。土地流转是土地使用权或者经营权的流转，在土地的所有权属和用途不变的情况下，土地使用权在不同主体之间的流通与转让，因此，农地流转实行"三权分置"可以进一步深化农民土地权利保障。

根据对（农民）集体土地的分类，我们将（农民）集体土地流转做如下分类：（1）农用地的流转，即农用地经营权的流转；（2）农村集体建设用地（包括宅基地）的流转，即在农村集体内部不改变集体建设用地的功能与性质的前提下的流转。

从流转范畴来讲，农地流转有内部流转和外部流转之分，内部流转是指，农村土地在农村范围内不改变土地的所有权和农地用途的土地流转。外部流转则是指农业用地流转后，土地的所有权和用途都发生了质的变化，即农地的所有权变更为国有，用途转变为城市建设、非农建设用地等，农地外部流转后，土地的产权发生了根本的改变，即农民永久性失去了所有权、承包权和经营权。本书仅探讨农业用地的内部流转。

（三）乡村旅游

对乡村旅游最早下定义的是欧盟和世界经济合作与发展组织，1994年将其定义为"发生在乡村地区的旅游活动"；世界著名乡村旅游专家鲁蒂（Nulty）指出："乡村旅游的概念涵盖了很多要素，其中心部分是乡村旅游社区。乡村旅游依赖于提供旅游场所的农村地区，它的遗产和文化，乡村活动和乡村生活"。[①]

目前我国大陆学术界，许多专家、学者对出现在农村的旅游有多种称谓，据本书汇总，主要有"休闲农业""观览农业""观光农业""风光农业""农村旅游""田园旅游""旅游农业""旅游生态农业"等十多种称谓。有学者认为，这些概念有细微差别，但总的内涵基本上还是一致的，即凡是以包括农、林、牧、副、渔等广泛的农业资源在内的农业生产和农村为载体，为游客提供特色服务的观光、游览、休闲、度假、科普、考察等形式的旅游，都可以纳入乡村旅游的范畴。[②] 根据国内外学者对乡村旅游所下定义的内涵，本书把乡村旅游界定为："乡村旅游是指以乡村的田园景观、村镇聚落、农家生活、农业生产、民俗风情、农耕文化和农村环境为载体，为人们提供农业观光、休闲、度假、娱乐、体验、健身的一种旅游活动"。乡村旅游包括两大因素：一是旅游发生在乡村地区；二是以乡村性作为旅游吸引物，二者缺一不可。特别强调的是，乡村旅游既是一

---

① 王云才. 国际乡村旅游发展的政策经验与借鉴 [J]. 旅游学刊，2002，17 (4)：45 - 50.

② 郭凌. 农村土地发展权实现问题研究——以乡村旅游为视角 [J]. 甘肃社会科学，2008 (4)：210 - 213.

种旅游方式，又是一种农业经营模式，是农旅融合发展的一项新业态，所以，在许多学术刊物、政府文件、旅游规划中都把"乡村旅游"和"乡村旅游业"通用。本书的乡村旅游泛指乡村旅游活动和乡村旅游经营活动。

传统农业以农作物种植为主，其收益不包括种植业以外的收益，是一种浅层次、简单土地利用模式，而乡村旅游开发则是一种深入的、综合的土地利用模式，最大的优点是将农业土地开发的多重效益充分发挥出来，将农业的景观变化、生产周期的耕作方式、农家习俗、农耕文化和农产品变成旅游产品；把农家院变成旅游设施，把民族节庆变成特色旅游文化活动，把农村绿水青山变金山银山。总之，乡村旅游挖掘了农村土地资源的多种潜力，把农村地区的物质文化和精神文化，都作为旅游产品和消费对象。乡村旅游是在保持农用地性质不变的情况下，对农业种植结构进行调整，从相同面积的土地上获得了较高经济收益，是一种更全面的农业经营模式。

（四）乡村旅游资源

乡村旅游资源是指附着在农村土地上能够吸引人们到乡村旅游的一切具有乡村特性的事物，包括乡村的自然环境、文化环境、生活环境和社会环境，是发展乡村旅游的重要资源，是吸引旅游者的主要因素。乡村旅游资源是有形的以物质形态存在的资源（村庄、树木、庄稼、珍稀动植物等）和以精神形态存在非物质资源（乡村生活情趣、乡村文化体验、农耕科学知识等）的统一。乡村旅游资源具有重要的经济价值，它是乡村旅游用地增值收益重要影响因素之一，是乡村旅游用地增值收益的重要组成部分。

（五）乡村旅游（业）用地

1. 乡村旅游（业）用地的内涵

乡村旅游用地，也叫乡村旅游业用地，两者在学术论文、政府文件、旅游规划中经常通用。乡村旅游用地是一种新的土地利用方式，在我国《城乡建设用地分类标准》中也没有对乡村旅游用地进行有效合理的界定，目前还没有统一的定义。本书把它界定为："农村范围内能够用于开发乡村旅游的土地，是在农村集体土地基本维持原用途不变的前提下，通过对农地上农作物品种、规模的调整，对相关配套设施的完善，利用级别的提升，利用时节的延长，在原来单一的农业生产的功能上增加了旅游功能的一种新型农业用地"。从旅游者的角度看，是指能为旅游者提供乡村旅游活动的土地；从旅游开发的角度看，是指可用来发展乡村旅游并且能够取得旅游经济效益的土地。乡村旅游活动涉及的土地资源包括了耕地、园地、林地、牧草地、水域，甚至宅基地等土地利用类型。不同类型的农村土地的功能是不一样的，乡村旅游开发就是把它们的功能和旅游用途相结合加以开发，让其成为乡村旅游资源和乡村旅游的载体，既成为农业生产的对象，同时也成为乡村旅游的基本要素。

2. 乡村旅游用地的特点

乡村旅游用地主要来自农村集体用地、农用地、林地、牧草地、宅基地、四荒地及池塘、水库、溪流、河岸等，一旦作为乡村旅游用地后就有明显的特征。第一，乡村旅游用地是一种复合型的农业旅游资源型土地，具有多种功能、多种利用性质，呈现多种用途特征。它是既有经营农业生产的功能，又具有开展乡村旅游活动的功能的土地，它是基于农业发展基础的土地资源和旅游资源开发和再利用，其带来的结果表现为经济收益的大幅增长和土地价值的增长。第二，乡村旅游以农业生产活动为依托，旅游辅助功能用地比重较小，所以，乡村旅游用地类型与结构简单，项目用地除少量用于建设辅助用房外，其余都是结合农、林、牧、渔等各产业生产需要的耕地、林地、草地、农田水利用地及养殖水面等农用地。由于大部分乡村旅游项目用地属于农业产业结构调整范围之内，所以，乡村旅游用地基本保持了原自然地貌，对农用地的可耕作层破坏较小。第三，乡村旅游用地绝大部分土地均属农业用地范畴，与农用地征为工业用地或商业用地所不同的是，用于乡村旅游开发后的土地资源类型未产生变化，仍然属于农业用地,只不过是在农业的经营方式、经营内容上加以拓展。第四,乡村旅游用地是在农村范围内对土地进行旅游开发利用的土地,虽然经营权可能发生了流转,但土地的所有权没有改变,仍然归农村集体所有。乡村旅游发展需要的建设用地主要是把农村原来的集体建设用地改造为乡村旅游建设用地,而其用地性质未发生改变,建设用地仍然为建设用地。乡村旅游建设用地较少,主要是通过对农村已有基础条件的整合来开发,保留有特色的传统建筑、提升改造基础设施;或者是对原有的乡镇企业用地由于土地试用期已满或者破产等原因而保留的农村集体建设用地进行旅游利用。为了保持乡村特色,乡村旅游开发中人工开发程度都较低,土地的所有权仍然是农村集体,只是土地经过旅游开发后,它同时具有了两个产业的双重特性。旅游开发在其中起到了对土地生产力立体综合开发与利用的作用,体现了土地生产和旅游的双重价值。①

3. 乡村旅游用地的分类

乡村旅游用地包括非建设用地和建设用地两大类。非建设用地又可以分为自然景观用地、人工景观用地两类,这两类景观用地在乡村旅游中都发挥景观作用,用地的性质一般不发生改变。乡村自然景观用地是指,只受到人类间接、轻微或偶尔影响而原有自然面貌未发生明显变化,具有一定美学价值、科学研究价值和游览观赏价值的乡村自然风光景象用地,旅游开发过程中地面没有固化、土壤层没有遭到破坏;② 乡村人工景观用地是指经过人类较大程度的改造,但原有土地用途不变,同时可以开展乡村旅游活动的农业用地、水域用地、绿化用地、景观用地等。乡村旅游建设用地主要是指,为发展乡村旅游而开发的基础设施建设用地、服务设施用地、旅游商品生产用地。乡村旅游用地详细内容,见表1-1。

---

① 席娅. 旅游开发中的土地资源综合利用 [J]. 国土资源,2009 (6):32-35.
② 王金叶等. 基于桂林旅游产业用地改革背景下的旅游用地分类 [J]. 桂林理工大学学报,2015 (2):15-18.

表1-1 乡村旅游用地分类

乡村旅游用地	乡村旅游非建设用地	自然景观用地	对旅游者有吸引力的非人工营造，自然形成的森林、草地、野生动物栖息地
			具有旅游价值的湖泊、江河、湿地、沼泽、瀑布、雪山、冰川泉、溪流等自然景观
			具有旅游价值的山地、岩溶、黄土高原、岛礁等自然景观，以及地文景观形成过程遗迹
		人工景观用地	可以开展旅游活动的农田、园林用地，如开展农业观光的农田、开展采摘体验的果园等经济林地，以及蔬菜种植地
			用于开展旅游活动的设施农业用地，如大型室内农业观光园
			用于开展旅游活动的牧副渔养殖基地，如垂钓用的鱼塘
			用于旅游开发的文物古迹、历史建筑物、旅游民俗村、农耕文化博物馆等用地
	乡村旅游建设用地	旅游基础设施建设用地	独立设置用于游客集散的交通运输用地和交通附属设施用地。指专用旅游道路、交通附属设施包括交通集散地（游客服务中心）、停车场、自驾车营地等
		旅游服务设施用地	独立设置用于旅游住宿、餐饮的设施用地等，如农家餐厅、农家旅馆、民宿、购物商场（商店）
		旅游商品生产用地	用于乡村旅游的食品、地方土特产品、纪念品（工艺品）、旅游日用品等生产、加工基地用地

（六）乡村旅游用地流转

为了使研究有针对性和规范性，本书把乡村旅游用地流转界定为："农村用于旅游开发的土地流转，即把农村集体土地的经营权以出租、转让、转租、反租倒包、互换、入股等方式流转给其他人或组织进行乡村旅游开发"。乡村旅游用地流转的本质是掌握土地资源的农民及需要土地的开发商为提高土地利用效率的一种经济行为，这与其他农村土地流转在本质上并无区别，但有其自身的特点。一是所流转的土地是用于乡村旅游开发，土地流转中的流入方成为主动需求方，以乡村旅游开发为目的，目标是实现利润最大化。二是土地利用具有综合性，即一些土地仍然作为农地使用，如种植生态蔬菜、高科技观赏性蔬菜等，而有一些土地作为建设用地，例如，建设餐厅、农家旅馆等；还有一部分是旅游生态用地，例如，湿地公园。三是土地流转规模较大，乡村旅游的高级阶段往往追求规模化、产业化发展，因此乡村旅游用地流转一般数量多、规模大；四是时间长。乡村旅游需要较长时间的开发和经营才能取得较好的经济效益，所以，经营者在租赁土地上往往希望长时间租赁农民的土地。五是乡村旅游用地流转与乡村旅游用地的价值紧密相连，乡村旅游用地的增值收益分配在土地流转中得以体现。

乡村旅游用地流转不是农民将土地卖给开发商，而是在一定时间段内放弃开发该土地资源的权利，乡村旅游土地所有权属于农村集体的本质没有改变，开发商获得的仅仅是在法律允许范围内的旅游用地的使用权利，"并且该根据德姆塞茨的观点，所有权只是一种法定的存在，但决定着其他派生产权的内涵，如果所有权主体希望能从拥有资源中获取利益，就需要对附属于所有权上的各项权利进行分解（如使用、收益、处置等权利），通过产权交易过程，给不同的权利主体来运作，以实现最高的资源配置效率"。① 所以，乡村旅游用地流转是所有权主体追求土地效益最大化的一种表现。乡村旅游用地的流转仍然要遵循国家土地流转关于不得改变土地所有制性质和土地用途、不得损害农民土地承包权益的规定。

（七）土地增值收益

土地增值是指土地价值的增加，也就是指在土地开发利用或交易过程中发生的土地价格增加。所谓收益是指在使用标的物的过程中获取利益，在民法上称之为"孳息"。孳息是指因物或权益而生的收益。我国民法认为法定孳息即收益，由用益物权人取得。孳息可分为天然孳息和法定孳息，法定孳息是指依照法律规定产生的收益物。法定孳息的收取由债权法规定，包括租金、承包金、利息及迟延支付的利息等。②

---

① 林璧属，林文凯. 旅游景区经营权价值评估——基于实物期权视角的研究 [J]. 旅游管理，2013（6）：91 - 95.

② 魏振瀛. 民法 [M]. 北京：北京大学出版社，2000：125 - 126.

土地增值收益，是指改变土地现有用途或增加开发强度新增的纯收益。农村土地增值收益是农民集体所有的耕地、林地、草地等农用地以及集体建设用地收益的增加，其本质是土地所有者和土地使用者可从土地价格变化中获得一定的价格差额。① 农村集体土地增值收益可划分为内部增值收益和外部增值收益。

1. 农村土地内部增值收益

农村土地内部增值收益是指在土地所有权未发生转移，即属于村集体的条件下，土地由于价值增加或价格上涨所实现的增值收益。这种形式的农村土地增值收益又可依据土地使用权是否流转分为两种②。

（1）农村土地非流转增值收益。这是指农村农民使用自己的承包地，由于劳动、资金、技术等要素的投入而使得土地产出率提高，以及供求关系的变化而使土地价格提高，由此带来土地收益的增加。其特点是农民既是农村土地的承包者，又是使用者，土地承包权和使用权没有分离，土地没有流转。

（2）农村土地流转增值收益。这是指农村农民把自己的承包地的使用权流转给其他人，由于资金、技术、人力等要素的投入以及供求关系的变化而使得土地价格提高，由此带来土地收益的增加。其特点是土地的承包权和使用权发生了分离。农村集体土地流转增值收益又可分为两种类型。

第一种类型是农用地流转增值收益，这是指农用地的所有权不变，经营（使用）权流转之后所增加的收益。这部分收益主要是土地流转后土地规模化经营得到的收益和种植结构调整所产生的收益，另外，由于农业经营类型扩大，土地由于种植结构的调整导致农业经营收入增加而产生的增值收益。由于我国农村土地流转只是土地承包经营权的转移，而不是所有权的流转，因此土地流转表现的土地收益只是土地承包经营权所包含的交换价值。

第二种类型是农村集体建设用地流转增值收益，是指农村集体建设

---

① 孙陶生. 论企业改制中的土地资产管理问题 [J]. 管理世界，1997（5）：121.
② 高雅. 我国农村土地增值收益分配问题研究 [D]. 成都：西南财经大学，2008（4）.

用地在保留集体所有权的前提下经营（使用）权流转之后所增加的收益。农村集体建设用地不从事农业生产活动，由于建设用地的资本有机构成高于农业用地，因而增值收益高于农用地。建设用地的增值收益是由于土地集约利用以及土地用途变化导致的增值收益。

2. 农村土地外部增值收益

农村土地外部增值收益，是指农村集体土地转为国家所有后，由于土地用途发生了质的改变（如变为城市商业、工业、住宅用地）而带来的土地收益的增加，其特征为土地的所有权和用途的改变，所以，农村集体土地外部增值收益的实质是土地非农化。农村集体土地外部增值收益表现为政府征地后以招、拍、挂出让土地而获得的收益。

（八）乡村旅游用地增值收益

农村土地用于乡村旅游开发，土地资源由原来单一性农业资源转为农旅结合的综合性资源，其土地资源价值的内涵发生了较大的转变，这个时候，乡村旅游用地的价值是由多种具体形式的价值来体现的，除了具有传统农业土地的价值外，在人类劳动的作用下它融入农业观光、文化体验、康体度假、文化教育、休闲娱乐等旅游要素以及资金、技术、管理等投入要素，这些要素的融入导致土地价值增加。所以，乡村旅游用地增值收益是指农村土地旅游开发利用过程中融入了各种要素导致土地收益的不断增加，其实质就是乡村旅游用地收益值（地租值）的增加。乡村旅游用地增值收益是内部增值收益，即土地所有权没有改变前提下的土地增值收益，分为两类：乡村旅游土地非流转增值收益和乡村旅游土地流转增值收益。

乡村旅游用地非流转增值收益是指农民开发自己承包的土地，由于劳动、资金、技术等要素的投入而使得乡村旅游用地产出率提高，由此带来土地收益的增加。其本质特征是农民既是乡村旅游用地的承包者，又是使用者，乡村旅游用地的承包权和使用权没有分离。乡村旅游土地流转增值收益是指农民把自己的承包地、建设用地的使用权流转给其他人用于旅游开发，由于劳动、资金等要素的投入以及供求关系的变化而使得土地产出率提高，由此带来土地收益的增加，其特点是土地的承包权和使用权发生了分离。

（九）乡村旅游用地增值收益评估

乡村旅游用地价值评估可以定义为：在市场经济条件下，由专门机构和人员，根据特定的目的，依据相关法律、法规和资产评估准则，按照法定程序，运用科学方法，评定某一时点乡村旅游用地的等级和价格估算行为和过程。

乡村旅游用地具有自然资源的性质，又有经济资源的性质特点，所以，乡村旅游用地增值收益评估是在对乡村旅游用地系统分析的基础上，对乡村旅游用地进行自然资源价值评价和经济价值评估。乡村旅游用地的自然资源价值评价就是对特定的区域进行乡村旅游开发评价。乡村旅游用地的经济评估则是在此基础上以自然评价为修正指标，综合考虑各种因素，确定乡村旅游用地使用权有偿出让的价格。乡村旅游用地评估的本质就是基于乡村旅游用地的潜力评价或质量评价所作的经济评价。其评价的最终结果是乡村旅游用地使用权价格。

（十）乡村旅游用地增值收益分配

本书对乡村旅游用地增值收益分配做以下界定：乡村旅游用地增值收益分配是指乡村旅游用地的所有者、承包者、经营者、管理者等利益主体本着一定的原则，用一定的标准对乡村旅游用地增值收益划分、衡量的一个过程。其增值收益分配包含：分配主体、分配对象、分配原则和分配衡量标准四个基本要素。

（1）分配主体，既包括直接和间接创造乡村旅游用地增值收益的部门和个人。

（2）分配对象，是指乡村旅游用地开发中各种要素共同作用创造出来的价值，即乡村旅游用地增值收益。

（3）分配标准，可以用贡献、资源和平等三个标准进行衡量，对乡村旅游用地增值收益分配标准的衡量，本书采用的是公平优先兼顾其他。

（4）分配原则，是指分配过程中所依据的法则或标准。乡村旅游用地增值收益分配原则将在第九章"乡村旅游用地增值收益分配机制构建"中进行详细阐述。

（十一）乡村旅游用地增值收益分配机制

"机制"一词最普通的解释是"泛指一个工作系统的组织或部分之间相互作用的过程和方式"。[①] 目前学术界对"机制"这一概念的理解角度不同，对土地增值收益分配机制的界定也不一样。本书把乡村旅游用地增值收益分配机制定义为"乡村旅游用地增值收益分配的诸因素相互作用、相互制约，调节乡村旅游用地增值收益分配系统运行和各分配主体之间关系的过程与方式的总称，是乡村旅游用地的所有者、承包者、开发者和相关主体运用地租、地价、地税、工资等经济杠杆调控、参与土地增值收益分配和再分配的一系列运作过程"。

二、研究对象界定

由于本书研究的主题是乡村旅游用地增值收益公平分配机制。所以，本书把研究对象界定在乡村旅游用地及建设用地流转增值收益及其分配，如图1-1所示。

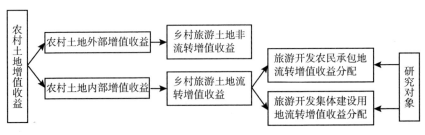

图1-1　本书研究对象示意

---

① 李帆. 有限财政约束下的农地增值收益分配机制研究 [D]. 杭州：浙江工商大学，2014.

本书把研究对象界定在农用地及建设用地旅游开发土地流转增值收益分配的原因主要有以下几点。

第一，乡村旅游用地流转收益的产生并不改变农村土地集体所有权性质，是农民转让土地的使用权给其他投资者开发旅游，是在土地也没有改变它的性质的情况下而产生的土地增值收益。

第二，由于乡村旅游用地流转导致了土地的所有权、承包权和使用权三权分离，出现了不同利益的分配主体，有了不同的利益目标，因而这种增值收益分配的公平是本书的研究对象，也是本书的重点研究对象。

第三，本书排除了乡村旅游用地增值收益中的非流转增值收益，原因在于农民承包地不流转的前提下，农民自己投入的资金及劳动等要素所带来的增值收益完全由承包农民获得，在取消农业税之后，土地增值收益完全归农民所有，不存在分配问题，例如，农村很多的"农家乐"是农民使用自家宅基地和承包的土地自主经营，尽管旅游开发使土地增值较大，但不存在土地利益分配问题，因而这种土地增值收益形式不在本书的研究范围之中。

第四，本书不对土地外部增值收益进行研究，原因在于乡村旅游用地开发是指在农村范围内、土地仍然保持在农村集体所有制的前提下对农村土地的旅游开发和利用，而农村土地外部增值是由于农村集体土地被国家征收后，农村土地变为城市建设用地产生的增值，土地用途和开发方式已经不是乡村旅游了，所以，土地外部增值收益分配不在本书研究范围。

第五，在现有的研究中，涉及乡村旅游用地流转增值收益分配的研究很少，一些研究并没有区分乡村旅游用地增值的内部增值收益以及外部增值收益。农村用地外部转用增值收益是指国家征收农民的土地改变土地用途形成的土地增值。自从有了农地"售卖"的最近 20 年，流转为非农的农地总共才 5%，涉及的农民也才 5%①，而且这一类型的土地增值收益分配研究时间长、成果非常多。而在中央关于缩小征地范围，

---

① 潘维. 信仰人民：中国共产党与中国政治传统 [M]. 北京：中国人民大学出版社，2017.

鼓励流转的政策下，2016 年全国承包耕地流转面积达到 4.6 亿亩，超过承包耕地总面积的 1/3，但是，有关土地流转中土地增值分配的理论研究很少，乡村旅游用地流转增值收益分配的研究更少。随着农村土地流转改革的加深，国家大力提倡乡村旅游扶贫，对于乡村旅游用地流转增值收益的研究将更有理论意义和现实意义。所以，本书将研究对象设定为乡村旅游用地流转增值收益的分配，在不做说明的情况下，本书的乡村旅游用地增值收益分配指农用地、集体建设用地、林地、宅基地、四荒地、水域等在作为乡村旅游用地开发流转时的增值收益分配，将此合并论述。

三、研究思路和方法

（一）研究思路

本书从三个层面进行：第一个层面为理论研究，对国内外研究成果进行文献梳理和评述，在此基础上对乡村旅游用地增值收益及分配的基本概念等进行研究，构建乡村旅游用地增值收益分配的理论体系。第二层面为实证研究，选择云南省的一些案例，结合具体问题从实践层面研究在土地补偿新政策下乡村旅游开发与土地增值收益分配的复杂关系，探讨建立乡村旅游用地增值收益公平分配的新机制的方法、路径。第三个层面，对整个研究进行归纳总结，提出中国乡村旅游开发中土地增值收益公平分配机制的理论体系。

（二）研究方法

文献研究法：总结前人关于乡村旅游用地增值收益理论研究，通过对国内外相关理论的梳理与分析，为研究提供理论依据、研究思路以及方法借鉴，为研究打下坚实的理论基础。

问卷调查法：采用随机抽样调查的方法，采取入户调查的方式收集了云南农村一般农户、外来农户、种养大户和旅游龙头企业参与乡村旅游土地增值分配的相关数据。在此基础上，从土地增值收益分配的视角对我国乡村旅游用地增值收益分配的特征进行详细分析。

深度访谈法：住进村寨走访村民、乡镇领导、土地局、旅游局、花卉旅游公司等，调研乡村旅游开发中土地增值收益分配情况，收集在旅游开发土地增值收益分配的资料。举行座谈会包括村民座谈会、专家访谈、领导访谈。

个案研究法：选取云南具有代表性的乡村旅游经营企业，开展深入细致的调研。应用理论结合实际资料，根据研究范围和目标，结合调研数据，采用案例分析方法，就主要问题进行深入研究。

定量与定性结合：定性分析是依据乡村旅游用地增值收益分配的现象、属性以及在其变化过程中所出现的矛盾，以社会上普遍认同的公理和历史事实为基础，对乡村旅游用地增值收益分配进行描述、解释和分析。而定量分析法是对乡村旅游用地增值收益分配的数量特征、关系、变化的分析，以统计数据为基础，运用数学模型来表示乡村旅游用地增值收益的各项指标数值。本书在定性分析乡村旅游土地增值分配发展现状的基础上，通过 EXCEL、SPSS、AMOS 等统计软件进行定量分析，基于定量的分析结果，再用定性的访谈结果加以补充说明，将定性和定量分析法穿插在本书的研究当中。

第二章

文献回顾和评述

　　本书主要研究农村集体土地用于乡村旅游开发增值收益分配机制，核心是如何公平合理地实现现阶段农村集体土地用于乡村旅游开发增值收益的分配问题，所以，很有必要对相关理论的研究做一简单回顾。

第一节　国内外研究进展

一、乡村旅游及其土地问题的相关研究

（一）乡村旅游与土地的关系

　　国内的研究分为三个阶段。第一阶段（1995～2005年）主要研究乡村旅游的概念、意义、规划、开发、营销等；第二阶段（2006～2010年）主要研究乡村旅游资源保护。第三阶段（2011年～）主要研究乡村旅游与土地关系。近年来，学者们开始关注乡村旅游发展中的土地问题。杨振之研究了土地发展权的问题，他撰文指出"乡村旅游用地是一种农地由边际收益差的用途转入到边际收益高的土地利用模式，它需要农地实现集中化、规模化经营"①。常疆、刘新华在分析乡村地区旅游

---

　　① 杨振之. 土地流转新政策与乡村旅游发展 [N]. 中国旅游报，2008 – 12 – 23.

开发影响下土地利用变化及调控问题后认为，乡村旅游发展极大地改变了农村的产业结构，引导农用地向旅游用地转变。乡村旅游是一种更科学、更全面的农业土地利用方式，它能够有效地挖掘土地利用潜力[①]。颜亚玉、陈晨从乡村旅游的视角，讨论了乡村旅游用地的类型、现状和存在的问题。[②] 成英文、张辉认为，乡村旅游用地乱象环生。造成这一问题，既有农民自身出于利益追求违法违规用地的情况，也有国家的农村土地征用、流转制度滞后方面的原因。[③] 吴必虎应用社会交换理论深入研究了农村第二住宅制度与乡村旅游发展的问题，提出应该放松对乡村旅游用地的管制。[④] 魏小安认为，旅游用地的根本问题是回到马克思政治经济学，强化级差地租，级差地租和土地多元利用。[⑤] 马波指出，旅游用地研究需要尤其关注农村，需要涉及农村基本土地制度改革，需要特别强调社会公正。乡村旅游的发展，首先需要解决村民内部的公平问题与利益分歧。[⑥]

关于乡村旅游与土地关系国外也有研究，例如，罗巴克（Roback）认为，乡村旅游资源影响可以潜在地影响到当地土地价格、地区工资和房租[⑦]。格林（Green）认为，乡村森林旅游资源的价值并不是体现在可以生产木材本身，而是作为风景区所具有的价值意义[⑧]。格洛斯楚普（Erik Holm‐Petersen）认为，可持续的乡村旅游的关键因素是当地社区应该直接参与到乡村旅游中，并且从起步阶段就应当建立均衡的利益

① 常疆，刘新华. 休闲观光农业与土地利用的互动关系——以湖南省益阳市为例 [J]. 经济地理，2007（11）：32.

② 颜亚玉，陈晨. 乡村旅游用地的若干问题与对策 [C]. 统筹城乡土地资源开发与利用高级研讨会论文集.

③ 成英文，张辉. 旅游用地存在的问题及对策 [N]. 中国旅游报，2013‐06‐05.

④ 吴必虎. 基于城乡社会交换的第二住宅制度与乡村旅游发展 [J]. 旅游学刊，2017（7）：6‐9.

⑤ 魏小安. 旅游用地八问 [J]. 旅游学刊，2017（7）：11‐14.

⑥ 马波. 农村旅游用地问题的梳理与收敛 [J]. 旅游学刊，2017（8）：4‐7.

⑦ Roback J：*Wages. rents，and the quality of life* [J]. Journal of Politcal Econmy，1982，90（6）：1257‐1278.

⑧ Green P *Amenities and community economic development：Strategies for Sustainability* [J]. Journal of Regional Analysis and Policy，2001，31（2）：61‐76.

分配机制[①]。哈姆（Hammes）研究了旅游度假村的开发与土地市场的关系后认为，随着旅游度假村的开发，当地的土地市场会受到影响而发生明显变化，土地级差地租的空间格局也随之变化。[②] 艾比（Abby）对马来西亚乡村旅游用地情况进行了深入调查，指出乡村旅游用地开发没有对当地社区能力建设给予充分重视，而主客体之间的文化差异也阻碍了当地居民参与旅游用地的开发[③]。

（二）乡村旅游用地

第一，乡村旅游用地的定义和特点。郭凌、黄国庆、王志章等认为，乡村旅游用地是指"具有游憩功能的，可以被乡村旅游业所合法利用的土地"，具有"功能性、综合性、合法性、持续性"四个特点。[④]徐勤政、刘鲁、彭珂从城乡规划旅游用地分类体系视角对旅游用地进行研究后认为，乡村旅游用地是指具有乡村形态旅游功能，可以被乡村旅游业合法利用的所有土地，其实质是基于旅游发展目的对农村集体土地的合理利用，是一种复合型的用地，和其他用地的关系更接近于一种叠加的关系。[⑤] 黄周地则提出，农村旅游业土地是在集体土地上将具有旅游功能的土地划定旅游用地。[⑥] 而李南洁、姜树辉在对旅游用地进行系统研究后提出的观点是"乡村旅游用地的实质是基于旅游发展目的对农村集体土地的利用，具有农业生产建设和农民社会保障的功能"[⑦]。张兆

---

① Erik Holm - Petersen. 乡村旅游与小城镇发展 [J]. 旅游学刊, 2011 (12) 5 - 7.

② Hammes, D. L. Resort, *Development Impact on Labour and Land Market* [J]. Annals of Tourism Reseach, 1994, 21 (5): 729 ~ 744.

③ Abby Liu. *Tourism in Rural Areas: Kedah, Malaysia* [J]. Tourism Management, 2006, 27 (5): 878 - 889.

④ 郭凌, 黄国庆, 王志章. 乡村旅游用地问题研究 [J]. 湖南农业大学学报（社会科学版）, 2009 (6): 15 - 16.

⑤ 徐勤政, 刘鲁, 彭珂. 城乡规划视角的旅游用地分类体系研究 [J]. 旅游学刊, 2010 (7): 54 - 61.

⑥ 黄周地. 我国农村旅游业用地政策研究, www. chinavalue. net, 2014 - 09 - 28.

⑦ 李南洁, 姜树辉. 乡村旅游用地获取途径研究——基于保障农民土地权益的视角 [J]. 安徽农业科学, 2012, 40 (2): 1189 - 1190, 1205.

福、李玥睿认为，乡村旅游用地，是以农用地类型为主的用地结构，具有复杂性和多效益性的特点。①　程叙等认为，休闲农业土地资源是指土地利用具有休闲旅游功能，但其休闲旅游功能是建立在用地的农业产业功能基础上的，并以农业活动、经营为特色，为旅游者提供游览、参观、参与、考察研究农业活动的土地。②　王莹、蔡妹妹对乡村旅游用地的解释是"发展休闲农业后，虽然用地性质未发生改变，但土地资源性质发生了变化，由原来单一的农业资源转为农、旅结合的综合性资源，土地的景观、康体、教育、文化和农事活动等休闲价值被激活，并通过开发休闲旅游产品，取得比传统农业更高的市场收益"。③

　　第二，乡村旅游用地存在的问题。一部分学者认为，农地的市场流转机制不能正常发挥作用，使得一些拥有旅游资源的农地不能转为旅游用地，造成资源浪费，旅游用地供给短缺。④　另一部分学者认为，在乡村旅游土地开发中，也存在诸如旅游资源过度开发、旅游环境受到污染、旅游设施低水平重复建设等一系列问题。⑤　而更多的学者指出，乡村旅游用地开发过程中农民土地权益受损情况比较严重。黄忠伟从博弈论的视角分析了乡村旅游开发中土地流转风险的产生机制，并针对性地提出了农村土地流转风险的防范策略。⑥

二、乡村旅游用地流转的相关研究

　　中国最早研究乡村旅游用地流转可以追溯到 2006 年，杨振之从

① 张兆福，李玥睿. 乡村旅游发展中的土地利用研究 [J]. 生态经济，2010（1）：201.
② 程叙，雷炎炎，杨晓霞，杨庆媛. 休闲农业用地浅议 [J]. 安徽农业科学，2006，34（13）.
③ 王莹，蔡妹妹. 农业土地资源休闲价值评价与市场价格转换 [J]. 经济地理，2009（12）：2066.
④ 徐勤政，刘鲁，彭珂. 城乡规划视角的旅游用地分类体系研究 [J]. 旅游学刊，2010（7）：57-60.
⑤ 李厚忠. 乡村旅游地开发中的"公地悲剧"与"反公地悲剧"研究 [J]. 山东社会科学，2011（11）：146.
⑥ 黄忠伟. 乡村旅游开发中土地流转风险的产生机制与防范策略 [J]. 湖北农业科学，2014（4）.

乡村旅游转型升级的角度提出用土地流转解决乡村旅游商业用地的观点①。随后许多学者、专家都进行了深入系统的研究，郭凌等从经济学分析的角度指出：乡村旅游建设用地的取得主要通过农村集体土地流转而实现。梅燕、肖晓认为，土地流转新政策给乡村旅游带来的最大契机是乡村旅游的规模化和乡村旅游的资本化。② 马少春、黄继元经过对云南200多个乡村旅游经营企业研究后提出了乡村旅游用地流转的定义，"乡村旅游用地流转是指，在农村集体土地上将具有旅游功能的土地划定的旅游用地，即能为旅游者提供游览、观赏、知识、乐趣、度假、疗养、休息、探险、猎奇、考察研究等活动的土地以租赁、转租、转让、互换、入股、征收等不同方式在不同主体间进行的土地流转"。并通过1000份问卷统计得出结论，乡村旅游用地流转的特点，"一是土地利用具有综合性；二是乡村旅游用地流转一般数量多、规模大；三是乡村旅游经营需要较长时间才能取得好的经济效益，土地流转的时间较长"③。黄华、王杜春在对国内乡村旅游开发中的土地流转典型模式进行研究的基础上，对黑龙江省乡村旅游开发中土地流转的现状及存在的问题进行了剖析：土地流转合同不规范、政府不尊重农民意愿、流转费用低是黑龙江省乡村旅游用地流转的主要问题④。近年来学者提出的乡村旅游用地流转新模式之一是政府支持、企业运作、农民主体⑤。

胡晓琴采用经济学分析方法对乡村旅游开发中的土地违法进行研究后认为，目前法律法规对乡村旅游中的土地流转规定还不尽完善，存在

---

① 杨振之. 乡村旅游规划中的土地流转与用地布局问题 [C]. 中国国际乡村旅游发展论坛文集，2006（8）.

② 梅燕，肖晓. 基于土地流转新政策的乡村旅游发展研究 [J]. 安徽农业科学，2009，37（24）：117，96.

③ 马少春，黄继元. 民族地区乡村旅游开发中土地流转问题剖析 [C]. 第十五届全国区域旅游开发学术研讨会暨度假旅游论坛论文集，四川大学出版社，2012（3）：168－187.

④ 黄华，王杜春. 基于土地流转的黑龙江省乡村旅游资源开发模式探讨 [J]. 黑龙江对外经贸，2009（1）：22－26.

⑤ 夏爱萍，马朝洪. 对四川乡村生态旅游转型升级的探讨 [J]. 四川林业科技，2011（6）：95－96.

一些违法违规用地现象①。吴冠岑等对乡村旅游用地流转中的各种风险进行研究后指出，土地流转是乡村旅游开发中使用农村集体土地的一个有效途径，但乡村土地的旅游化流转也会对乡村土地生态系统的粮食安全、收益分配、土地利用结构、乡村生态和乡村特色产生一些威胁②。周杨专门研究了土地流转与乡村旅游发展的关系：乡村旅游的开发工作是驱动土地流转的重要因素，乡村旅游和土地流转之间形成一种互动机制。③

到目前还没有发现国外有乡村旅游用地流转的研究成果。

三、乡村旅游用地增值收益分配理论研究

乡村旅游用地增值收益分配理论是以地租理论、土地增值理论、收入分配理论等为基础的一个分支，是农业经济与旅游经济相结合、普遍性与特殊性的关系，特殊性中包含普遍性，所以，可以利用地租、土地增值、收入分配等理论来分析乡村旅游用地增值的形成原理。

（一）土地增值及其原因

1. 国外的研究

第一种观点：土地增值的本质是地租增加，地租是土地使用权派生出来的。

这一理论渊源可以追溯到西方古典经济学、马克思的劳动价值学说、企业学说和产权地租理论④。他们分析了土地租金和土地价格在土地资源重新配置中的作用，认为农地受让方支付给农民的土地使用权出

---

① 胡晓琴. 乡村旅游开发中违法用地问题的经济学分析［J］. 农村经济与科技, 2010, 21（7）：105－108.

② 吴冠岑. 乡村土地旅游化流转的风险评价研究［J］. 经济地理, 2013（3）：189－191.

③ 周杨. 我国土地流转与乡村旅游发展的关系研究［J］. 经济管理, 2014（11）：124－133.

④ 夏玉莲. 农地流转的效益研究［D］. 长沙：湖南农业大学, 2014（6）.

让金就是地租，包含绝对地租和级差地租，地租决定了土地使用权的交易价格，是土地价格的决定性因素。土地增值的本质是地租量的增加，不管是何种引起土地增值的因素，均会引起地租量的变化，并通过土地价格的变化表现出来。具有代表性的有以下观点。

（1）威廉·配第认为，"一个人从他的收获物中，扣除了自己投入的种子，并扣除了自己食用及为换取衣服和其他必需品而给予别人的部分之后，剩下的谷物就是这块土地一年的自然的真正的地租。"① 配第第一个提出了地租的概念，并且认为，由于土地的肥沃程度不同和土地离市场的远近不同而产生了级差地租。

（2）亚当·斯密在《国民财富的性质及其原因的研究》一书中指出，"作为使用土地的代价的地租，自然是租地人按照土地实际情况所支给的最高价格"。他受重农主义影响，认为地租是"自然力的产物"，是使用土地的"自然报酬"，主张地租是商品价值的"基本源泉"；并从流通角度出发来阐明地租是"垄断价格"的结果。②

（3）李嘉图在其著作《政治经济学及赋税原理》中写道："根据普通的供求原理，空气、水，以及各种无限量的天赐物，使用了都不须付出代价。同样，无限量的土地，亦不能有地租"。他同时指出："假定有两个相邻的农场，其面积相等，自然肥力也相同；其中一个具有农场建筑的各种便利条件，而且排水施肥也很得宜，又有墙壁篱垣便利地分隔开来，另一个却全然没有这些设施，那么使用前者所付报酬自然比后者会多。"③ 可以看出，李嘉图反对亚当·斯密关于地租是"自然力的产物"观点，他只承认由肥沃程度不同和追加的劳动生产率不同而产生的级差地租，也不承认使用土地所必须支付绝对地租。

（4）雷利·巴洛维的地租理论。巴洛维是现代土地资源经济学的著名代表人物，其在《土地资源经济学——不动产经济学》中提出，

---

① 威廉·配第. 配第经济著作选集 [M]. 北京：商务印书馆，1981.
② 亚当·斯密. 国民财富的性质及其原因的研究 [M]. 北京：商务印书馆，1972：136 - 137.
③ 大卫·李嘉图. 政治经济学及赋税原理 [M]. 北京：凤凰出版传媒集团，2011：26.

"地租可以简单地看作是一种经济剩余，即总产值或总收益减去总要素成本之后余下的那一部分，各类土地的地租额取决于产品价格水平和成本之间的关系。"① 巴洛维运用现代经济学方法中的"成本—收益方法"来论述他的地租理论，认为地租实际上是土地产出经济剩余的一部分。图 2 - 1 为巴洛维对地租的定义。

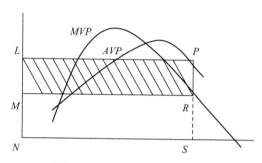

图 2 - 1　巴洛维对地租的定义

注：*LNSP* 代表总产值，*MNSR* 代表投入总成本，阴影 *LMRP* 代表经济剩余，即地租。

（5）新古典西方经济学家和现代西方经济学家马歇尔认为，地租由三部分组成，即土地的原始价值、私有价值和公有价值。土地的原始价值是指土地的自然力带来的价值，是大自然赋予的收益；私有价值是指拥有土地的个人投入到土地上的劳动和资本带来的收益；公有价值是国家在土地上的基础设施投入，提高了土地使用效率而带来的增值；他强调土地的原始价值才是经济学意义上的地租。是土地供给和需求相互作用的结果。而地租则是土地供给方和需求方达到均衡时的均衡价格。②

（6）现代土地经济学的奠基人伊利："土地的收益是确定它的价值的基础。"伊利进一步指出："把土地收益还原为资本价值这个资本化过程，是土地估价问题的核心。"③ 土地与其他生产资料相比，其最大

① 雷利·巴洛维. 土地资源经济学——不动产经济学 ［M］. 北京：北京农业大学出版社，1989：101.

② 阿尔弗雷德·马歇尔. 经济学原理 ［M］. 北京：商务印书馆，1964：92.

③ 伊利. 土地经济学原理 ［M］. 北京：商务印书馆，1982：87.

的特点就是，土地的使用会不断地产生增值收益，这就是土地年收益系列，或可称之为地租流。用公式表示为：

$$P = v/r$$

式中，P 为土地价格，v 为土地租金或纯收益，r 为土地还原利率。

（7）马克思的地租理论。马克思从劳动价值论和剩余价值论出发，系统阐述了地租的本质和构成。

第一，地租。马克思认为，投资于土地的农业生产者一定要获得社会平均利润，否则，他将放弃投资农业。但是农业生产者要把投资于农地获得的剩余价值的一部分作为租金付给土地所有者。因为他只是土地的使用者，而不是土地所有者，所以农业生产者必须付出租金才能从土地所有者那里获得土地的使用权，土地所有者获得的租金就是地租，从量上来讲就是剩余价值中超过社会平均利润率的那一部分。地租的本质是"土地所有权在经济上借以实现即增殖价值的形式。"① 正因为有了地租，才产生了土地价格，因此，"土地价格无非是出租土地的资本化的收入"。② 马克思在《资本论》中，把地租划分为绝对地租、级差地租和垄断地租，并全面论述了它们是怎样产生的。

第二，级差地租。按照马克思的定义，农业生产者经营面积相同质量不同的土地向土地所有者交纳地租的数量不同这就表现为级差地租。级差地租有两种形式：级差地租Ⅰ和级差地租Ⅱ。生产者在肥沃程度较高或位置较好的土地上创造的超额利润转化为地租，表现为级差地租的第一形式（级差地租Ⅰ）。而连续追加投资于同一块土地形成的不同劳动生产率所产生的超额利润而转化的地租，称之为级差地租第二形式（级差地租Ⅱ）。级差地租Ⅰ和级差地租Ⅱ的区别，在客观上是由于对土地的两种不同投资方式的差别，即地租Ⅰ是以不同地块的肥力和位置的差别为条件；而级差地租Ⅱ，除了这种差别外，还以同一地块上连续

---

① 马克思. 资本论（第三卷）[M]. 北京：人民出版社，2004：698.
② 马克思. 资本论（第三卷）[M]. 北京：人民出版社，2004：704.

投资的生产率的差别为条件。①

第三，绝对地租。马克思指出，土地所有者出让土地使用权收到的那一部分租金，就是绝对地租。绝对地租产生的原因是土地所有权的垄断，因为无论土地的租用者租用最优等级的土地，还是最差等级的土地，也必须付出租金，如果土地所有者没有租金收入，他宁可让这些土地荒废。社会平均资本有机构成高于农业资本有机构成是绝对地租产生的条件，土地生产者在租用最劣等土地的时候同样要获得社会平均利润，同时要把剩余价值中的另一部分作为绝对地租支付给土地所有者，那么农产品就必须以高于社会生产价格的价格出售，这样才能在获得社会平均利润的同时又获得高于社会平均价格的超额利润，这也只有在社会平均资本有机构成高于农业资本有机构成时才能实现。②

第四，垄断地租。马克思说："一个葡萄园在它所产的葡萄酒特别好时（这种葡萄酒一般说来只能进行比较小量的生产），就会提供一个垄断价格。由于这个垄断价格（它超过产品价值的余额，只决定于高贵的饮酒者的财富和嗜好），葡萄种植者将实现一个相当大的超额利润。这种在这里由垄断价格产生的超额利润，由于土地所有者对这块具有独特性质的土地的所有权而转化为地租，并以这种形式落入土地所有者手中。因此，在这里，是垄断价格产生地租"③ 垄断地租的产生必须具备一种独特的自然条件，只有具有特殊自然条件的土地能生产某类珍贵植物。这类土地非常稀少，生产的产品具有独特的品质，数量有限，供不应求，价格主要由消费者的需求和购买力决定，往往高于生产价格，从而形成垄断价格。这个垄断价格不仅包含平均利润而且包含有一定的超额利润，由土地使用者交给土地所有者，形成垄断地租。

第五，土地价格。按照马克思的劳动价值，商品价值是凝结在商品中的人类抽象劳动，价格是商品价值的货币表现。在西方经济学家看来，价格是为获得某种商品或劳务所必须付出的东西，通常用货币表

---

① ② 马克思. 剩余价值学说史 [M]. 北京：人民出版社，1975：107.

③ 《马克思恩格斯全集》第25卷 [M]. 北京：人民出版社，2003：873.

示。如果处于自然状态下的土地没有经过人类的加工，不包含人类的抽象劳动，就没有价值。那么，土地价格的内涵到底是什么呢？马克思认为，土地能向人类永续提供产品和服务，即在一定的劳动条件下土地本身能产生纯收益，谁垄断了土地，也就垄断了土地纯收益，即地租。土地价格由地租的高低和利息率的大小决定。用公式表示：土地价格＝地租÷利息率。所以，土地价格实际上是按利息计算的地租购买价格，它随着地租的提高或利息率的下降而不断上涨。由于土地权利不同，取得的土地收益会不相同，例如，土地的所有者与使用者得到的收益可能不尽相同，也会有相应不同的土地价格，土地价格是为购买土地而支付的用货币表示的交换价值。同理，乡村旅游用地的价格实际上就是乡村旅游用地价值的货币形式，是用货币表示的土地纯收益，即货币化的地租。

商品的市场供给和需求，共同决定该商品的市场价格。同理，土地供给与需求决定土地的市场价格。当人口增加、经济发展对土地的需求日益增大时，土地价格就不断上涨；反之，当人口减少、经济衰退，对土地的需求减少时，土地价格就下跌。马克思地租理论构成，如图2-2所示。

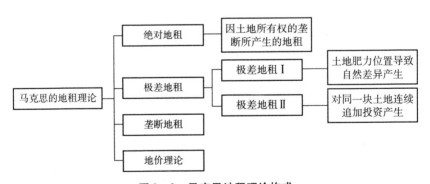

图2-2 马克思地租理论构成

关于地租的论述，可以得到几点结论：一是地价的基础是地租。未经人类的开发加工的土地是不存在价值的。但是，土地能为人类活动提供生产和生活空间具有特殊的使用价值，所以土地能产生地租，在土地

市场上表现为土地价格。二是没有经过人类劳动开发的土地其价格并不
是价值的货币表现，而只是土地使用者为获得土地所有权或使用权所支
付的代价。三是土地价格就是指能带来同地租等量的利息的货币额，这
是一种未来收益流量折现到现在的累计加和，即土地地租的资本化。地
租和地价的关系可以用如下公式来进行表示：

$$P_1 = \sum_{t=1}^{n} \frac{R_t}{(t+i)^t} + \frac{P_n}{(t+i)^n}$$

其中，P_1 为报告期的土地价格；P_n 为第 n 年末的土地价格；R_t 为
第 t 年的地租；i 为贴现率。

可以看出国外对地租的研究历史悠久、内容纷繁复杂、观点也不统
一，但是，综合看来，国外地租研究成果对我国仍然有一定的应用价
值，尤其是级差地租、绝对地租和垄断地租的部分理论。

第二种观点：市场的需求和供给决定土地的价值。

马尔萨斯、马歇尔、萨伊、萨缪尔森、卡赛尔是这一学说的主要代
表人物。他们认为，土地的价格完全由其需求来决定。例如，现代地价理
论的创始人阿尔弗雷德·马歇尔认为，土地的"原始价值"是真正的地
租，是大自然赋予的收益，土地的稀有性会带来地租。再例如，新古典综
合派的代表性人物保罗·萨缪尔森认为，土地的自然供给是无弹性的，而
土地的需求是一种引致需求，土地的价格由土地的市场供给和市场需求决
定。由于土地供给无弹性，因此，土地价格主要由土地需求决定。萨缪尔
森认为，是供求关系决定土地的价格，但他没有深入探讨土地的价值。瑞
典学派之一卡赛尔（Casel）认为，价格就是价值，价格由供给和需求决
定的。他说："土地之地租，根本上必须以土地稀少性解释，固土地有稀
少，故使用土地必须有一特殊价格，以限制其需求。"[①]

第三种观点：土地增值是由土地的效用决定。

一部分西方学者从商品满足人的欲望能力或人对物品效用的主观心
理评价角度来解释商品的价值及其形成。例如，英国经济学家 N. 巴本

---

① 刘厚俊. 西方经济学原理［M］. 南京：南京大学出版社，1988.

认为，物品的价值来自它的效用，物品的效用在于满足人类天生的欲望，无用之物，没有价值。效用价值理论认为，物质生产的过程就是创造"效用"的过程，但"效用"却不一定非要通过生产，人们既可以通过大自然的赐予获得"效用"，也可以通过主观感觉获得"效用"。人的需要得到了满足，人就获得了效用，以至于在效用价值理论初期就有许多经济学家把经济学定义为："研究如何最有效地利用稀缺的资源来满足人类的愿望。"① 阿弗里德·马歇尔认为"生产费用"和"边际效用"共同构成了商品的价值。可以用买主愿意支付的货币数量来衡量商品的边际效用。他在"消费者剩余"的概念的基础上引用"需求弹性"来衡量商品价格的变化引起需求的变化。最后，他把边际效用价值理论从商品推广到生产要素方面，并在此基础上构建出边际主义的收入分配理论和价格理论，形成了一个完整的效用价值理论体系，被称为"均衡价值理论"。

2. 国内的研究

国内对土地增值的概念的研究主要有三种观点，第一种"价值增加说"。学者们从增值形式、增值原因、增值结构角度进行了研究，最后一致认为，土地增值是土地价值的增加，例如，杜新波、孙习稳认为，土地增值的本质是：地租增值与土地资本的增加②。陈顺清（1999）也认为，土地增值就是土地价值的增长。第二种"价格上涨说"，例如，孙陶生（1977）认为，"土地增值是指土地资产在开发利用过程中，由于土地价格上涨而引起土地效益的提高，其实质是土地所有者和土地使用者可以从土地价格变化中得到一笔不断增加的土地收益"。周诚③、王力宾④也都认为土地增值仅仅是土地的价格上涨。第三种"价值和价

---

① 方巍. 环境价值论 [D]. 上海：复旦大学，2004 - 05 - 08.

② 杜新波，孙习稳. 城市土地增值原理与收益分配分析 [J]. 中国房地产，2003（8）：38 - 39.

③ 周诚. 论土地增值及其政策取向 [J]. 经济研究，1994（11）：111 - 116.

④ 王力宾. 中国大城市土地增值问题研究 [J]. 云南财贸学院学报，2001（2）：21 - 24.

格二元说"，例如，张小华（1997）认为"土地增值是土地增加的价值，实际指价格的增长"。

　　土地价值增值的原因有以下几种观点。第一种观点是土地用途变化导致土地价值增值，例如，邓宏乾（2008）指出："土地用途转换引起的增值是由于土地利用类型的变化而引起的土地增值"。第二种观点是土地价值增值是投资导致的。周诚[①]、姜开勤[②]、朱道林等认为对土地投资可使其增值，并且这种增值可区分为对土地直接投资产生的增值和对土地周围设施投资引起的土地间接增值两大块。第三种观点是土地价值增值是由于土地的供求关系引起的。例如，陈志刚认为土地供求变化引起的土地增值主要体现在以下两个方面："其一，随着时间的推移，人口的增加和社会经济的发展在市场经济条件下自然而然会引起供求的波动；其二，由于政府的干预，在某些制度、政策颁布、实行后产生的供求变化。"[③] 第四种观点是土地增值二元论，即土地增值是由价格增值和价值增值引起的。价格增值是指土地的用途转换、需求拉动、供给推动三种情况引起的价格增值。土地价值增值是指土地的劳动要素、资本要素、管理要素投入引起的增值。[④] 第五种观点是土地增值多因素论。例如，朱道林（2002）认为："土地增值的形式主要包括四种情况，一是由于土地经营者增加对土地的投资所引起的土地增值；二是由于土地周边设施的改善所引起的土地增值；三是土地利用类型变化所引起的土地增值；四是由于时间的推移，人口的增加和社会经济的发展所引起的土地增值"。也有学者将土地增值的形式划分为供求性增值、投资性增值、用途性增值和政策性增值，其中供求性增值是由于土地供给有限性带来的；投资性增值是对土地增加投资带来的土地价格上涨；用途性增值是某一地块用途发生改变，由低收益用途转为高收益用途时所带来的土地价格的上涨；政策性增值是由于地方政府发展战略改变所带来的某一地区土地

① 周诚. 关于全面开发我国土地市场问题［N］. 中国经济时报，2004 – 03 – 08.
② 姜开勤. 征用土地增值收益分配分析［J］. 农业经济，2004（10）：101 – 103.
③ 陈志刚. 试论土地增值于土地用途管制［J］. 国土经济，2002（4）：29 – 31.
④ 周跃辉. 按权能分配农村集体土地增值收益论［D］. 北京：中央党校，2014（6）.

价格的上升（李燕茹、胡兆量，2000；施小明，2004）。

（二） 土地增值收益分配

1. 国外的研究

国外的学者对土地增值收益分配的研究主要集中在土地增值收益的来源与分类、分配方式、方法以及分配的理论依据的研究。本书将其归纳为三种观点，第一种是以李嘉图[①]为代表的以边际效用价值论和均衡价格论为基础的"按要素分配"观点。他们主张"分配是社会总产品在地租、工资和利润之间的分配，分配应遵循边际原则和剩余原则"。第二种是以美国经济学家亨利·乔治[②]为代表的土地自然增长的价值收归公有。第三种是马克思[③]为代表的以劳动价值论为基础的"按劳分配"观点。马克思认为剩余价值是由劳动产生的，但是被资本家无偿占有。剩余价值的发现奠定了劳动价值论下的分配理论的基础，而马克思其他的工资分配理论、利润分配理论和地租分配理论都是以此为基础的。

英国经济学家约翰·穆勒在1848年发表的《政治经济学原理及其在社会哲学上的若干应用》文章中提出了"土地收益应归国家所有"的观点。之后，美国经济学家亨利·乔治在其1989年出版的《进步与贫困》中继承和发展了约翰·穆勒的土地收益回归国有的思想，并提出单一地价税的分配手段，提出合理分配土地收益维护社会公平的思想。埃尔马兰（Hermalin，1995）以效率为考量标准进行分析，认为补偿标准不应以失地者所失为依据，而应以社会获利为依据进行补偿。[④] 菲舍尔·夏皮罗（Fischel Shapiro，1988）通过研究指出，政府征用土地的补偿标准如果按照低于社会本的价格则会降低土地资源利用效率，因此，应按照征用的市场价值确定补偿标准。

---

① 大卫·李嘉图. 国民财富的性质和原因的研究 ［M］. 北京：商务印书馆，1972.

② 亨利·乔治. 进步与贫困 ［M］. 北京：商务印书馆，1995.

③ 马克思恩格斯全集，第23卷 ［M］. 北京：人民出版社，1972：424.

④ 埃尔马兰（Hermalin），B. *An economic analysis of takings.* Journal of Law，Economics and Organization 11，1995. 64 – 86.

国外学者有认为土地自然增值归全社会所有的，也有学者认为所有权人对土地增值收益的贡献，"即涨价归私"。凯莉（Kelly，2003）指出在农地产权转变过程中，失去土地的农业劳动者，由于其缺乏工作所需相应的技能，因此无法适应工业化发展的需求，从而使其利益受到最大损害。萨维尔（Shavell，2010）指出在政府为公共目的行使征地权购买土地时，会受到土地所有者的影响，当土地所有者数量越多，政府购买价格被拒绝的可能性越高。

2. 国内的研究

国内对土地增值收益分配研究存在着以下几种观点；第一种是涨价归私论，例如，蔡继明[1]针对征地补偿过低的问题，提出对被征地农民进行全额补偿。孔祥智、温铁军[2]等采用经济学分析方法，对中国农村土地增值收益的研究后认为"征地补偿仍应主要针对农民个体，集体可从中提取管理费等，但补偿的对象只能是农民个体"。第二种是涨价归公论，例如，孙中山[3]提出了平均地权的观点。第三是周诚[4]为代表的一些经济学家（姜开勤、朱道林、郝晋珉等）提出了"私公兼顾"论，其核心为：公平分配农地自然增值——在公平补偿失地者的前提下，将土地自然增值的剩余部分用于支援全国农村建设。第四种观点，陈锡文[5]、钟水映、麻战洪、张全景等认为，征地补偿原则应该是变"不完全补偿"为"完全补偿"。鲍海君[6]提出，按照所有者、经营者和使用者的权利和责任取得相应的土地收入。苑韶峰、刘欣玫认为，土地增值分为自然增值和人工增值。自然增值就是土地在长时期的历史变迁和积

① 蔡继明. 论中国土地制度改革［M］. 北京：中国财政经济出版社，2009.

② 孔祥智，史冰清，钟真，温铁军. 中国农民专业合作社运行机制与社会效应研究［M］. 北京：中国农业出版社，2012.

③ 孙中山. 社会主义之派别及批评，转引自朱嗣德. 土地政策［M］. 台北：中兴大学地政学系印行，1993。

④ 周诚. 关于我国农地转非自然增值分配理论的新思考［J］. 农业经济问题，2006（12）：55 - 56.

⑤ 陈锡文. 农村发展"两难"困局如何破解［N］. 光明日报，2011 - 04 - 01.

⑥ 鲍海君. 城乡征地增值收益分配：农民的反应与均衡路径［J］. 中国土地科学，2009（7）：32 - 36.

累中所带来的增值，应该由社会共享；人工增值就是目前的土地所有者或者使用权所有者，因为自身需要而对土地所做的投资，这一部分增值应该归个人所有①。

（三）乡村旅游用地增值分配

1. 乡村旅游用地增值收益

最早观测到乡村旅游用地增值收益的是左冰，她指出："在土地紧张的情况下，由于原有土地利用如农田收益率较低，竞租能力较差，市场竞争规律迫使原有的土地利用类型向地价相对较低的外围地域转移，退让给旅游业使用。旅游开发改变了土地用途，也使土地利用率由低收益向高收益转化"②。之后，更多的学者关注到了乡村旅游用地增值收益，郭凌、黄国庆、王志章在"乡村旅游用地问题研究"一文中提出，"乡村旅游用地涉及到的土地资源除了农用地、农村建设用地，甚至还有未利用土地等土地利用类型，这些不同类型的土地由于其土质、水源等物质条件的不同，被赋予了不同的土地的自然禀赋差异，这些自然禀赋差异构成了级差地租"。③ 级差地租其实就是土地增值收益的一种表现形式。张兆福、李玥睿也撰文指出"乡村旅游发展能够促进乡村土地利用结构的调整，挖掘土地利用潜力，提高土地利用效率，乡村旅游使乡村土地的景观价值得以体现。"④ 近年来，随着乡村旅游的蓬勃发展，其土地开发的增值收益引起了学术界更多人的关注，其中左冰、保继刚的研究比较系统和深入，以云南西双版纳州傣族园景区为案例，比较系统地阐述了乡村旅游用地增值的理论，"当商业形态的旅游出现之后，从理论上说，旅游功能便成为了任何土地的使用价值中的一个部分，总

---

① 苑韶峰，刘欣玫等. 农地转用过程中土地增值收益分配研究综述 [J]. 上海国土资源，2012（1）：61 - 62.

② 左冰. 土地利用变化的旅游驱动力研究 [J]. 云南财贸学院学报，2005（5）：106 - 110.

③ 郭凌，黄国庆，王志章. 乡村旅游用地问题研究 [J]. 湖南农业大学学报（社会科学版），2009（6）：16 - 18.

④ 张兆福，李玥睿. 乡村旅游发展中的土地利用研究 [J]. 生态经济，2010（1）：201.

称为旅游吸引价值。当这块具有旅游吸引价值的土地被开发成为旅游吸引物之后，吸引价值便进入土地价格，成为导致土地增值的一个重要部分，……，如果这块土地经过了长期的开发利用，已经物化了人类劳动，其物化劳动部分所形成的价值无疑应当转移到土地价格中，成为土地增值收益的一部分，最后，对这块土地进行旅游开发所产生的外部性还将导致其周边土地和资产升值。"① 蒋依依以云南省玉龙县为对象进行研究后，发现玉龙县旅游土地单位直接收益要高于农、林的收益。玉龙县各乡镇土地收益中农林业收益与旅游收益的比重只占 16%～29%。②

2. 乡村旅游用地增值收益分配

乡村旅游开发中的关键问题是，解决并平衡利益相关者的利益，在土地流转后的集约化开发中，可以将利益分配和旅游生产要素利用有机结合，让生产要素在市场机制作用下自由流动与组合，形成利益让渡机制。③ 王德刚等人承担的国家旅游局 2009 年立项课题《乡村旅游用地流转模式研究》中在对山东省的南王山谷君顶酒庄、清风寨土地流转合作社、淄川区梦泉生态旅游区三个案例研究的基础上，提出乡村旅游发展中应该加强关注土地问题、利益分配机制和农民致富问题。④ 郭文、黄震方在对云南西双版纳傣族园和香格里拉雨崩社区旅游发展进行研究后认为，"经济权能本质上是居民参与旅游发展获得收益后在社区内不同利益相关者之间的形成与流转"，如果"缺乏对旅游开发领导者（社区精英或自组织团体）的有效监督，常常也会出现不能实现公平参与决策和利益平均分配的现象"。⑤ 左冰、保继刚指出，乡村旅游用地增值

① 左冰，保继刚. 制度增权：社区参与旅游发展之土地权利变革［J］. 旅游学刊，2012（2）：23-26.

② 蒋依依. 旅游地生态补偿空间选择研究——以云南省玉龙县为例［J］. 旅游学刊，2014（11）：103-195.

③ 郭文，黄震方. 乡村旅游开发背景下社区权能发展研究——基于对云南傣族园和雨崩社区两种典型案例的调查［J］. 旅游学刊，2011（11）：86-89.

④ 王德刚. 土地整合战略——乡村旅游用地流转模式研究［M］. 济南：山东大学出版社，2010.

⑤ 郭文，黄震方. 乡村旅游开发背景下社区权能发展研究——基于对云南傣族园和雨崩社区两种典型案例的调查［J］. 旅游学刊，2011（12）：83-91.

收益公平分配的途径在于，通过制度性"增权"，建立一个能够给予共容利益最大决策权的政治体制和经济机制，即社区共管和社区自治。王维艳围绕乡村旅游开发收益分配不合理引发的景区冲突，提出通过地役权应用类型的拓展，对吸引物地役权捐出补偿，解决既非征用也非租用的对社区旅游吸引物的间接利用的补偿问题。[①] 左冰通过博弈模型的推导求得实现社会福利和个体收益最大化以及帕累托最优的纳什均衡解，来破解旅游利益分配的难题。[②]

国外研究乡村旅游收益分配引起利益冲突的主要有以下观点，凯勒得意斯汀（Kleld zinskim）在《旅游与农业》1991 年度报告中描述了乡村旅游发展过程中所发生的各种农村居民与旅游者之间、农村居民与开发管理公司之间、旅游地居民之间的冲突。[③] 唐威廉（William P. Stewan）从博弈角度分析了乡村旅游的冲突。福赛斯（T. J. Forsyth）通过对泰国北部的一个小山村的研究，发现最贫困的农户不会因为旅游的发展而致富，而只有那些通过雇佣劳动力发展旅游的农户收入会增加，因而加深了农村贫富分化。[④]

第二节　评述与研究展望

一、总结评述

第一，土地增值收益分配问题确实是非常复杂的世界性难题，以致

---

① 王维艳. 乡村社区参与景区利益分配的法理逻辑及实现路径——基于现行法律制度框架视角 [J]. 旅游学刊, 2015 (8)：44 - 50.

② 左冰. 分配正义. 旅游发展中的利益博弈与均衡 [J]. 旅游学刊, 2016 (1)：12 - 16.

③ Kleld Zinskim. *Report on Tourism and Agriculture* [J]. Tourism Recreation Research 1991.

④ 王琼英, 冯学钢. 乡村旅游研究综述 [J]. 北京第二外国语学院学报, 2006 (1)：115 - 120.

理论界对它的研究时间如此之长、范围如此之广、文献之纷繁，但到现在还没有统一、被公认的定论。

第二，土地增值理论是乡村旅游用地增值收益分配的基础理论。从土地增值的研究文献来看，研究农村土地增值收益分配的内容很多，主要有土地增值含义、土地增值收益的来源、土地增值收益分配等三个方面的问题，其中土地增值收益的来源是土地增值收益分配的基础。关于乡村旅游发展的研究内容主要从乡村旅游的转型升级到土地利用，从乡村旅游用地流转的特点到流转模式，对乡村旅游用地流转的意义、功能、模式和存在的问题都进行层次不同的研究。关于乡村旅游用地增值收益的定义、概念、形成等都有学者进行了研究，但研究成果并不多，研究内容也不深入。前人重点研究对象主要集中在乡村旅游用地流转的模式、程序等相关内容，研究的角度通常是从农村集体土地产权边界不清晰、产权主体不明确等角度进行分析和论证。而对乡村旅游用地增值收益分配问题进行系统研究的文献并不是很多。

第三，地租理论和效用理论在我国有着一定的现实意义，不仅对于农村土地增值收益形成及分配能起到理论上的指导，而且对乡村旅游土地增值和分配进行理论分析有重要的参考价值。但是，地租理论有一定的局限性和不足，主要表现是，古典经济学家和现代经济学家对地租的来源的阐述观点不一致。古典经济学家包括马克思关于地租来源的理论主要是基于劳动价值论，或者认为没有劳动参与的东西没有价值，或者认为不能进行市场交易的东西没有价值。现代经济学家认为地租是由于土地的供求关系产生的，例如，阿尔弗雷德·马歇尔认为，土地的原始价值才是经济学意义上的地租，是土地供给和需求相互作用的结果。而地租则是土地供给方和需求方达到均衡时的均衡价格。保罗·萨缪尔森则认为，土地的价格由土地的市场供给和市场需求决定。由于土地供给无弹性，因此，土地价格主要由土地需求决定。瑞典学派卡赛尔认为，"土地之地租，根本上必须以土地稀少性解释，固土地有稀少，故使用土地必须有一特殊价格，以限制其需求。"①

就农村土地而言，它一般有两种形式，一种是自然存在的土地：一种是人工加工过的土地。对于天然存在的土地，劳动价值观点认为，处于自然状态下的土地，不是人类创造的劳动产品，没有凝结着人类的劳动，它没有价值。对于人工加工的土地是人类劳动的产物，具有价值。所以研究土地问题，特别是乡村旅游用地问题，应该把劳动价值论和效用价值论结合在一起，本书在第四章中将具体阐释。

第四，以劳动价值论为基础的"按劳分配"的分配理论只提出对生产商品所耗费的劳动进行补偿，而没有涉及对生产有贡献的其他生产要素耗费进行补偿，特别是像土地资源这样具有资产性质又有资源性质的特殊商品，应用劳动价值分配理论是难以说清楚它的价值形成的。因此，该理论也没有完全揭示土地的价值本质，不利于土地的维护与管理。所以还需要对收入分配理论进行创新。

第五，国外对乡村旅游用地流转、乡村旅游增值收益分配研究成果很少。看来，乡村旅游用地增值收益分配是一个具有中国特色的理论问题。

第六，研究的方法多种多样，既有理论研究综述、理论逻辑推理研究，又有实证与案例研究；比较多的应用田野调查与人类学研究方法研究，有少部分经济学数理统计的分析方法。

前人研究成果具有开创性，能够及时捕捉到乡村旅游发展中深层次的问题加以研究。但还存在以下不足：（1）土地增值收益分配方面比较多的研究是城郊农村集体土地被征为城市建设用地和工业建设用地，尚未覆盖一些新出现的农村用地增值收益分配。特别像乡村旅游用地增值收益这样的新兴土地利用类型的土地增值收益分配的研究是非常少的。目前研究农村土地用途增值的关注点是用途改变的增值，即农用地转为非农用地增值，而很少注意到乡村旅游用地的增值，对于乡村旅游用地增值收益来源、形成机理和公平分配的研究就更少。为数不多的研究成果对乡村旅游用地增值收益以及土地外部转用增值收益的区别认识

---

① 刘厚俊. 西方经济学原理 [M]. 南京：南京大学出版社，1988：84－92.

不深，把乡村旅游土地外部转用增值收益看作土地增值收益的全部，这也造成了农村土地增值收益分配研究的欠缺。农村土地转为城市用地的土地增值收益分配与乡村旅游用地增值收益分配有很大差异，农村土地非农化价值增值收益分配理论对乡村旅游用地增值收益分配是有很大局限性的。（2）没有注意到中国农村发展情况的多样性、复杂性，特别是像云南这样的多民族地区的乡村旅游用地增值收益分配很少有人研究。云南地区农村与经济发达地区农村无论是在经济发达程度、自然环境还是文化传统上有很大差异，很多研究成果仅有局部适用性。（3）对策、措施和方法的研究多，从机制的深度去研究的少，对乡村旅游用地增值收益形成机制的研究尚不完善，乡村旅游用地开发中的土地增值收益评价、计算模型，乡村旅游用地增值收益分配机制研究几乎还是空白。（4）研究方法还主要是以描述性、访谈和逻辑推理为主，而采用数量统计经济学范式的研究较少。还多处于定性研究阶段，没有统一、完整的定量方法来计算乡村旅游用地流转引起土地增值收益的价值和作用。对乡村旅游用地增值的定量研究非常少，特别是对乡村旅游用地价值量的评估几乎还是空白。即使有一些关于乡村旅游用地增值收益分配的研究，也往往只是关注于乡村旅游用地利益分配的定性研究，而没有从整体上对乡村旅游用地增值收益分配做定性与定量的深入和系统的研究。（5）鉴于大量资本乡下开发乡村旅游，土地流转加剧，其中隐藏了不少隐患，对乡村旅游用地流转引起的土地增值收益及其分配机制的研究也是一个必然趋势。

二、研究展望

（一）理论与方法有待于深入完善

从国内已有的研究成果来看，研究农村土地增值收益分配有了一定量的文献，但农地增值收益分配的多数文献集中在农地非农化过程中存在的问题和既定的现实，提出的提高土地补偿标准说法不一，并且多以定性的规范分析为主，少数研究以地方为研究范围。对乡村旅游用地增值收益分配的研究并不多。由于土地管理理论中的"多样性与单一化矛盾"普遍存在，基于土地区域差异和土地使用功能不一样，土地流转增值收益分配非常复杂，乡村旅游用地增值收益更增添了土地增值收益分配的复杂性，其中乡村旅游用地增值收益量化计算及公平分配机制成为问题的关键。所以，学术界还要通过研究土地流转体系配置与土地租、税、费的结构与性质的内在联系，探讨乡村旅游用地增值的特殊性、形成机理，并对乡村旅游用地流转中增值收益的来源、计算模型和公平分配机制的特殊规律进行研究。目前在还没有明朗的政策制度保障和环境支撑情况下，更大层面上的问题，例如，怎样进行以机制作为制度真正体现农民在旅游发展中的主体地位；采用量化分析方法对乡村旅游用地增值进行评估；乡村旅游开发中土地流转带来风险及其防范应该成为下一步需要继续跟踪研究和关注的新课题。

乡村旅游用地增值收益价值评估、定价目标、定价机制复杂而成为当前也是后续研究的主要内容。从资源形成方式上看，乡村旅游用地所依托的旅游资源既有原生、自然赋存或历史遗存，不可再生也不可替代，从而具有自然垄断性；同时又有人类劳动、投资形成非自然资源。从管理体制来看，乡村旅游资源归属于不同的群体，既有国有，又有集体、个人还有混合所有。那么，现有的农用地定价模型是否能够为具有特殊性的乡村旅游用地定价实践提供理论工具，来解决乡村旅游用地价格问题呢？显然，乡村旅游不同于一般农产品的定价，现有的农地价格理论不能够实现其使命和目标，因此，后续研究者需要转变和拓宽研究视角，综合考虑农村土地、乡村旅游用地、经营者、政府、农民等利益主体的诉求，实施价格规制以保障农民平等享用乡村旅游用地增值收益的权利，兼顾政府、经营者、集体、农民各方利益也将成为的新的探索领域。

现代经济学已经完全从以前的定性描述阶段步入定量研究的历史阶段，部分学科甚至已经步入了3S技术进行研究的新阶段。所以，今后应该加强现代系统工程理论及数理统计在乡村旅游用地增值理论中的应用。

（二）加强与其他经济学科间的互相渗透

乡村旅游用地增值的评估及分配是一个新兴的领域，尽管已经融入了一定量的土地学、经济学、旅游学进行研究，但目前多学科融入的广度、深度还远远不够。为了促进该领域科学的发展，非常有必要应用最新的经济学理论与其他学科（土地经济学、旅游经济学、统计学、会计学、信息科学）来完善。就乡村旅游用地增值收益分配的理论来说，与它联系最紧密的是土地学、经济学、旅游学。一方面，目前土地经济学、旅游经济学对乡村旅游用地增值收益分配的研究比较薄弱，目前尚未形成能够被广泛接受的乡村旅游用地增值评估及分配的系统理论，就连基本的研究对象、内容、价值评估与方向都还不确定，迫切需要旅游经济学的深入研究来补充；另一方面，土地经济学对乡村旅游用地增值及分配机制的研究几乎还处在初期探索阶段，对乡村旅游用地增值收益公平分配的对策研究存在诸多争议，因此，乡村旅游用地增值问题也迫切需要旅游经济学，土地评估学、统计学、社会学等学科来完善。今后应该加强乡村旅游用地增值收益形成机理及公平分配的对象、基本内容的研究，进而研究乡村旅游用地增值收益理论与其他相关学科之间的关系，从而为乡村旅游用地增值收益分配的研究奠定坚实的基础，只有加强多学科融合、积极吸收其他学科的精华，才能把乡村旅游用地增值收益分配理论研究推进到一个新的高度、新的阶段。

第三章

乡村旅游与土地资源的相关性分析

由于本书研究的主要对象是乡村旅游用地及建设用地流转增值收益及其分配。而乡村旅游用地增值收益的分配与土地资源有密切关系，所以必须对乡村旅游发展与土地资源的相关性进行系统分析。一是乡村旅游与农村土地资源相互关系；二是乡村旅游发展与土地流转的关系。因此，从理论高度认识乡村旅游与土地资源之间的相互关系，是认识当前中国乡村旅游用地增值收益分配的关键，下面以云南为例来阐述乡村旅游与土地的相关性。

第一节　云南乡村旅游发展基本情况分析

一、理论视角——比较优势

"比较优势"理论是由 18 世纪英国古典经济学家亚当·斯密提出的，他的理论实质上描述了生产技术的绝对差异，即当每个人生产技术存在绝对差异时，如果每个人都专门生产自己擅长的产品而去交换自己不擅长生产的产品，这样每一方都会获益，社会劳动生产率将会提高而产品的成本则会降低。英国古典经济学家大卫·李嘉图提出的"相对比较优势"理论是对斯密的理论的发展和充实。李嘉图认为，只要生产技术存在相对差别，就会出现生产在机会成本上的差异，从而使个人或群体在不同的产品上具有相对比较优势。李嘉图比较成本理论的核心内容是：如果两个国家的生产力水平不等，A 国在任何产品的生产上其成本都低于 B 国，劳动生产率都高于 B 国，处于绝对的优势，而 B 国则相反，在任何产品的生产上其劳动生产率都低于 A 国，处于绝对劣势。这时，A、B 两国仍然可以根据"两优取强、两劣取弱"的原则进行分工，并通过国际贸易获得好处。现代"资源配置"理论则认为，产品的相对成本不仅可以由技术差异决定，也可以由要素比例和要素的稀缺程度决定，在劳动力相对充裕的地区，劳动力价格会偏低，劳动密集型产品的生产成本就相对较低，而在资本相对富足的地区，资本密集型产品就更具有比较优势。根据比较优势理论，各国都应集中生产并出口那些能充分利用本国充裕要素的产品以换取那些需要密集使用本国稀缺要素的产品。因此，国际贸易的基础是生产资源配置，或者说是由比较优势决定的。作为一种替代性选择，遵循比较优势是一种更有效的发展战略。这一战略就是使一个经济的产业和技术结构充分利用其资源禀赋的比较优势，从而使资源禀赋结构随之不断提高。在赶超战略下，违背比较优势所形成的畸形产业结构与劳动力丰富的资源结构形成矛盾，使大规模的人口不能分享经济发展的好处而陷入贫困。①

　　运用比较优势理论分析云南乡村旅游，不难看出云南发展乡村旅游具有明显的"比较优势"（包括潜在和现实的优势，也包括绝对优势和比较优势）。第一，云南省 94% 的面积都是山区，由于从古至今大都"靠天吃饭"，无论是粮食产量，还是经济效益都极为低下，农民增产增收成为一个难题。云南农村地区与发达地区相比，绝大多数产业均处于劣势，而不利程度最小的是旅游业。因为，云南乡村旅游资源丰富，生态环境良好，地形复杂多变，气候条件优越，动植物类型丰富，旅游资源分布广泛、空间结构差异性明显，保存了众多的旖旎、原始、奇特

---

① 林毅夫．比较优势与中国经济发展［J］．经济前沿，2005（1）：35 – 36.

的自然风光和古朴浓郁的传统文化，成为发展乡村旅游的后发优势。第二，云南农村的旅游资源大多有着独特的异质性特征，例如，浓郁的民族文化、优美的自然景观、地方特色饮食、特色农业资源等。云南农村地区旅游资源最具吸引力的地方就是民族文化，很多民族的发源地和主要聚居地都在乡村地区，形成云南乡村地区的文化优势及持久的吸引力，是其他地区不能够模仿和替代的。因此，这种资源有着独特的价值，本身就具备了资源可持续的竞争优势，由此产生的旅游经济的优势也不会被取代和被侵蚀。第三，与乡村旅游相比，城市旅游是一种土地密集型的旅游模式，对土地的需求量非常大，城市化的过程不可避免地加剧了土地需求紧张趋势，城市土地价格高昂，所以发展旅游，城市土地资源处于劣势。而乡村旅游相对于城市旅游来说，土地资源是乡村旅游的比较优势，适宜发展土地密集型产品。第四，云南农村地区人多、劳动力价格低的状况客观上形成了劳动力资源的相对比较优势，这不但为发展旅游劳动密集型产品，如蔬菜、水果、花卉等提供了人力资源，也为配套旅游业的发展创造了条件。近年来，云南农村地区纷纷开发乡村旅游取得了良好的效果就是发挥其比较优势的体现。

二、发展规模

云南省乡村旅游丰富多样，广泛分布在滇中、滇西北、滇西、滇西南、滇东南、滇东北六大区域，具有村落景观、民族文化、农业景观、特色农业和特色产业类型乡村旅游资源实体共500多处。已经涌现出了罗平油菜花、元阳哈尼梯田、思茅茶山茶园等田野景观乡村；摩梭人落水村、翁丁佤族原始村落、基诺族山寨等人类学民族村寨；官渡区福保文化村、西山区团结镇、红塔区大营街等城郊休闲乡村；鹤庆新华银器村、孟定芒团造纸村等特色工艺乡村；云龙县诺邓村、剑川县沙溪镇、洱源县双廊镇等历史文化名村多种典型的、特色鲜明的乡村旅游。到目前，云南省已有昆明、楚雄、红河、临沧、大理、丽江、迪庆等16州市1万多家农户开展了"农家乐"，绝大部分农户年收入超过万元，部分农户高达 5 万~10 万元，甚至上 100 万元。乡村旅游已成为云南新兴的旅游业态，得到了国内外游客特别是省内城市居民的喜爱。云南省乡村旅游已经形成多种形式的乡村旅游，除了农家乐类型以外，已经出现农业生态园、乡村度假、特色工艺村、民族村、农业生态观光、旅游小镇等不同类型的乡村旅游，2009~2014 年，云南省接待乡村旅游者年均增长 18.25%，乡村旅游总收入年均增长 27.73%，乡村旅游直接吸纳就业人数达 25.6 万人，间接吸纳就业人数 61 万人。2015 年云南全省接待乡村旅游人数达 7850 万人次，实现乡村旅游总收入 386 亿元，年均分别增长了 19.8% 和 27.73%，乡村旅游直接吸纳就业人员 27.6 万人，间接带动就业人员 65.3 万人，其中累计带动贫困群众脱贫致富约 37 万人，① 乡村旅游成为了云南农村产业扶贫的重要途径。为此，云南省制定了更大的发展目标：到 2020 年，全省要完成建设 A 级乡村旅游景区达到 100 家，其中 4A 级景区达到 30 家，3A 级景区达到 100 家以上；建成省级农业旅游示范点 100 个，全国农业旅游示范点 50 个；建成 40 个乡村旅游特色县，60 个乡村旅游特色乡镇，200 个乡村旅游特色村，"农家乐"经营户达到 5 万家。②

三、经营类型

云南农村地区自然环境、生态环境、民族文化多样，农村经济发展不平衡，社会环境多样，加之乡村发展基础、发展层次的差异，因此乡村旅游发展开始出现多元化发展。目前，云南乡村旅游从经营的角度看，主要有以下八种经营类型。

（一）农家乐

农家乐指农民利用自家承包地和庭院开发的乡村旅游项目，以农家

---

① 云南省旅游发展委员会：云南省旅游扶贫专项规划（2016~2020 年）。
② 云南省旅游发展委员会：云南省乡村旅游发展总体规划（2014~2020 年）。

餐饮、乡村旅馆、果园采摘等为主要项目为游客提供吃、住、玩、游、娱、购等旅游活动。

（二）观光农业

观光农业以乡村自然和田园景观、农业生产活动和特色农产品为旅游吸引物，观光旅游与农业结合在一起，包括观光农业园、特色菜园、花圃、果园和森林公园等，观看农业生产活动、考察农业技术知识等旅游活动，以达到旅游愉悦、考察农业的目的。

（三）农耕文化村

农耕文化村以农村风土人情、民俗文化为旅游吸引物，充分突出农耕文化、乡土文化和民俗文化特色，利用农业生产耕作技艺、农耕生产工具、农业耕作气象、农产品加工活动等，开展农耕文化旅游。

（四）休闲农庄

休闲农庄是一种借助乡村土地、庭院、经济作物和地方资源为特色，以乡村地域及农事相关的风土、风物、风俗、风景组合而成的乡村风情为吸引物，依托农（林）产业，集种植、特种养殖、休闲娱乐为一体的乡村旅游形式。休闲农庄具有农（林）产品，拥有农作、游览、垂钓、划船、狩猎等娱乐设施，还能提供餐饮、住宿。

（五）农业科技园

农业科技园是利用农业观光园、农业科技生态园、农业生态有机菜园、农业产品展览馆、农业博览园或博物馆，为游客提供了解农业历史、学习农业技术、增长农业知识的旅游活动。

（六）原生态文化村寨

原生态文化村旅游开发模式，是指在保存完好的少数民族文化村寨，以可持续发展原则进行旅游项目开发和旅游产品设计，在实现有效平衡民族文化和生态环境的开发、保护和利用的基础上，实现文化生态与自然生态，民族旅游与经济发展，民族基层政府与外部世界良性互动，走向可持续发展的理想模式。

（七）乡村垂钓休闲园

乡村垂钓休闲园对乡村水库、池塘、鱼池等开展垂钓、特色餐饮、赏花、水上娱乐等内容的乡村水域休闲旅游活动。

（八）旅游小镇

旅游小镇指把具有风光秀美、历史文化丰富的乡镇建设与旅游发展结合起来，把乡镇的自然资源和人文资源转化为旅游资源优势，通过对乡镇的改造，统筹规划建设，成为具有旅游吸引力、有通达条件和旅游产业的小城镇。

四、重要意义

（一）乡村旅游扶贫的优势比较大

发展乡村旅游是农村实现脱贫致富的一种手段和途径，扶贫优势主要体现在以下几个方面。

1. 乘数效应大、带动效应强

2015 年，云南乡村旅游收入相当于当年全省 GDP 的比重已经达到 3.6% 左右，根据云南省旅游发展委员会的测算，2020 年将达到 5.8%，乡村旅游对云南地方财政收入的平均贡献率定为 8.5% 左右。① 世界旅游组织测算，旅游业直接总收入 1 万元，将带动相关产业创造 4.3 万元的间接效益。根据云南省乡村旅游经济效益系数，2015 年乡村旅游直接收入与间接收入的比例为 1∶1.935，2020 年该比例为 1∶2.58。以此

---

① 云南省旅游发展委员会编制的《云南省乡村旅游发展总体规划 2010～2020 年》.

推算，2020 年将达到 1452 亿元，2020 年，云南省乡村旅游对地方财政收入的贡献将达到 47.86 亿元。[①]

2. 开发成本低、综合效益高

乡村旅游最大的特点是农村的耕作方式、农业景观变化、农村的自然和人文环境，都可开发成为旅游产品，开发和建设费用相对较低，许多项目可以利用已有的农田、果园、林地、牧场、养殖场等直接改建成乡村旅游项目，据估算，乡村旅游的投入产出比可以达到 1：10 的投资回报率。[②] 相对于一般财政转移支付和社会援助等扶贫方式，乡村旅游具有资源开发难度小、成本低、投资少，见效快的优势。

（二）是农民守土的新形式

云南作为农业大省，各地农村都聚集了大量人口，只从鼓励农民进城上下功夫是无法解决问题的。乡村旅游是一种农民守土的新形式，农民说"旅游的魔力真是大，以前大家跋山涉水到外面挣钱，现在忙时种地，闲时坐在家门口等人家给自己送钱，开农家乐每年能挣十几万元。现在，外面的人都想当个农村人，村里人就更不愿出去了。"乡村旅游是农民不离土、不离乡的一种发展模式，无需进城务工，农民工就地转化，留住了建设新农村的生力军，储备了新农村建设所需要的人才。

（三）成为农民增收致富的新途径

云南农村地区大多属于经济比较落后的地区，农业与旅游业的有机结合促进了当地经济的发展，为云南农村地区经济找到了新的增长点。乡村旅游的发展可高效发挥农业生产功能，提高土地的利用率，提质增效，改善云南农村地区农民的生活。云南农村地区发展乡村旅游，促进了当地农村的生产、交换、消费，促进当地农村市场经济的发育，发达

---

① 云南省旅游发展委员会编制的《云南省乡村旅游发展总体规划 2010～2020 年》.

② 蔡海涛. 论乡村旅游与民族地区农村新农村建设——以广西地区为例 [D]. 武汉：中南民族大学，2008 年.

地区的资金、技术、人才转移到云南民族地区，加强了云南农村的"造血机能"。

（四）改善了云南农村地区传统的农业结构

乡村旅游促使云南农村在传统种植养殖和畜牧农业的基础上，向观光农业、休闲农业、生态农业发展，改变了以"纯农业"为主的传统生产方式，形成了一个综合性产业，包含交通、餐饮、住宿、购物、娱乐等诸方面，拉长了农产品增值链，提高了农产品的附加值，促进了农业结构的调整和优化，扩大了农业生产的经营范围，形成了新的产业体系，加快乡村经济的发展。

（五）为云南农村地区创造了优美的生态环境

随着乡村旅游的发展，农民深刻认识到农村环境的经济价值，提高了对乡村自然和人文资源的传承和保护的自觉性，进一步加强了农村资源的保护。为了招徕游客，乡村旅游经营者必须对当地的村落、道路、房屋、厕所以及四周的环境进行整治和美化，改善农舍田园布局，使之错落有致，加大绿色植被的种植，使农村宏观环境和微观环境都得到改善，大大改变了云南农村地区传统乡村的"脏、乱、差"现象。

（六）为农村剩余劳动力提供了"内部消化"的捷径

乡村旅游属于劳动密集型产业，对劳动力吸纳能力强，为农村剩余劳动力就地消化提供了一条捷径。乡村旅游发展会带动餐饮、住宿、购物、娱乐等发展，为当地农民提供了更多的就业岗位。世界旅游组织的研究表明，旅游业每一个直接就业人员，能创造 5 个间接的就业机会。云南开发乡村旅游为当地劳动力提供了大量的就业机会，缓解人口剩余压力，使当地农民做到"家门口就业"，既发展了农村经济，又大大缓解了城市的就业压力。

（七）提高了云南农村地区农民整体素质

云南发展乡村旅游有利于贫困地区的对外开放，促进价值观念提升，带动贫困地区的文明进步。乡村旅游使云南村民通过与旅游者交往，开阔了视野、增长了见识、掌握了新信息。农民的生活方式、思想观念、思维方式都发生变化，促进了云南农村文明程度的提高。

（八）促进了边疆的繁荣稳定，增强了民族团结进步

云南依托边疆、少数民族的区位优势，建设了云南特有的"一寨两国""一户两国""秋千就能荡出国""一眼望三国""一河两国"的边境乡村旅游。边境风光游览、异国风味小吃、旅游商品购物等为一体的边境乡村旅游促进了不同国度人民之间的经济交流、文化交流，进一步促进和巩固了边疆的繁荣稳定。

五、存在的问题

与发达地区相比，云南乡村旅游起步晚，还处在初级水平，存在许多问题。

（一）产品单一、层次较低

产品开发上还不能完全适应市场变化的需求，乡村旅游产品内容和形式基本雷同，大多停留在"农家乐"层面，产品单一，产品层次较低，仅局限于观光层次，形成了以餐饮为主导的单一性旅游收入。现有的游乐项目文化含量不高，主要为麻将、棋牌、卡拉、钓鱼、骑马等一般性消遣活动，缺乏文化内涵。

（二）缺乏合理规划，整体接待水平低

云南由于科技相对落后，导致许多地区缺少乡村旅游规划科学指导，许多乡村旅游开发偏离了正确的发展方向，造成产品低层次重复开

发，特色不明显，规模小，设施简陋，卫生条件差，导致整体接待水平低，经济效益不高。

（三）经营规模过小、集约利用水平较低

云南农村当初在土地承包时是按照远近优劣搭配分配的，这使每户居民承包的土地非常零碎，每块土地大的不足一亩，小的仅有一分多，甚至不足一分。由于土地流转不畅通，土地资源得不到集中开发利用，因此，大部分乡村旅游开发规模小，土地集约利用水平较低，土地粗放经营。狭小的土地经营规模，土地及产品的价格较低，经济效益不高。

（四）土地问题成为矛盾的焦点

随着云南乡村旅游的不断发展，土地开发中产生的问题日益严重。主要表现三方面：一是土地以户为单位，土地规模小而分散，从而衍生出以"农家乐"为主要形式的乡村旅游经营模式，此种经营模式难以形成大范围、具有吸引力的农业景观。二是云南农村土地流转不发达，致使大多数乡村旅游以个体经营为主、小而散，低水平发展，无序竞争严重。三是乡村旅游用地增值收益分配的不公平制约了乡村旅游的健康发展。一些农村采用了地方政府引进外来资本，流转农民的土地，以景点运作的模式开发乡村旅游，用围墙将农民排除在外，农民失去了主体地位，土地增值收益分配不公平，侵犯了农民的利益。

云南乡村旅游发展过程中，（农民）集体土地资源的整合成为了旅游是否能够可持续发展的核心问题，而土地的合法流转和土地增值收益分配则成为解决此问题的关键。

第二节　云南乡村旅游发展与土地的相关性分析

土地资源是云南乡村旅游发展中的基础性资源，乡村旅游开发离不开土地。土地资源的乡村旅游价值体现在多个方面。

一、土地资源是云南乡村旅游的物质基础

马克思指出："土地是一切生产和一切存在的源泉"。[①] 从土地经济学角度看，对于劳动、资本、技术等要素的投入，只有作用在土地这一要素上，才能形成生产力，才能产生因增加要素投入带来的增值。对于土地的不同用途，劳动、资本、技术作用于土地上所依托的土地功能是不同的。不管对于何种土地用途，土地的承载功能都是至关重要的，其为人类生产、生活提供最基本的基地和场所。包括文物古迹、历史街区到古城等在内的不可移动文化遗产在本质上属于一种因保留传统土地利用方式而具有特殊历史文化价值的土地资源，其所有价值都依附于土地而存在。[②] 农村土地是农业生产、农民生活、农村生态的物质载体，同样也是乡村旅游的载体。任何一种乡村旅游方式，都离不开对土地的依赖。乡村景观、乡村文化、乡村活动等都离不开土地。乡村旅游是以土地资源为基础的农业活动的延伸，以土地的自然环境为基础，融入农业景观、民族风情、农耕文化、特色建筑等内容，具有地域性和民族性。但这些内容都是附着在农村的土地上，都是围绕土地资源开发利用来展开。

二、土地资源的多样性决定了云南乡村旅游多样性

云南乡村旅游的内容和形式与土地资源紧密相关，土地资源的特色与类型决定了乡村旅游的特色和类型，正是有了土地资源的多样性，云南乡村旅游活动内容才能丰富多样。云南区域土地资源特色明显、差异较大，不同区域乡村旅游特色也是十分突出。云南为高原山区省份，山

---

① 马克思恩格斯选集，第 2 卷 [M]. 人民出版社，1972：109.

② 李昕，柴琳. 中国古城门票的制度经济学分析——从凤凰古城门票事件看中国古城保护制度困局 [J]. 现代城市研究，2014（10）：108 – 114.

地、高原、坝子（盆地）所占比例分别约为84%、10%、6%，高海拔土地和陡坡土地占有较大比重，[①] 土地资源类型丰富多样，空间分布复杂，是云南乡村旅游的丰富多彩的原因。例如，云南省中部地区以高原湖盆地貌为主，水资源较为充裕，这一区域的乡村旅游观光农业特色十分鲜明，罗平当地农民利用20多万亩的坝子全部种植油菜，每年春季油菜花争相开放，形成一望无际的金黄花海，十分壮观。云南南部地区，由于地形崎岖，崇山峻岭、海拔高，很多农田都修筑在山坡上，形成雄伟壮丽的元阳哈尼梯田景观。云南西北地区，雪山巍峨、草甸宽广、林海莽莽，地质地貌景观气势恢宏，从而形成了草原观光、高山自然风光与民族文化为主的高原山地乡村旅游区。云南东北部地区的土地资源特色是山地构造地形，山高谷深，山岭纵横，土壤中富含铁质，经过氧化沉积作用，加上村民耕种不同种类的农作物，从而形成了该区域的红土高原景观。云南西南地区则属于热带、亚热带地区，在这片富饶的土地上，有神秘的热带雨林，是我国的动物王国和植物王国。该地区植物、农作物多种多样，极具观赏价值，例如，西双版纳植物园收集活植物12000多种，建有38个植物专类区，保存有一片面积约250公顷的原始热带雨林，是中国面积最大、收集物种最多的植物园。在这区域形成了独具特色的热带雨林植物景观。由此可见，云南土地资源丰富多彩的差异性对乡村旅游的类型有直接的影响，云南乡村旅游的丰富多彩在很大程度上是由当地的地貌地形特点决定的。

三、乡村旅游开发提升了云南土地资源的价值

云南的乡村旅游为土地资源潜力发挥提供了许多机遇，乡村旅游能有效延伸土地资源功能，农林牧副渔业资源得以充分挖掘，田园风景和民俗文化与旅游业发展相互结合，各类土地资源获得更大的发展空间，土地生产的不仅只是农作物，而且还有附加值更高的旅游产品。这种延

---

① 孙源. 云南农村土地利用与乡村旅游联动研究［D］. 云南财经大学，2012.

伸的实质是发现土地新的利用价值，将土地资源转化为资本，提升了农村土地的价值。为推进乡村旅游的发展，云南出台了很多发展乡村旅游的优惠政策，包括土地流转政策，许多开发商到农村通过租赁农户的土地，集中规模性开发乡村旅游，加大了土地的需求，提升了农村土地价值。对于乡村旅游用地而言，基于承载功能和培育功能等作用下的其自身的生产力、旅游吸引力等因素提升了土地的价值；在乡村旅游开发投入劳动、资本、技术、管理要素作用下土地价值不断增值。

第三节　云南乡村旅游开发用地情况

一、云南乡村旅游用地类型

云南乡村旅游对土地资源的开发利用主要有五个部分，各部分对土地利用要求各不相同。第一部分是自然景观用地和文化景观用地，这是开发乡村旅游的主要部分，如梯田、油菜花、果园、花卉、森林、科技农业、传统民居等；第二部分是乡村旅游基础设施及水利设施用地；第三部分是接待设施：旅馆、餐厅、休闲娱乐场地，这部分土地属于建设用地，需要办理土地占用相关手续；第四部分是接待设施旁搭建的辅助用房、停车场、草坪、园林化构筑物等，这一部分一般利用未办理土地占用的相关手续园地和林地，部分土地做了种植结构的调整或作为生态型建筑的临时使用，并没有破坏土地的土壤结构，可恢复耕作；第五部分是作为旅游背景存在的林地、园地、草地和湖泊水面，一般没有基建投入，由经营户自有或租用，农用地的原有属性仍然保留。①

---

① 张继军，李先双，汪姣，杨天英等. 海南乡村旅游发展的用地保障研究 [J]. 海南大学学报（人文社会科学版），2011（10）：31－33.

二、云南乡村旅游用地的特点

乡村旅游发展需要充分利用土地，云南乡村旅游用地呈现出如下特点。

一是用地类型多样性。乡村旅游是以农村土地资源为依托，一般要利用农户住房、耕地、林地、草地、园地、养殖水面和宅基地以及集体建设用地等，用地类型多种多样。云南地区土地类型比较复杂和多样，各种类型交错混杂，导致乡村旅游土地使用方式比较复杂。

二是用地规模差异较大。乡村旅游项目类型决定了土地利用规模大小。云南乡村旅游小到一家一户利用自家房屋开办的"农家乐"，占地1~2亩，而一些乡村旅游开展农业景观旅游则占地上千、上万亩农田；有些大型观赏作物种植园已有上千亩土地。一般来说，单纯的特色餐饮型项目经营规模不大，占地面积较小。而休闲度假型、农业景观型、园区科技型项目，占地规模相对较大通常达到上千亩；依托农业自然观光型的乡村旅游土地则到上万亩，例如，罗平县油菜花观光农业占地达上万亩，元阳县梯田文化观光竟达到数十万亩。总的来说，云南乡村旅游用地分散难以产生规模效益。由于农村土地实行家庭联产承包责任制，土地分散在农户手中，地块面积小，导致云南乡村旅游绝大多数是"农家乐"类型，提供简单的"农家饭""棋牌室"等初级旅游产品。当前土地的零散布局，不利于云南乡村旅游规模化、集约化发展，不利于云南乡村旅游经济效益的提高。

三是土地开发程度低。云南大部分乡村旅游景区以种植业自然景观为主，基本保持了原土地的自然状况，只是调整了农业种植结构，对农用地的可耕作层破坏较小。大多数农民利用自家住宅及房前屋后的空闲场地建设餐厅和旅馆，基本上不占用农用地，乡村旅游建设用地比较少。

四是基本上不改变土地的性质。云南乡村旅游用地除少数项目建设永久性建筑物，并且按照建设用地报批程序，办理农用地转用手续以外，绝大部分土地仍然属农业用地范畴，土地的所有权仍然属于农村集体，经营承包权归农民。云南乡村旅游建设用地的土地所有权仍然属于农村集体所有。外来旅游开发商以租赁、承包、股份合作使用农民的土地，经营权（使用权）归开发商，但所有权仍然归农村集体。

三、云南乡村旅游用地取得的方式

据调查，目前云南乡村旅游的用地开发大多采取了土地流转方式，少部分采用征地的方式，主要通过以下几种方式取得。

一是承包。农民或者开发商与当地农村集体经济组织签订土地承包合同，双方共同协商土地出租的价格和期限，获得农村集体土地一定期限的使用权，用于乡村旅游开发。

二是出租。是指农户将土地承包经营权以一定期限租赁给开发商从事乡村旅游经营，出租人仍然享有承包权，也不改变土地的所有权，出租方收取一定租金。这种方式是当前云南农村土地流转为旅游用地的主要方式。

三是转包。转包是指原土地承包人将土地承包经营权转让给了第三方，土地所有权没有发生改变，因此，转包关系是一种债权关系。农户将自己承包地转包给实力雄厚的旅游开发商经营，既能解决乡村旅游开发需要的资金及技术，又能提高农户收入。但转包后农户和村集体无法享受乡村旅游土地的增值收入。

四是反租倒包。农民将承包土地租给村集体经济组织，村集体经济组织将农民的土地连同未发包到户的机动地进行统一规划整理后，以出让、出租等形式将土地承包给需要乡村旅游用地的开发商。乡村旅游土地发包收益在支付给原承包农户土地租金后，余额归村集体所有。在反租倒包这一土地流转方式中，村集体经济组织的角色发生了变化，由简单地扮演中间人的角色，变成了直接参与者和乡村旅游用地二次出租者双重身份。村集体经济组织可能凭借转包人的身份获取农民的土地增值收益，导致乡村旅游用地增值收益分配不公平。

五是拍卖。即村集体经济组织把未承包给农户的集体的荒山荒地以招投标的方式把土地出租给某一家旅游公司经营。此类型土地流转的特点是村集体经济组织出面操作，规模大、租赁期长。

六是入股。农户将土地承包经营权量化为股权，加入股份公司或者合作社等，参与乡村旅游开发，拥有经营股份并按股获得收益分红。

七是征收。征收是国家根据乡村旅游发展需要，对农户给与一定经济补偿和社会保障的条件下，将农村集体土地征为国有。土地征收是一种非流转方式，它完全改变了土地的使用权，使农民永久性失去土地，会大大增加乡村旅游发展的风险性，一旦乡村旅游经营失败，农民将没有任何退路。

八是自主开发。是指农民利用自己的原有住房、承包地等开发乡村旅游项目。云南很多小型餐饮类休闲"农家乐"项目大都采用的是这种方式。

土地承包者利用自己承包的土地从事乡村旅游经营活动，所产生的利润全部归自己，不存在利益如何分配的问题。而当农民把土地流转给其他经济组织或者个人从事乡村旅游开发时，就会存在土地增值收益分配的问题，所以，乡村旅游用地增值收益的分配从土地流转就开始了。土地流转问题本质上就是利益的再分配。

第四节　乡村旅游用地与土地流转的相关性分析

由于本书的研究对象界定为乡村旅游土地流转的增值收益分配，所以必须对乡村旅游与土地流转的相关性进行分析。乡村旅游主要依托农村自然生态、地形地貌、动植物、田园景观、传统民居等资源，在农村范围内开展的一种旅游，主体经营对象是以土地为载体的乡村性旅游资源，所以，乡村旅游是以农用地为主和小部分农村建设用地的用地开发模式。中国是一个人口大国，人多地少，土地资源非常珍贵。乡村旅游用地必须本着保护耕地、节约集约用地的原则，尽量不改变土地性质和用途，不破坏土地耕作层，尽量使用未利用地进行开发和非建设用地进行生态恢复治理；旅游建设用地尽量使用农村存量建设用地，主要是进行内涵挖潜，增加投入产出，促进转型升级，提高集约利用程度；在旅游开发和产品建设过程中，如果必须改变原有耕地的用地属性，应采取灵活措施，积极探索通过占补平衡、土地置换等手段补充同等面积土地的可能性，尽量少占用建设用地指标，乡村旅游应该在保护土地资源的前提下开发建设旅游区。本书认为，乡村旅游用地采用土地流转方式进行能够有效保护农村土地及农民的利益，因为土地流转与征地二者完全不同。土地征收具有一定的强制性和低补偿性，征收后一般用于非农业建设。而土地流转是土地承包经营权的流转，中央明确规定，土地流转应当遵循：自愿、平等协商、有偿；不得改变土地所有权的性质和土地的农业用途；不得损害农民利益。四川三圣花乡"五朵金花"景区先后被国家旅游总局、建设部、文化部、国家林业局等部门授予"国家 AAAA 级旅游景区""全国首批农业旅游示范点"。该景区的一个成功经验就是开发过程中只流转，不征地、不拆迁、不改变土地所有权。所以，采用土地流转进行乡村旅游开发具有重要的理论意义和实际意义。

一、理论视角：规模经济

规模经济指在一定的时期内，随着企业产品产量增加，其单位成本下降，通过扩大经营规模降低平均成本来提高利润。大规模生产的确具有一定的优越性。大规模生产的经济性主要来自生产成本的节约，因此某种产品的价格优势或成本优势，可以不是由于技术水平的差异而引起，也不是要素赋予不同而引起，而是由生产该产品的生产规模造成的。

虽然规模经济主要是指工商企业生产因规模扩大而获得一定效益，但对于农村土地经营来讲，扩大土地规模也能够产生规模经济。土地规模经济是伴随着土地经营规模的扩大而使农产品单位平均成本不断降低的一种投入产出关系。土地规模经济的生产函数使长期平均成本曲线随着经营规模的扩大而下降，在这种情况下，由于土地规模扩大所获取的经济利益，就是土地规模经济。土地规模经济的反面是土地规模不经济。① 通常把与产品平均成本曲线的最低点 M 相对应的经营规模 M′称为最佳经营规模或者适度经营规模（详见图 3 – 1）。

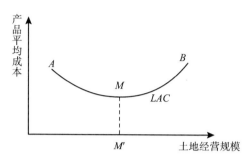

图 3 – 1　土地规模经济与土地不规模经济

　　乡村旅游经营活动同样涉及规模经济问题。这种外部规模经济性具有两种形式：第一，乡村旅游业的各个开发商共同使用某些生产要素使自己的经营成本降低。例如，共同使用公共交通基础设施，共享旅游资源、文化资源、生态环境，甚至共享旅游教育和培训资源。第二，乡村旅游产业规模扩大直接导致开发经营平均成本下降。例如，由于游客增加，使乡村旅游经营的平均固定成本下降，从而导致平均成本下降。所以乡村旅游用地通过流转，使用权集中适度规模化开发、集约经营可使乡村旅游生产要素组合优化，降低单位经营管理成本，提高总体效益，实现乡村旅游规模经济的效益最大化。

　　目前，云南的乡村旅游以农户分散化经营为主，大多经营规模较小、经营成本高、经济效益差。国家正在大力推进土地流转和乡村旅游快速发展，必然会出现土地不断集中和乡村旅游规模扩大的情况。因此，适度规模经营是乡村旅游发展的必然趋势。"适度"是指土地使用权集中规模化开发后乡村旅游用地的生产率没有降低，乡村旅游规模化

① 毕宝德. 土地经济学［M］. 北京：中国人民大学出版社，2001：229 – 330.

经营应该使土地经营的报酬在递增阶段，至少也应该是处于报酬稳定的阶段。受规模经济规律的支配，土地利用规模不同，乡村旅游土地经营的经济效益就有差异。乡村旅游土地适度经营规模就是能取得最佳土地规模效益的乡村旅游经营规模。土地流转能使分散的土地集中使用，使得乡村旅游的规模化发展成为可能，所以，土地流转对乡村旅游规模化发展至关重要。

二、乡村旅游发展需要土地流转

纵观国内外先进地区的乡村旅游的发展经验可以发现，国外大多以乡村农庄和农场旅游为主，而且用于乡村旅游的农庄和农场的土地面积较大，他们通过充分利用大规模土地资源，形成广泛且具农业特色的旅游景观，从而使乡村旅游具有规模化的发展。而我国乡村旅游发展比较先进的成都和北京，其经验是连横合作的发展模式。中国乡村旅游发源地成都的"五朵金花"经过 10 余年的发展，由打麻将、吃农家饭的"农家乐"发展到国家 4 星级农业景区，由分散过渡到连横时代，旅游贯穿春夏秋冬全年，景区经营规模宏大。后来，北京、广东等地吸取四川经验后，通过大规模农场发展乡村旅游，农家乐化零为整。广东珠江三角洲的"田园公园"在当地政府的引导下，通过土地使用权集中和规划，乡村旅游形成规模和产业化发展。北京市通州区大营村通过制定规划，进行土地置换，集中开发和经营，形成了乡村旅游"一体化"经营模式，旅游综合收益和村民就业率达到较高水平。贵州巴拉河流域的农户为了发展乡村旅游，村民们以土地流转为方式，联合开发茶、果种植园，建成千亩茶园，百亩果园和及反季节蔬菜有机生态园，吸引了大量乡村旅游爱好者前往旅游。然而，在云南多数乡村旅游仍然存在分散、碎片化、小规模的个体经营状况，严重制约了乡村旅游健康发展。所以，云南乡村旅游的发展必须要通过乡村旅游用地使用权的流转改变土地分散化和小规模经营方式，实现乡村旅游规模化和产业化。

三、土地流转对乡村旅游的促进作用

（一）优化土地资源配置，提高规模经济效益

以土地为中心的乡村旅游开发的主要因素可以概括为：土地、劳动力、资金、技术和经营者。只有这些因素相结合，才能生产出好的乡村旅游产品。乡村旅游发展必须以现代经营理念为指导，合理配置资源，提高生产集约化程度，以最低成本获取最大利益。加快土地流转，使土地集中经营，可以优化配置资源、运用先进技术提高科技含量，最大限度地提高乡村旅游的土地利用率和产出率。

1. 土地流转对乡村旅游的效应分析

借鉴吴浙、李静在"土地流转对发展现代农业的作用分析"[①] 一文中的经济学模式对乡村旅游土地流转效应分析如下。

假定：有两家农户 A 和 B。相同之处：两家农户的人口数、劳动力结构、土地资源状况都一样。不同之处：农民 A 认为发展乡村旅游收益高，对乡村旅游用地的边际期望较大，农民 B 的看法则相反。[②] 由图 3 - 2 所示，土地总供给曲线为 S，土地总需求曲线为 D，根据农村的实际情况，供给曲线 S 和 Q 轴相交。S 和 D 的交点即为均衡时的土地量，值为 Q。设 D_a 为农户 A 对土地的需求曲线，同时假定农户 A 意愿的土地需求量即需求曲线 D_a 与供给曲线 S 交点的土地量 Q_1 等于国家按政策分给他的土地量。根据假定，在实行家庭联产承包责任制的条件下，农户 B 分配的土地量应该是 Q_1，从而得到 $Q = 2Q_1$，土地资源没有浪费。

但是由于 A 与 B 对土地的边际期望不同，则他们对土地的价格需求弹性也不同，也就是说他们对土地的需求曲线的斜率不同。根据假设可

---

① 吴浙，李静. 土地流转对发展现代农业的作用分析 [J]. 安徽农业科学，2010，38 (5)：2600 - 2623.

② 边际期望是指农户每增加一单位土地所增加的对土地的期望值。

知，$E_a > E_b$，则 $K_a < K_b$（E_a、E_b 代表 2 家农户的对土地的价格需求弹性，K_a、K_b 代表 2 家农户的需求曲线的斜率）。所以农户 B 对土地的需求曲线应为 D_b。

由于农户 B 对土地的边际期望较小，他认为种太多土地不划算，按照其需求曲线 D_b，农户 B 仅种 Q_2 土地，那么就存在 $Q_1 - Q_2$ 的土地没有利用或者荒废。如果把 $Q_1 - Q_2$ 的土地以出租、入股、抵押的形式转让给 A 农户，实际上相当于把 Q_b 需求曲线移动到 Q_a 的需求曲线上。理论上讲，Q_a 的需求曲线应该向下移动到 Q_a 上，因为随着农户 A 的土地增加，他对土地的边际期望降低，则其面临的土地需求曲线的斜率就增大。为简单起见，这种情况不再考虑。这样土地总量仍然为 $Q = 2Q_1$。农户 A 租用农户 B 的土地 $Q_1 - Q_2$ 获得收入部分以租金等的形式给农户 B，则双方都在这份土地 $Q_1 - Q_2$ 获得好处，同时土地资源得到了充分利用。

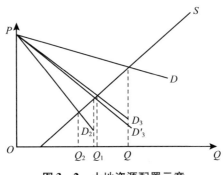

图 3 - 2　土地资源配置示意

2. 土地流转与乡村旅游成本效益比较分析

通过上面分析看出，适度规模经营是乡村旅游的健康发展的基础，通过土地流转可形成土地的相对集中来达到这一目的。从市场学的角度看，土地流转在市场上就是一种供求关系，土地流转价格是最重要的因素，它决定土地流转是否能顺利进行。因此，农民（土地流出方）先要考虑他流转出土地的价格范围。作为一个"理性经济人"，只有当土地流转以后的预期收益大于流转成本的时候，农民才有可能愿意流出土地，才会形成土地供给。同理，只有当土地流入发展乡村旅游的预期收益大于土地流转的成本，乡村旅游开发商（土地流入方）才有流入土地的意愿，才会有土地需求。我们可以通过以下不等式来研究农民和开发商各自的成本收益比。

第一，农户只有在土地租金收益不低于土地流转前收益的情况下才可能流出土地。用下列公式表示：

$$Y + H \geqslant G + K \tag{3.1}$$

其中，Y 是农民获得的土地租金收益；

H 是农民在土地流转以后，外出打工获得的非农收入；

G 是开发商在流入土地过程中付出的成本；

K 是农民不流转土地在土地上获得的收益，也就是农民的农业收入；

$Y + H$ 是农民土地流转以后的预期收益；

$G + K$ 是农民土地流转而付出的成本。

第二，对于开发商来说，流入土地发展乡村旅游得到的收益必须大于流入土地所支付成本的前提下才可能流入土地。

$$K' \geqslant Y + G' + A \tag{3.2}$$

其中，K' 是开发商流入土地开发乡村旅游而得到的净收益；

Y 是开发商付出的租金成本，这与农民得到的租金收益相等；

G' 是开发商流转土地过程中付出的交易成本；

A 是开发商因流入土地的机会成本，也就是开发商经营乡村旅游的支出。

根据式（3.1）和式（3.2）可以推出使农民和开发商都能接受的土地流转价格必须满足下面这一条件：

$$G + K - H \leqslant Y \leqslant K' - G' - A \tag{3.3}$$

通过式（3.3）可以看出，H 和 K' 越大，则 Y 的取值范围越大。也就是说农民的非农收入越高，开发商得到土地收益越高，双方可以接受的土地流转价格范围就越大，就越容易实现土地流转；反之，则土地流转就越难。

根据不等式（3.2）可看出：在租金保持稳定的情况下，开发商的成本越低，则乡村旅游收益取值范围越大。由此得出结论：在乡村旅游用地流转价格稳定的情况下，土地的交易成本和经营成本越小，乡村旅游用地的收益就越高。因此，我们可以推论，土地流转使土地经营规模化和集约化，从而使土地流转的交易成本和土地经营成本都大大降低，所以乡村旅游通过土地流转会提高土地增值收益，乡村旅游用地流转的意愿就会提高，乡村旅游获益就越多，发展更快。

以上分析说明，一方面，土地流转能推进乡村旅游用地的使用权合理流动，集中到乡村旅游开发商手中，土地资源得到优化配置，对加快乡村旅游土地使用的规模化、集约化进程，推进乡村旅游专业化分工、规模化经营和企业化管理，提高乡村旅游的经济效益有积极作用；另一方面，土地流转还能合理配置农村的人、财、物等资源，因为开发商在租用土地使用权的决策过程中，会衡量乡村旅游用地的经营收益、投入成本、风险成本、投资收益率等，并将其与传统农业的相应收益和成本进行对比，还会衡量其经营管理能力、生产技术条件、投资能力等是否能够达到乡村旅游发展要求的最低水平。因此，土地流转资源配置方式决定了有旅游经营管理能力、较高的生产技术水平、有投资保障的"能人"可以获得最主要部分的土地资源，从而使土地、人力、资本在配置上得到优化。[①]

（二）有利于乡村旅游资源资本化

乡村旅游发展的基本要素是土地、资金和管理。土地是农民的重要生产与生存资料，却不一定是资本或资金。土地成为资本，其前提是能够带来未来收益。土地参与流转，在运动过程中实现增值，给所有者带来预期收益的时候，就成为土地资本[②]。云南绝大部分农村经济发展落后，乡村旅游发展滞后的关键因素之一就是缺乏资金。乡村旅游开发的本质就是

[①] 丰凤. 土地流转与农村集体经济发展关系研究 [D]. 长沙：湖南农业大学，2010：34 – 38.

[②] 何晓星，王守军. 论中国土地资本化中的利益分配问题 [J]. 上海交通大学学报（哲学社会科学版），2004（4）：11 – 16.

对土地的综合利用。土地作为一种最为稀缺的生产要素，如果只是作为一种自然物参与生产就不具备资本属性，其价值就大大低于其资本化的价值。

土地承包经营权是一种具有盈利能力的资产，如果采用行政划拨或者协议等非经济方式出让土地承包经营权，不能体现土地的价值，但是，一旦采用市场经济方式的配置土地，例如，土地流转可使土地的价值得以在市场上公平衡量，经营权可在市场上自愿交换，价格由市场公平竞争决定，依附于个人的土地承包经营权，就可转化为一种可聚集、可流转、可抵押的资本。由此对乡村旅游用地进行的景观建设、生态建设、设施建设等与土地承包经营权资本相结合，而成为具有抵押、流转、聚集与拆分能力的资产及资本。这一点对于投资界具有极大的吸引力，为各种资本进入乡村旅游奠定基础。所以土地流转为乡村旅游用地及其乡村旅游资源的资本化带来了机遇。①

（三）推动乡村旅游新模式发展

云南乡村旅游发展虽取得了一定成绩，但总体来说还尚未形成高端化、集群化的乡村旅游产业规模，仍然以单家独户的"农家乐"发展模式为主。云南农村由于土地的分散，就难以形成大范围的具有吸引力的观光农业景观，同时也给乡村旅游的公共旅游服务设施的建设带来很大困难，土地的分散化是云南乡村旅游发展缓慢的主要原因之一。

土地流转最重要的作用就是把分散的土地经营权集中，为乡村旅游发展形成各种类型的专业化、规模化发展打下基础。通过土地流转土地集中经营，可以形成规模化的各种各样的乡村旅游模式，例如，家庭旅游农场、大型农业观光园、科普教育型农业科技园、休闲度假农场等内容丰富、大小结合、类型多样的乡村旅游模式。

（四）提高乡村旅游经营的抗风险能力

面对充满竞争、千变万化的市场，乡村旅游如果单打独行，分散发

---

① 杨振之. 土地流转新政策与乡村旅游发展 [N]. 中国旅游报，2008 – 12 – 23.

展、小规模经营，抵御市场风险的能力就低，经营倒闭就会频繁。而通过土地流转，把一家一户分散的经营协调组织起来，提高乡村旅游的组织化程度和维护经济权益的组织化程度，有利于改变云南乡村旅游"单户作战、势单力孤"的状况，有利于增强云南乡村旅游经营者主动参与市场竞争、积极抵御市场风险的能力。

四、乡村旅游用地流转动因的经济学分析

（一）从"X效率"论、"有限理性"论看乡村旅游用地流转的现实需要

乡村旅游发展从经济上讲它需要有推动力和拉动力。用西方经济学"X效率"论及"有限理性"论可以分析土地流转对乡村旅游发展的内在推动力。哈维·莱宾斯坦（1966）发表了《配置效率与X效率》，提出了"X效率"论。他提出的所谓的"X效率"是指"配置效率"，是指市场机制在配置资源方面产生的效率。而这种效率并非意味着在资源利用上也是有效率的。例如，当个人的目标与企业的目标不一致时，人们并不总是尽心尽力地工作，企业的成本也并非总是最小化，常常存在只要稍加努力便可增加产出的极大可能性。即在现实生活中，客观存在着与"配置效率"不同的"运用无效率"问题，即"X—无效率"。[①]

而"有限理性"论是赫伯特·西蒙提出的。20世纪中叶，在他的《现代决策理论的基石》中写道"广义而言，理性指一种行为方式，适合实现指定目标。在给定条件和约束的限度之内""理性有时指运用才智进行选择的过程，有时则指抉择本身"也就是说，"理性是指在给定条件和约束的限度内适于达到给定目标的行为方式"[②]。

---

① Harvey Leeibenstein *Allocative efficiency v. "x-efficiency" in American* [J]. Economic Review, 1966,

② 卢现祥. 西方新制度经济学 [M]. 北京：中国发展出版社，2003.

用该理论可以分析土地流转的重要性。中国家庭联产承包责任制实施初期极大地调动了农民的种田积极性，农业实现增产增收，这时的承包制兼顾了配置效率和运用效率。随着城镇化发展，农民发现到城市工作得到收入要远远高于在农村种地的收入，农民开始不断涌入城市，导致承包地却被弃耕、撂荒。所以资源配置效率看，当外部经济环境条件没有发生变化时，家庭联产承包责任制在满足农民基本生活需要及体现社会公平方面是具有"配置效率"或"X效率"的；但在承包地的具体使用上，却由于农民是有限理性人，在不同的客观条件限制下具有不同的"理性限度"，一旦外部经济环境条件发生变化时，当考虑到农业生产负担重、比较利益低、投入回报少等客观现实条件时，有限理性的农民作出了抛荒、撂耕等选择，由此导致了家庭联产承包责任制下土地的"运用无效率"或"X—无效率"①。

因此，为了解决在经济环境条件发生变化时土地资源配置的无效率，采取鼓励农民将土地使用权流转、使土地向乡村旅游经营能手集中土地政策，一方面，有利于乡村旅游用地资源适当集中，实现规模经营；另一方面，也提高了土地利用价值，实现了土地利用的X效率。土地流转提高乡村旅游用地的综合效益释放是一种 1 + 1 > 2 的乘数效应，对乡村旅游的健康发展将产生深远影响。

（二）比较利益差异是乡村旅游用地流转的内在驱动力

第一，土地小规模经营和规模化经营之间的效益差异。前面，我们已经分析过，云南乡村旅游绝大多数还是单家独户分散的小规模经营模式，成本高、产出小、效益低，同乡村旅游发展要求不相适应。而乡村旅游的规模化经营则能够使土地、劳动力、资金、科技等生产要素最优化组合，降低成本，增强竞争力，提高乡村旅游的整体效益。土地流转用于乡村旅游开发能够提高土地资源的获利空间和规模效应。乡村旅游的规模经营、集约生产可以提高农用地生产效率，正是在比较利益的驱

---

① 吴郁玲．曲福田：土地流转的制度经济学分析［J］．农村经济 2006（1）：33 - 36.

动下，云南乡村旅游用地流转具有较大内在驱动力。

第二，从事农业生产和从事乡村旅游经营的收入比较差异。由于乡村旅游经营具有较高收益，部分农民从农业转为旅游经营，增加了收入。农民通过利益差异和利益预期两方面做出比较，一方面，农民从事农业生产比较利益低，收入预期差；另一方面，同样面积的土地用于乡村旅游经营则有较高的收益和更好的收入预期。经营乡村旅游的收入越高，农民参与乡村旅游土地开发的积极性越大，越有兴趣参与土地流转希望获得更多的土地经营收益。因此，乡村旅游用地收益水平对农村土地流转的有积极正面影响。总的来说，乡村旅游使单位土地面积收益提高，推动了乡村旅游用地的流转规模和水平。

五、乡村旅游发展对土地流转的推动作用

（一）乡村旅游的扩张加大了土地流转的规模

乡村旅游用地的需求是一种引致需求，是通过对乡村旅游的需求带动了对旅游用地的需求。随着中国人民经济收入的增加和法定节假日的增多，人们旅游的需求呈多样化发展，同时国家为了推进农村扶贫工作，大力发展乡村旅游。各级政府纷纷出台政策鼓励乡村旅游发展，通过乡村旅游规划，支持土地流转，使农业资源与旅游资源整合，使农村资源得到充分利用，乡村旅游发展规模不断扩大为土地流转创造了条件，而土地流转又是乡村旅游发展的必然要求，于是对乡村旅游用地的需求量迅速增大，加大了乡村旅游土地流转的规模。

（二）乡村旅游引起土地增值使土地流转加速

发展乡村旅游往往引起土地增值，因为乡村旅游具有产出效率的比较优势，它可通过专业化的经营与管理提升土地的集约利用程度，并能提高土地的经济产出水平和土地增值收益。农村发展乡村旅游来吸引旅游者，大力发展生态农业，种植特色无公害有机蔬菜、瓜果、花卉，有

些地方还建设了绿色生态农业观光园，有些乡村为打造良好的生态环境，很多农民自愿退耕还林还草，治理环境，营造出山水风光与民族风情浑然一体的乡村田园景象，环境改善使得土地增值。在乡村旅游开发的过程中，农产品成为旅游商品，农产品的附加价值大大增加。乡村旅游开发往往需要投入资金、技术、劳动力来改良土壤，土地资源的改善使土地得以增值。由于发展乡村旅游引起土地增值，使许多开发商把资金、技术投向农村开发了很多大型农业观光景区、农业科技观光园、农业生态园等，这些大规模的乡村旅游开发推动了农村的土地流转。

（三）开发模式的多元化促成土地流转的方式多元化

当前，中国乡村旅游的开发、经营主要有："农户自主开发""外来开发商（企业）主导开发""基层政府主导开发""基层政府＋企业""基层政府＋企业＋农户""农村集体经济组织主导开发""农村集体经济组织＋农户""股份合作制"等多种模式。由于开发主体的性质不同，以及各主体在土地增值收益分配中的博弈利益不同，从而造成土地流转对象、流转形式、流转收益的差异，造成了土地流转方式的多元化，相继出现了租赁、转包、互换、转让、反租倒包、入股、股田等多种形式的乡村旅游用地流转。可以看出，乡村旅游发展类型和方式决定了土地流转的方式和规模，二者之间的方式和规模具有一致性。

六、土地流转与乡村旅游发展的互动机理

下面用社会交换理论，分析土地流转与乡村旅游相互影响的内在机理和基本特征，为乡村旅游发展与土地流转的相关性提供一个总体的逻辑框架。

社会交换理论作为一种 20 世纪 60 年代兴起于美国并逐渐在世界范围内广泛传播的社会学理论，社会交换理论的核心观点是：人类的一切理性行为，无论是个体间的交往还是群体（组织）间的交往，都可归结为一种交换；任何交换者都会从交换的后果中衡量出交换给自己带来

的收益和成本，并且总是倾向于努力使自己的收益最大化而成本最小化；交换者通常会依据感知到的结果是否有利（收益是否大于成本）来决定是否发展与其他交换者的关系。虽然都是以"理性人"为前提假设，但和理性选择理论相比，社会交换理论的解释更合理、适用性更强，因为社会交换理论中的报酬或收益、成本或惩罚等不仅是指经济上的，还包括了社会的和情感的，其理性假设是对经济理性、社会理性和价值理性的有机结合。因此，社会交换理论的许多命题和观点已经被广泛应用到了现代经济学、管理学、政治学、法律学和教育学等诸多领域。

依据社会交换理论，农村土地流转与乡村旅游开发，是当地居民个体和相关旅游开发商之间相互进行交换并发展良好交往关系的结果。对旅游开发商而言，其选择云南农村并进行旅游开发行为是他们衡量旅游收益和旅游经营成本以后做出的交换决策和交往行为，当其预期和感知到的旅游经营收益大于旅游经营成本时，旅游开发商就会进入农村并实施土地流转（转入）行为，使当地的土地需求扩张，否则会远离或者退出特定的目的地，使当地土地需求萎缩，最终影响农村旅游业发展和旅游经济增长。对乡村旅游目的地的村民而言，其土地流转（转出）同样是衡量土地流转收益和成本后做出的交换与交往行为，当他们预期和感知到的土地流转收益大于其付出的成本时，当地村民个体就愿意提供更多的土地，使当地的土地供给增加，否则便会减少甚至停止土地流转，使土地供给萎缩，最终影响农村旅游业发展和旅游经济的增长。

土地流转之所以能够推动乡村旅游发展，正是由于土地流转可以通过对农村经济、文化、生活等方方面面的影响，进而影响到农村农民和旅游开发商在土地流转过程中的各种收益和成本，这种收益和成本的变化，会导致该地区土地需求和供给的变化并最终影响该地区乡村旅游经济增长。因此，分析农村土地流转和乡村旅游发展的相互关系，关键要研究分析、比较土地流转引起的乡村旅游的收益和成本，既包括各种经济收益和经济成本，也包括各种非经济收益和非经济成本。土地流转与乡村旅游发展的互动机理可以用图 3-3 来示意。

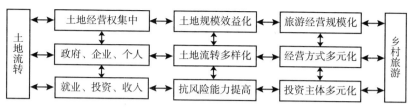

图 3-3 土地流转与乡村旅游开发互动机理

第一，乡村旅游的开发为农村地区农民致富开辟了新的途径，增加了对土地的需求，推进了土地经营权的流转，是乡村旅游用地流转的重要驱动力。

第二，土地经营权的流转在制度上对乡村旅游用地的需要具有重要意义，乡村旅游发展用地需要得到保障，促进了乡村旅游的规模化发展。乡村旅游的规模化发展吸纳了农村的剩余劳动力，土地流转进一步得到加强。

第三，乡村旅游使土地价值得以体现。资本具有追求利润的本能，旅游工商资本进入农村，促进了土地这一资本要素流转和优化配置，使土地资源在流转中实现增值或变荒芜为财富，增加了对土地的需求，从而又引起土地增值，导致价格上涨，土地价格上涨又进一步引起土地供给增加，推动了土地经营权的流转，形成良性互动。

第四，农民的行为在理论上符合经济人假设，其决策依据是效用最大化，农民受乡村旅游开发土地流转的经济利益影响，农用土地具有潜在的旅游价值，土地流转将促使农用土地的旅游增值得以实现，农民土地流转积极性提高；开发商通过提供土地收益如租金和提供就业来激励农户的流转意愿。

第五，农民的乡村旅游用地流转存在一定的利益失衡风险。由于参与乡村旅游用地开发的主体的动机、利益、价值目标不同导致形成非均衡利益关系，使得乡村旅游用地增值收益分配中农民的利益容易受到损害。

第四章

乡村旅游用地增值收益的形成机理

乡村旅游具有较高的扶贫效应，大力发展乡村旅游是国家和地方政府的重要价值取向，然而乡村旅游扶贫的核心和关键是土地增值收益公平分配，所以必须对乡村旅游用地增值收益的形成进行分析。分析乡村旅游用地增值收益形成概念及其各种价值类型间的逻辑关系，是为构建完整的乡村旅游用地增值收益分配理论体系打下基础。

第一节　乡村旅游用地增值收益理论分析

一、乡村旅游用地增值收益产生的基础

土地增值收益是指土地价值增加得到的收益，本质表现为地租量的增加，反映在土地所生产产品的价值上，表现为土地生产产品价格的增加。因此，任何引起地租量变化的因素都会引起土地的增值，表现为绝对地租、垄断地租、级差地租等增加所带来的土地增值收益。由于乡村旅游用地增值收益是土地增值收益的一种特殊形式，乡村旅游用地增值收益分配理论是以地租理论、土地增值理论、收入分配理论等为基础的一个分支，是农业经济学基本原理与旅游理论相结合，是普遍性与特殊

性的关系，特殊性中包含普遍性，所以，可以利用地租、土地增值、土地价格、供求理论等理论来分析乡村旅游用地增值的形成原理。

乡村旅游用地增值收益最基本的来源是土地，土地是乡村旅游增值收益的基础和核心。土地自己不会自然增值，需要在一定的外在因素的作用下它才会增值。土地是乡村旅游用地增值收益的内因，其他因素是乡村旅游用地增值收益的外因，乡村旅游用地增值收益是内因与外因共同作用形成的，内因是根本，外因是条件。土地决定着乡村旅游用地增值收益根本属性，其他因素推动乡村旅游用地增值收益的形成，不能把乡村旅游用地增值收益的内因与外因分开来或者孤立起来。

本书所讨论的乡村旅游用地，包含两个方面，一是指土地资源，即一种纯粹的自然资源。马克思认为，没有通过劳动加工的物品是没有价值的，但是，"有些东西本身并不是商品，例如良心、名誉等等，但是也可以被它们的所有者出卖以换取金钱，并通过它们的价格，取得商品形式。"① 作为自然资源的土地，虽然没有价值，但它的有用性使它在商品经济条件下，它也可成为交易的对象，就具有了价格，其价格是资本化的地租，是效用收益的资本化。二是指被农民承包经营农村集体土地中用于乡村旅游开发的土地，是已经被人类开发和利用，物化了资金和劳动的土地。对于经过人类开发利用的土地，马克思把人类在土地中的投入称之为"土地资本"，它的本性是运动和增值。马克思还指出："土地资本"是固定资本范畴，能够为土地所有者带来利息，它是剩余价值的一部分。乡村旅游用地经过人类劳动的加工，具有两个层次的价值因素，即资本化的地租和凝结人类劳动的价值。这两个价值虽然在性质上不相同，但却复合在已经利用的土地中，构成了现实中乡村旅游用地价值的完整含义。

目前，用于乡村旅游开发的土地一般都是由农村土地开发而来的，也就是说，乡村旅游用地增值收益的第一个基础是农地。农地是农业生产最基本的生产条件，同时又是旅游资源的载体。乡村旅游用地增值收

---

① 马克思恩格斯全集，第23卷［M］. 北京：人民出版社，1985：120.

益是在原来农地价值的基础上产生的，乡村旅游用地增值收益实质上是旅游开发商对土地旅游开发的收益期望值或预期收益，是乡村旅游用地经济价值的反映，是开发商为获取乡村旅游用地预期收益而支付的代价，即地租的资本化。购买使用土地的权利，实际上是购买一定时期的土地收益。因而，土地收益现值的总和就表现为土地价格。乡村旅游用地增值收益中的一部分就来自于地租。乡村旅游收益的不断增加导致土地价格上涨，其实质就是土地收益值（地租值）的增加。

对乡村旅游用地而言，因为农地上附着一定量的旅游资源，土地经营权价值与旅游资源之间存在紧密的联动关系。旅游开发商之所以会租用乡村旅游用地一定年限的经营权，是因为旅游资源是有价值的，开发商在获得土地经营权之后，就会利用旅游资源进行开发和旅游项目建设，开发商不但获得由土地带来的经济收益，还可以获得旅游资源开发带来的收益，并且通过市场运作使乡村旅游用地实现增值。乡村旅游用地增值的重要原因是由于乡村旅游用地与旅游资源有紧密的互动联系，所以，乡村旅游用地增值收益第二个基础是农村土地上的旅游资源。

二、乡村旅游用地增值收益的表现形式和本质

马克思地租理论所提出的地租、级差地租、绝对地租、垄断地租、土地价格等范畴的客观条件和基础条件在乡村旅游用地开发中仍然是存在的，也就是说，乡村旅游用地的增值收益仍然可以通过地租增值收益表现出来，下面进行系统分析。

（一）表现形态一：绝对地租

按照马克思关于地租的定义，不论土地是优等、中等还是劣等，土地所有者出让土地经营权所必须收入的那一部分租金就是绝对地租。土地所有权的垄断是绝对地租产生的原因，因为不论是租种哪个等级的土地，哪怕是最差等级的土地，也必须付出租金，如果没有租金收入土地

所有者大可以让这些土地荒废，所以，乡村旅游用地增值收益第一个形态是绝对地租。第一，从绝对地租形成的条件分析，农业生产力水平低于全国其他行业平均水平，农业资本有机构成大大低于社会平均资本有机构成的条件下，于是就存在个别农产品价值与社会生产价格之差，其差额就是构成绝对地租的超额利润。第二，从绝对地租产生的来源分析，乡村旅游用地的所有制与我国农地所有制性质一样是集体所有制，因此，从这个层面上看，似乎并不存在乡村旅游用地的垄断。但是，农地实行家庭联产承包责任制，以家庭为单位，农户拥有乡村旅游用地的承包权、经营权以及收益权，农地流转促进了农地财产权的分离，深化了农地使用权和收益权，虚化了土地所有权。乡村旅游用地流转造成了土地的所有权、承包权、使用权的分离，这是乡村旅游用地绝对地租形成的前提。在根据商品经济规律，无论是土地的所有权还是使用权，都要求体现其自身的经济价值，地租就是它们经济价值的表现形式，在乡村旅游开发中土地的绝对地租就是乡村旅游开发者在使用土地时就必须支付旅游用地的地租，也就是乡村旅游用地的经营者向承包者支付的最低限度的地租。第三，从土地利用集约度来看，乡村旅游用地利用比一般农业利用能更大限度地将资金集中利用于一定面积的土地上，使其超额利润高于一般农业利用，因此地租量也就较高，因此，农村许多农户都愿意把农地流转为乡村旅游用地，农地流转为乡村旅游用地绝对地租的实现开辟了新的渠道，乡村旅游用地绝对地租在中国农村地区客观存在。

（二）表现形态二：级差地租

由于土地的肥沃程度、地理位置、生态环境以及旅游资源不同，乡村旅游用地的旅游功能大小是不一样的，土地产生的旅游价值是不同等的。也就是说，当前，乡村旅游用地不仅存在绝对地租，而且存在级差地租和垄断地租。所以，乡村旅游用地增值收益第二个表现形态是级差地租。

第一，在中国，仍然存在乡村旅游用地级差地租形成的客观条件，主要包括乡村旅游用地上旅游资源的差异、土地位置优劣、距离城市中心远近、交通方便程度、土地质量好坏等。乡村旅游涉及的土地资源包括耕地、林地、草地、水域，甚至未利用的土地。当这些不同类型的土地用于农业生产时，导致增值收益差异的因素主要是：地形、土质、肥力、水源、光照等物质条件和交通条件，而当它们用于发展乡村旅游时，导致增值收益差异的因素则主要在于青山、绿水、风光、休闲、健康、文化等环境因素的自然差异。同时，用于乡村旅游开发土地的交通条件、离城市的距离的差异等都会导致乡村旅游用地级差地租的出现。也就是说，由于乡村旅游用地的质量的高低而产生旅游产品数量和质量的差异，从而引起在旅游经济收入的差别，同样，由于土地的地理位置的差异，可进入程度不同也引起乡村旅游开发中开发成本的差别。所以在客观条件较好的乡村旅游用地上可以获得的利润就比在条件较差的乡村旅游用地上多，而多出的超额利润就是级差地租。

第二，乡村旅游用地形成级差地租的第二个条件是土地的有限性。在中国土地的有限性也是客观存在的。乡村旅游用地的有限性更为突出，因为，乡村旅游用地必须具备的一定的旅游资源。随着城市化进程加快，人口增加对土地的需求越来越大，而可开垦的土地资源是有限的。随着人们对乡村旅游的需求增长，对乡村旅游用地的需求也越来越大，但乡村旅游用地是有限的。由于乡村旅游开发用地存在旅游资源好的优等地、旅游资源一般的中等地和旅游资源较差的劣等地，乡村旅游用地优劣条件的不同使得等量资本投入等面积的不同地块上的生产率出现差异。这样，就出现了级差地租产生的社会经济条件。在土地分属于不同所有者的条件下，乡村旅游用地流转是土地这种特殊商品从效益较低的生产者流向效益更高的生产者的过程，当乡村旅游土地的有限性与差异性结合在一起时，级差土地收入就必然转化为级差地租。

第三，在农村民间自发的农地流转中，乡村旅游用地流转的费用多以级差地租为前提，优等地付给较高的土地租金，劣等地或者需要改良的荒地、沙地、旱地则付给较低的租金或者以改良为契约，这是乡村旅游用地流出方可以赚取的利差。旅游开发商通过土地流转方式获得乡村旅游用地后，一般会增加资金、技术、劳动等投入，整理、改善土地。一方面是为了乡村旅游开发的需要；另一方面也是为了改善土地利用结构，挖掘旅游资源提高土地的综合效益。完成土地整理后，乡村旅游用地增值收益更加明显。因此，旅游开发商从事乡村旅游生产经营获得的收益至少不能低于从事其他行业的平均利润，也就是他们从事乡村旅游经营获得的净收益要比机会成本高。在我国，由于乡村旅游用地的质量差别，导致同一数量的资本投在相等面积乡村旅游用地上产生的土地增值收益不同，由此产生的超额利润和由它转化的地租也有等级差别。

（三）表现形态三：垄断地租

在中国农村，乡村旅游用地具有经营权垄断性。第一个方面是土地承包经营制度。我国虽然实行农村土地集体所有制，但同时又实行农户承包经营制，国家通过立法赋予承包经营权具有长期性、稳定性和排他性，这是一种新型的类似于所有权的经营垄断。所以，乡村旅游用地增值收益的第三个表现形式是垄断地租。从积极意义上说，这种垄断改变了土地和农民分离的情况，排除了地主和农业资本家对农民的双重剥削。从消极方面看，土地承包使土地的垄断性更牢固了，土地垄断经营不利于资源合理流动，不利于农村土地经济效益的提高。这种新型的土地经营垄断的存在就是乡村旅游用地垄断地租产生的社会经济基础，这就是社会主义性质的新型的土地经营垄断实现自己所有权和经营分配权的一种经济形式，它虽然不同于资本主义垄断地租所包含的雇佣剥削关系，但经济内涵是一样的。① 第二个方面是土地的自然条件。垄断地租的产生除了土地所有权的垄断外，还因为乡村旅游用地是一种具有特殊自然条件的土地。在农村具有独特自然条件能够用于乡村旅游开发的土地并不多，从资源形成方式上看，乡村旅游用地所依托的旅游资源是原生、自然赋存或历史遗存，是"老天爷"或"老祖宗"的馈赠，具有

---

① 李亚东. 马克思地租理论视角下的我国农地租赁市场问题研究 [D]. 开封：河南大学，2013.

独特性、不可再生性、不可替代性，从而具有天然垄断性。另外，乡村旅游用地所处位置和特定的条件对地租有决定性的影响，因而，垄断地租的产生条件依然存在，用于乡村旅游用地是具有某种独特自然条件的土地，数量有限，供不应求，正是由于这种具有优越自然条件的土地的稀缺性和土地经营制度的垄断性，能获得持久而稳定的超额利润即垄断地租。

（四）乡村旅游用地增值收益的本质

根据马克思的劳动价值论，价格是商品价值的货币表现，而商品价值是凝结在商品中的人类抽象劳动。在西方经济学家看来，价格是为获得种商品或劳务所必须付出的东西，通常用货币表示。土地的价值是通过其所生产的产品价值来反映的，如果土地生产的产品的经济效益高，土地价值就大，根据一般商品的"价值决定价格的规律"，看不见、摸不着的土地价值是通过土地上产品价格的形式表现出来的。土地价值是土地价格形成的基础，价格是价值的一种外在表现形式，反映到土地上则表述为"土地所生产的产品价值决定土地价格"。对于乡村旅游用地而言，它也是一种商品，但却是一种特殊的商品，在一定的劳动条件下乡村旅游用地能生产各种各样的旅游产品，谁垄断了乡村旅游用地，也就垄断了土地纯收益，即地租。因而，乡村旅游用地收益现值的总和就表现为乡村旅游用地价格。乡村旅游用地价格是为使用乡村旅游用地而支付的用货币表示的交换价值，是土地未来地租的资本化。

根据上述分析，我们来探讨乡村旅游用地增值的本质。在农地用途不变的情况下，乡村旅游用地增值收益是乡村旅游用地开发过程中土地收益的增加，其实质就是土地收益值（地租值）的增加。而增加的价值是资本化地租的增加，反映到土地所生产的产品的价值上，[1] 所以乡村旅游用地增值的本质是资本化地租的增加，通过乡村旅游用地所生产产品的价值的增加反映出来。乡村旅游用地经营权的流转实质上是土地

---

[1]　林瑞瑞. 土地增值收益分配问题研究 [D]. 北京：中国农业大学，2015.

经营权的租赁行为，由于在流转过程中只涉及农地使用权的流转，其他权属没有改变。因此，乡村旅游用地增值收益的本质是土地使用权在一定年限内的收益价格，是交易双方对未来土地增值收益分配的一种预期和约定。由于乡村旅游用地增值收益的本质是资本化的地租，表现为不同形态地租的变化，因此，乡村旅游用地增值收益可依据不同形态的地租进行分配。

进一步来说，影响乡村旅游用地增值收益的还有其他因素，例如，该用地所生产产品的供求关系。当供不应求时，市场上对乡村旅游产品需求上升，产品的价格上涨，对乡村旅游用地的需求也就随之上升，则土地价值也相应上涨，即表现为乡村旅游用地价格上涨；当供大于求时，乡村旅游用地所生产产品的价格下降，则土地价值也相应下降，即表现为土地价格下降。此外，由于施加在乡村旅游用地上的资金、技术、劳动等要素投入的增加，也会带来土地价值的增加。

根据马克思关于价格是价值的货币表现，价值决定价格的理论，乡村旅游用地增值的货币表现则是乡村旅游用地价格的增加。乡村旅游用地增值收益在现实生活中表现为价格，即农村集体土地在发展为乡村旅游用地过程中，由于用途延伸、投资增加、供求关系等因素导致的土地价格增加，乡村旅游用地后的土地价格和原农地价格的差异是乡村旅游用地增值收益的表现形式。其本质就是农村集体土地在所有权上的经济实现形式。

同样，运用西方经济学的效用价值理论很容易得出乡村旅游用地增值的结论。因为随着城市环境的恶化和工作压力不断加强，乡村旅游可以起到减缓人们工作压力，改善身体健康，提高生活质量的重要作用，所以，乡村旅游对人们具有重要的物质效用和精神效用。乡村旅游用地既有稀缺性又有有用性的特点，是一种特殊的资源形态。它的价值构成不同于一般资源，它具有物质和精神双重效用性，这是乡村旅游用地增值的前提条件，如果没有效用，就没有价值。乡村旅游用地效用价值的大小则决定于它的稀缺性、开发利用条件，可以用人们对它存在的意义的支付意愿或补偿意愿来衡量。因此，乡村旅游用地增值收益的另一个表现形式是"效用价值"。马克思的劳动价值论与西方经济学家的效用价值论在关于商品使用价值（效用）的重要性上有共同之处。二者都承认商品的使用价值或效用是客观的，不随人们的主观意志而转移，商品的使用价值对价值有重要作用。马克思认为，商品是使用价值与价值的统一，二者不可分割。商品的使用价值是价值存在的前提，是价值的物质承担者。如果商品没有使用价值也就没有价值。可见，马克思和边际效用论者几乎同样重视使用价值。效用价值理论经过一百多年的发展和完善，它在西方国家得到广泛承认，这充分地说明它存在着一定的科学成分。

本书将地租理论和效用价值两种理论结合起来研究乡村旅游用地的价值体系。这里的乡村旅游用地是指不仅表现为有形的物质性的资源实体，既具有自然资源的特质，又是人类劳动的产物，所以，乡村旅游用地增值收益的产生来自两个方面：一是天然生成，主要指那些自然景观；二是人类创造，主要指人类开发加工过的土地。这里确立的乡村旅游用地的价值，相当于劳动价值论中的使用价值和效用价值论中去除掉政治性因素后的效用价值。因此，乡村旅游用地增值收益取决于以下几方面，首先，取决于它对人类的有用性，既能满足人类物质生活需要，又能满足人类精神需要；其次，它是人类对它有各种要素投入，从原始荒芜的状态被改造为环境优美、景观旖旎、物产丰富的乡村旅游胜地；最后，乡村旅游用地增值收益还取决于它的稀缺性（体现为供求关系）。

三、乡村旅游用地增值收益的类型

乡村旅游用地是指农村能够用于乡村旅游开发的土地。农业用地发展为乡村旅游用地以及农村集体建设用地发展为乡村旅游建设用地都会使土地增值，但其价值增值特点不同于农用地转变为工业用地、城市建设用地、商业用地。第一，农村土地开发成为乡村旅游用地，所有权和土地性质都没有发生改变，土地仍然属于农村集体，土地仍然属于农用地和农村集体建设用地范畴，只是对土地用途的进行延伸和扩展，用地性质并未发生改变，但土地资源的内涵发生了变化，从原来单一的农业资源转为农、旅结合的综合性资源。在农业用地和农村集体建设用地中融入了景观、康体、教育、文化和娱乐等旅游资源价值，提高了土地资源的边际报酬。第二，乡村旅游用地的使用价值中既包含了农地中的经济价值，同时还包含了旅游资源价值。同一块土地既有农地的农业生产功能，又有乡村旅游的功能，它同时具备了两个产业（农业和旅游产业）的用途，同样的土地能比之前产出更多用途、更多数量的产品。马克思认为，使用价值是价值的物质承担者，价值存在于使用价值之中。所以，农用地向乡村旅游用地延伸，从而形成使用价值的增加，实现了土地增值收益的增加，引起土地需求增加，导致价格上涨，可以通过绝对地租、级差地租、垄断地租、效用价值等表现出来。第三，从土地利用集约度来看，乡村旅游开发比农业利用能更大限度地将资金集中利用于一定面积的土地上，使其超额利润远高于单纯农业利用，因此地租量也就较高。第四，农村土地向乡村旅游用地发展，实现了土地资源的优化配置，农业产值从第一产业，延伸到第二、第三产业中，提升了土地的生产力。所以，传统农地转为乡村旅游用途的过程中，土地及其附属物的旅游吸引价值转化成为土地级差收益，使土地价格上涨，这部分价格上涨所获得利益就是乡村旅游增值收益之一。此时的土地增值收益应该界定为乡村旅游用地增值收益。第五，对乡村旅游用地进行开发，投入各种资本（开发商的直接投入和政府的间接投入）也会大大提高土地的价值，这一部分增值是生产性增值。可见，乡村旅游用地价值增值可分为：农地初期开发增值、农地向乡村旅游用途转变增值、乡村旅游用地开发投资增值、市场需求增值四个类型。也可以把这四种类型的乡村旅游用地增值归并为"自然性增值"和"生产性增值"两大类。土地用途延伸增值和供求增值属于"自然性增值"，由农民初期投资和旅游开发投资引起的土地增值属于"生产性增值"。

　　乡村旅游用地是在农村范围内对土地进行旅游开发利用的土地，虽然经营权可能会发生流转，但土地的所有权没有改变，仍然归农村集体所有。所以，乡村旅游用地增值收益是指的内部增值收益，即土地所有权没有改变前提下的土地增值收益。内部增值收益分为两类。一类是乡村旅游用地流转增值收益，是指原来的农用地和建设用在经营权（使用权）流转之后用于乡村旅游开发所增加的收益。特点是土地的承包权与经营权发生了分离，土地增值收益在不同的主体之间分配。另一类是乡村旅游用地非流转增值收益，是指农民使用自己的承包地进行旅游开发导致的土地增值，特点是农村土地的承包权和使用权没有分离，土地增值收益不存在分配。

第二节 乡村旅游用地价值增值收益形成的机理

本书中讨论的乡村旅游用地首先是一块农村土地，其次，它是一种特殊的土地资源，它具有一定的稀缺性和独特的使用价值，经过人类的加工，能够生产出丰富多彩的乡村旅游产品，满足人们的旅游需要，并且能为经营者带来经济收益。研究乡村旅游用地增值收益分配机制，首先要对乡村旅游用地增值收益的形成及特点进行理论分析。本节采用抽象的纯理论推理研究方法，从乡村旅游用地增值收益产生的初期投入、用途延伸、要素投入和供求关系四个因素进行分析。

一、乡村旅游用地增值的第一因素：农地开发

按照马克思的劳动价值论，未经过人类的开发，处于原始状态下的土地是没有价值的，土地只有经过人类的劳动才会有价值。但是，土地又是人类生产和生活的载体，对人类具有非常重要的使用价值，作为一种特殊的生产条件，在经济活动过程中经过人类的劳动加工，就会生产出产品，具有价值。马克思把开发改良土地而投入到土地上资本称之为"土地资本"。"土地资本"有的量小、期短，如改良土壤的农药、施肥等；有的量大、期长，如平整土地，修建排灌设施，设置建筑物等。不论是小量、短期投入，还是大量、长期投入，都能提高土地的产出水平，从而促进土地增值。目前，在农村用来开发旅游的土地绝大多数都

是集体农用地和建设用地，基本上是经过多年的开垦、整理、保养的熟地，能够生产出农产品。土地从"生"到"熟"是土地的一级开发过程，同时也是土地增值的第一个阶段。农民的承包地还是农民就业、养老和医疗、教育等基本生活的物质保障。另外，当地农民长期的劳动和生活所形成的良好生态环境也会使土地增值。所以，农村土地的第一增值收益是由农民对原始状态的土地的开垦、整理、保养的投入产生的，这些投入凝聚到土地上从而使土地得以增值，本书称之为乡村旅游土地增值Ⅰ，主要由三个部分组成。第一部分是土地最基本的价值，即经济价值。是指能够生产满足人类基本生活所需要的产品的价值，即能够生产粮食、蔬菜、花卉、水果、药材等的价值。第二部分是土地的生态价值，是指土地具有的自然环境价值。一是农地的资源、环境与生态保育效应，如防洪、防止土壤流失、涵养水源、维护生物多样性及保育野生动植物。二是农地的作物残余物利用，主要包括：处理有机废弃物，分解与消除污染物质，调节微气候以及净化空气，维持及活化乡村社区。[1] 第三部分是土地的社会价值，是指土地提供给农民的就业、养老、医疗等保障以及文化传承等方面的价值。

　　农民对土地的活劳动和物化劳动投入是乡村旅游用地价值增值收益的第一因素。这是农民对土地最初的开发，本书称之为乡村旅游用地的初期开发。农地的初期开发产生的土地增值收益表现为绝对地租。也可以称之为土地的"第一增值收益"，即土地增值Ⅰ（绝对地租）＝（经济价值＋生态价值＋社会价值），乡村旅游用地的其他增值收益是在此基础上进行增值的。

二、乡村旅游用地增值的第二因素：用途扩展

　　用途扩展增值是指在其他相关因素保持不变的情况下，土地由低收

---

① 王庆日．城市绿地的价值及其评估研究 [D]．杭州：浙江大学，2003．

益的用途转换为高收益用途过程中带来的土地收益水平的提高①。最常见的是农用地转为农村建设用地、农用地转为非农用地等。这些土地用途的转变已经使土地的性质发生了改变，其特点为具有排他性，即同一块土地不能同时作为两种不同性质的土地使用，例如，一块工业用地不能用来从事工业生产的同时又从事农业生产。这时同一块土地的价值只能用工业用地的价值为衡量依据。根据地租理论，农用地转变为建设用地所产生的增值主要是由于农业地租转变为建筑地段地租所增加的资本化地租。而农用地变为乡村旅游用地只是农用地在用途上进行了拓展和延伸，并没有改变土地的性质，而且乡村旅游用地与农用地并不相互排斥，是农业资源转为农、旅结合的综合性资源，二者可以兼用，在农业用地和农村集体建设用地上融入了景观、康体、教育、文化和娱乐活动等旅游价值，提高了土地资源的边际报酬。乡村旅游用地的使用价值中既包含了农地中的经济价值，同时还包含了旅游价值。下面对这两方面的价值进行分析。

最初，人们认为土地只有经济价值，只能从事农业生产，但是随着社会经济的进步，人类逐步提高和完善了对土地价值的认识，开始认识到土地不仅有经济价值，而且还有文化、社会、生态、伦理、旅游等多重价值。同时人类对土地资源的开发利用逐步从单一的经济价值转向整体的综合价值。土地不论做何种利用，都会具有实际使用的经济回报——地租，这是土地的基础价值，但是，土地还存在另一种使用价值：选择价值。选择价值是指，自然资源潜在收益的价值，表现为日后多种利用选择的可能，从而获得更多的使用价值或获取更大的福利和享受。② 事实上，土地的旅游价值是客观存在的，现代旅游业的发展将旅游价值由潜在价值变为现实的价值，乡村旅游用地的利用就是农村农民在经济发展中的一种价值选择。

土地资源是指构成土地的各种自然物的总和。在农用地上开发乡村

① 林瑞瑞. 土地增值收益分配问题研究 ［D］. 北京：中国农业大学，2015.
② 蔡妹妹. 对休闲农业利益分配问题的研究 ［D］. 杭州：浙江工商大学，2008.

旅游，其土地资源使用价值的内涵发生了较大的转变，这个时候，除了具有传统农业土地的经济价值外，它增加了一些的独特的使用价值，具体有景观价值、康体价值、教育价值、文化价值、娱乐价值、可达性价值等，本书统称为"旅游价值"。农村土地上的"旅游价值"一部分是大自然的产物，另一部分是由于人类投入劳动和资本对农用地进行开发和利用的成果，同时，这些使用价值也是价值的物质承担者，从而导致乡村旅游用地价值增值。乡村旅游用地增值收益是自然资源与人类劳动共同促成的，表现为一种具体形式的特殊使用价值，即"旅游价值"。正是"旅游价值"使农村土地进一步增值，本书称之为乡村旅游土地增值Ⅱ。为什么农用地向乡村旅游用地延伸和拓展会使产生土地增值收益呢？形成机理分析如下。

　　从理论上讲，用来开发乡村旅游的土地，必须具备一定好的条件，要么有美丽的景观，要么有珍贵的文化遗产，或者优良的生态环境或者优越的地理位置等等。由于具有特殊优越条件的土地的开发可以产生超额利润，而一些较差的土地只能获得较低的土地租金。马克思在分析地租的时候指出，级差地租产生的条件是土地优越的自然条件，即土地的自然力。按照马克思自然力理论，自然力是指能够利用于生产过程，并带来额外收益的一种生产要素。马克思以人们对瀑布的利用为例，说明了级差地租的形成过程。"瀑布却是一种自然的生产要素"，瀑布的这种自然力被少数企业利用成为生产条件特别有利的企业，具有成本低、生产率高的优势，其产品的个别生产价格低于多数企业产品决定的社会生产价格，在产品按社会生产价格出售时，少数生产条件特别有利的企业，除获得平均利润外，还获得一个超额利润。这个超额利润的形成原因，马克思说"利用瀑布而产生的超额利润，不是产生于资本，而是产生于资本对一种能够被人垄断并且已经被人垄断的自然力的利用。在这种情况下，超额利润就转化为地租。"① 瀑布的自然力能够生产出超额利润，是由于瀑布附着在土地上，由于土地的所有者对土地有经营垄断

---

① 马克思．中央编译局编译．资本论，第三卷 [M]．北京：人民出版社，1975：727.

权，所以，是资本对瀑布这种自然力的垄断产生了超额利润，瀑布的土地所有者占有了这个超额利润，并把它转化为地租。马克思把这个的地租称之为级差地租。

土地除了产生级差地租以外，还能够产生垄断地租。垄断地租是由一种"具有独特性质的土地"产生的，能够产生垄断地租的土地相当有限，其独特性、稀缺性是垄断地租产生的基础。能够用于开发乡村旅游的土地正是这样一种具有优越条件和独特的乡村旅游资源的土地，能够吸引乡村旅游爱好者前往旅游。乡村旅游资源是乡村旅游用地上的一种独特的资源，它是大自然的恩赐和人类劳动共同形成的，是乡村旅游产品的生产要素之一，是乡村旅游产品的自然生产力。它一旦被垄断经营，经过人类的开发和生产，就会使土地增值产生级差地租和垄断地租。

我国乡村田野上斑斓的色彩、美丽的农田、起伏的山冈、蜿蜒的溪流、葱郁的林木和具有民族文化的村落具有城市无可比拟的贴近自然的美景，为旅游者回归自然、返璞归真提供了优越的自然条件。农村多数地区仍然保持着浓郁独特的风土人情、真实原始的传统民居，原生态的土特产品。这种在特定地域形成的"古、始、真、土"等资源具有很强的吸引力。乡村旅游是一项综合的旅游活动，不仅观光旅游，还包括休闲、度假、文化、科考、娱乐、购物等在内的多功能、复合型旅游活动。所以，农村用于发展乡村旅游的土地由于具有一些优越的自然条件，即乡村旅游资源。这些乡村旅游资源是乡村旅游用地重要的组成部分，经过人类长期的开发利用的土地已经具有价值，当被用作乡村旅游用地开发时，无论是它的景观、休闲和度假环境、农业知识、传统民居还是优美的村落都成为乡村旅游用地的重要资源，能够为土地增加更多、更独特的使用价值，下面进一步分析。

（1）产品价值。

农地具有农林牧副渔业生产的条件：能够种植无公害、绿色农作物如粮食、蔬菜、水果等食品，满足旅游者旅游过程中的第一需要，即食的需求；或者具有野生植物资源：如材用植物、药用植物、食用植物、蜜源植物、香料植物、纤维植物、观赏植物等所允许提供产品的条件；或者具有野生动物资源：如鱼类及水产品，动物生长可供药用、食用、装饰用的产品，工艺品用原料，可能提供的观赏、科研、医用动物等。这是农地的基本功能，也是乡村旅游用地的基本价值，因为，这些产品可以满足旅游者食用、品尝、观赏、购物的需求。

（2）景观价值。

乡村旅游用地资源景观价值是指土地资源中的气象、地貌、水文、植物、生物等自然要素及传统农宅、农业设施、生产耕作等人文要素巧妙有机组合而成的景象和环境①。

（3）文化价值。

用于乡村旅游开发的土地资源一方面具有好的自然因素；另一方面，它往往还包含有厚重的历史文化和人类社会活动。这两个因素对土地资源的形成和演化具有非常重要的影响。农村土地资源从人类对它进行开发利用时，它就与人类的饮食文化、建筑文化、农耕文化以及宗教文化息息相关。这种在特定地域上所形成的乡村人文资源，都是附着在农村的土地上。所以，乡村旅游活动可以让旅游者在体验农村民俗文化、民族风情、农耕文化带来的快乐的同时，还可使旅游者深入地了解农村、了解农村文化，加深人们对农村传统文化的认识和保护意识，这就是乡村旅游用地资源的文化价值。

（4）康体价值。

乡村旅游用地资源的康体价值是指农村土地优良的生态环境和食物系统，为旅游者提供生理和心理养生、健康、医疗方面的功用。作为乡村旅游开发的土地的空气、水体、土壤等较少受到污染，能够满足旅游者的追求健康的需求。通过到乡村进行旅游休闲、康体度假，人们的身心健康得到提高，因此，乡村旅游土地资源对旅游者的康体价值对乡村旅游用地增值有重要的影响。

---

① 蔡妹妹. 对休闲农业利益分配问题的研究——基于土地资源价值重构的角度 [D]. 杭州：浙江工商大学，2008.

（5）教育价值。

乡村旅游用地资源教育价值，指乡村旅游用地资源具有能给人们以农业、生产、自然等科学知识，展示现代农业新品种、新技术等农业科普教育的价值。乡村旅游除了观光、游憩的功能之外，也兼具教育的功能，特别是对于城市中的儿童来说，对农业的体验使他们更多地认识了乡土。乡村旅游的土地资源能够使旅游者在轻松愉快的观赏与劳动中，既能体味山野田园的情趣，又能领略其他风景名胜所不具备的新颖、自然、现代的农业艺术，还能学习农业、生物、生态等方面的科学知识。

（6）娱乐价值。

乡村旅游用地的娱乐价值是指能够满足游客体验性、参与性需求的运动游乐需求的价值。在广大农村地域中，有很多池塘、溪流、草地、林地、山地、温泉等地质资源，利用这些独特的地质资源可以开展的垂钓、漂流、采摘、滑草、摸鱼、狩猎、登山比赛、水上乐园等趣味性、娱乐性非常强的乡村旅游活动或者项目，让人们参与其中，享受劳动、采摘、丰收、运动的乐趣。所以，乡村旅游用地的独特性质还具有很高的娱乐价值。

（7）通达性价值。

通达性作为乡村旅游用地价值分析的一个指标，既是一个时空意义上的概念，又有经济学意义上的内容。在现实的生活中，我们常听人说："到某某地方去玩真是太远了，坐车要几个小时，而到达某某地方很方便，走上半个小时就到了"。从以上表述中可以看出可达性的实质内容：通达性是指旅游者的出发地到乡村旅游目的地的相对难易程度。

宏观来看，现实生活中乡村旅游目的地的通达性主要受两个因素影响：一是乡村旅游目的吸引力有多大；二是交通成本有多高。因此，通达性反映了乡村旅游用地的市场竞争力，若乡村旅游用地通达性好，则说明该乡村旅游用地对开发商和旅游者的吸引力大、开发和旅游交通成本低、市场竞争大，乡村旅游用地增值潜力就大；若该地的可达性差，它的市场竞争力就小，其价值增值的潜力也小。根据级差地租理论，乡村旅游用地的可达性会引起土地增值，表现为级差地租Ⅰ。

　　综上所述，乡村旅游用地增值收益"用途性增值"的原因，就在于乡村旅游用地是一种特殊的土地，它具有一般农业用地的用途还兼有乡村旅游用地用途，它除了具有经济价值之外，还能产生更多的使用价值，即景观、文化、康体、休闲、教育、娱乐、可达性价值等。这些旅游价值是农村土地上的一种自然力，是乡村旅游产品的生产要素和生产力，它使乡村旅游用地变得非常宝贵，往往会引起人们对乡村旅游用地未来收益的预期提高，就会大大增加乡村旅游用地的需求，就会大大提高乡村旅游用地出租的价格。而这些"优等"地在农村集体所有体制下，农民享有长期的承包权，一定意义上讲农民已经"垄断"了这些土地的经营权，开发商要取得这些"优等"地的经营权就必须额外支付给"垄断"了这些土地的人地租。这就是马克思所说的级差地租和垄断地租。所以，乡村旅游用地优越的条件成为其土地增值收益的自然基础，其经营权的垄断成为农村用于开发旅游的土地产生增值收益的原因。在经营权"垄断"存在的条件下，这部分超额利润就要转化为垄断地租，归土地所有者占有。乡村旅游用地增值收益的本质就是农村集体土地在所有权上的经济实现形式，是超过农业平均利润的超额利润。

　　乡村旅游发展对土地资源有很大的贡献，乡村旅游用地价值的内涵从质和量上都发生了很大变化，如4－1图所示，乡村旅游用地资源所体现出的价值将大大超出传统农村土地。

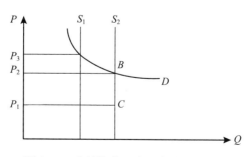

图 4－1　乡村旅游用地用途地租的形成

在图 4-1 中，我们假设在农用地在旅游开发前，农用地的价格是 P_1，土地拓展为乡村旅游用地后价格上涨为 P_2，而 P_3 是开发商的投资导致地价上涨后的价格。由于国家政策允许农用地可以流转出租，乡村旅游用地的供给就从 S_1 增加到 S_2，假设乡村旅游用地的需求为 D 不变，那么最终 S_2 和 D 相交获得均衡价格 P_2，则图形 BCP_1P_2 的面积就是一般农地发展为乡村旅游用地后产生的地租，即土地用途增值收益。乡村旅游资源是一种有价值的资源，由于附着在农村土地上，形成了一种与土地所有权有关的财产权利，具有从属性和不可分割性。这些资源所形成的价值理所当然要转移到土地的价值中，成为土地增值收益的一部分。在计算乡村旅游用地增值收益时就应该把土地上的乡村旅游资源的价值计算在内。

三、乡村旅游用地增值第三因素：要素投入

若在乡村旅游用地上生产出优质的旅游产品来，除了具有"优越条件的土地"的必要条件外，还必须要投入劳动、资金、管理、政策等生产要素。这些生产要素投入分为内部投入和外部投入。内部投入指直接投资在乡村旅游用地上的生产要素；外部投入指投在乡村旅游用地外围的基础设施投资等要素。这两个要素的投入都会使乡村旅游用地增值。

（一）内部生产要素使土地增值的形成机理

1. 劳动要素

对乡村旅游用地开发、利用过程的第一步就是将土地的自然生产力与人类的劳动力有机结合，共同形成乡村旅游用地生产力的过程，这个过程实现了农业系统和旅游系统的交织融合。发展乡村旅游除了需要土地具有较好的自然条件以外，还需要对土地按照旅游用地的要求进行整治、改良、保养等大量劳动投入。而且，乡村旅游开发比单纯农业生产更为复杂，不仅使土地能生产农产品，还需要把土地的旅游使用价值加

工出来，具有景观效果、康体效果、娱乐效果、教育效果、休闲效果等满足乡村旅游者要求。所以，必须在所经营的土地上投入更多的复杂劳动，复杂劳动是技术含量高的劳动，复杂劳动必须经过相应的技术培训才能形成。按照马克思观点：商品的价值是人类劳动创造的，复杂劳动等于加倍的简单劳动，在同一时间内会创造出更多的价值。由此可见，劳动要素的投入是乡村旅游用地增值收益的重要因素之一。

2. 资金要素

发展乡村旅游不仅要投入人的劳动，还需要投入大量资金，包括直接投资和外部投资两部分。直接投资是指直接投入到既定的乡村旅游用地上的资金，例如，为扩大乡村旅游的规模需要把一家一户分散承包的土地集中开发，需要投入流转土地的资金；租赁了农户的土地后，要按乡村旅游发展需要对农地进行改造，需要投入土地改造资金；土地整治以后，还需要对乡村旅游经营所需要的基础设施、服务设施进行投资等。这些投资都会使乡村旅游用地的资本含量增加。马克思指出："土地资本"本身也像其他固定资本一样能够为土地所有者带来利息，它是剩余价值的一部分，"在这个意义上，资本可以被看作剩余价值的生产者"①"是价值创造者"。所以，这些资金的投入可以提高乡村旅游的经济效益，从而带来乡村旅游用地价值的增加，这就是马克思地租理论中的级差地租Ⅱ。

3. 技术要素

在乡村旅游经营活动中，需要规划、生产、销售、管理等技术。土地、资金、劳动力等资源的配置也存在管理技术的问题，这些技术对乡村旅游用地及旅游资源的优化配置具有非常积极的重要作用。可以说，技术也是乡村旅游产业的生产力。因此，技术要素会在很大程度上影响乡村旅游用地增值的快慢和大小。随着先进管理和技术引入农村，会使乡村旅游发展的技术水平得到提高，从而能在一定程度上提高乡村旅游的生产力，使在相同投入水平条件下生产出更多的效用，创造更大的价

---

① 马克思. 资本论，第三卷［M］. 北京：人民出版社，1975：928.

值，促进乡村旅游用地增值。

4. 风险管控

风险既是市场经济条件下不可避免的现象，也是促进市场经济高效运转的重要因素。高收入往往伴随着高风险，乡村旅游的开发与经营是有很大风险的，一方面来自自然的风险，例如，恶劣天气造成的干旱或者水患；另一方面是市场风险，如竞争者增加、消费者的减少等。旅游开发商为了防止乡村旅游开发与经营过程中的风险，必须进行风险管控，就必须投入一定的人力、资金、技术来防止风险发生。防止了乡村旅游开发与经营的风险，也就保证了乡村旅游用地增值的顺利形成，所以，旅游开发商经营乡村旅游业承担一定的风险，为防止风险的管理和投入也会使土地增值。

以上这些要素投入到了具有乡村旅游资源的土地后与土地资源相结合，共同创造乡村旅游产品，这些旅游产品的价值无疑应当转移到土地价值中成为土地增值收益的一部分，本书称这部分增值为土地增值Ⅲ。对乡村旅游用地追加投资的效益具有持续性，而且随着市场对土地的需求增长，增值性也持续增长。乡村旅游用地由于各种要素投入具有旅游价值，数量有限，而且被部分经营者垄断，因而能获得持久而稳定的超额利润。

（二）外部生产要素使土地增值的形成机理

乡村旅游用地的外部要素投入，是指对乡村旅游用地周边的一切基础建设投资。例如，公共交通投资、电力设施投资、引水工程投资等。外部投资往往是政府或者其他社会组织为改善当地的交通、环境等进行投资，例如修建公路、高铁、机场，河流、空气污染治理等，这部分投资虽然不是直接投资在乡村旅游用地上，但它改善了土地性能，提升了土地使用价值，从而形成乡村旅游用地的正外部性。同时，外部投资对乡村旅游用地周边交通、基础设施建设的投入，会提升该土地的区位优势，使经济及人口在空间分布上具有更大聚集力和辐射力，加强了乡村旅游用地的市场需求，促使乡村旅游用地增值。

四、乡村旅游用地增值的第四因素：市场需求

乡村旅游用地的供求一旦发生变化，就会引起价格改变。乡村旅游用地在供不应求的情况下会提高土地的价格，从而引起乡村旅游用地的增值收益增加。本书称之为土地增值Ⅳ。

（一）乡村旅游用地供给的有限性

土地供给是指在一定的社会经济条件下，地球上可供人类使用的土地。从是否能被人类利用来划分，土地供给有两种类型。

第一，土地自然供给。土地自然供给是指地球能够提供人类利用的土地，土地的数量和地理位置是固定不变的，不可再生、无弹性的。无论在某一地区或全国以至全世界，土地的自然供给数量是相对固定的。土地自然供给主要受自然因素影响，而人为因素或社会经济因素对土地的影响很小，不可能像生产商品那样可以人为增加。并且土地位置是固定的，质量差异性大，是一种不可再生资源，具有不可替代性，因此它是无弹性的，可用图4-2表示。

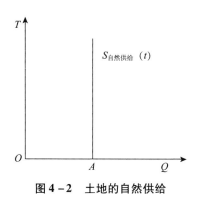

图4-2　土地的自然供给

由图4-2可知，S 自然供给 (t) 表示土地的自然供给总面积，A 点表示某一区域内可供利用的土地数量，横轴 Q 表示土地面积，纵轴 T

表示时间变量。

　　第二，土地的经济供给。土地的经济供给是指土地在自然供给为基础、在客观条件的允许下，为了土地资源利用效益最大化，投入技术和劳动进行开发，通过改变土地用途来增加某种用途的土地供给，以满足人们对这种用途的土地需求。随着人类对土地需求的增长，土地经济供给是一个变量，其曲线具有一定的弹性，但囿于土地自然供给等因素的限制，这一弹性又不可能很大，如图4-3所示，土地经济供给的数量受到土地经济杠杆（地价、地租、土地税费）的影响，地价上涨可以带来土地经济供给数量的增加，相反如果地价下降，土地经济供给数量也会随之减少。① 土地的经济供给变动趋势如图4-3所示。

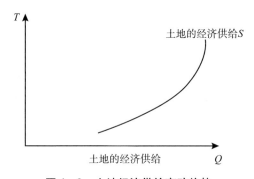

图4-3　土地经济供给变动趋势

注：S曲线表示土地经济供给；横轴Q表示土地面积；纵轴T为时间变量、技术、价格等因素。

　　第三，土地自然供给与经济供给的关系。土地的自然供给与经济供给之间相互影响、相互制约，主要体现在以下几个方面。

　　（1）经济供给以自然供给为基础，只能在自然供给的范围内变动。

　　（2）经济供给主要是针对人类的行为而言的，如为了粮食，人类需要开荒；为了居住，人类把农地改变为建设用地等；自然供给主要是

---

　　①　高雅. 我国农村土地增值收益分配问题研究［D］. 成都：西南财经大学，2008.

针对土地的自然变化。

（3）自然供给变化很小、弹性很小，经济供给变化较大、弹性较大，而且用途不同供给弹性也就不同，例如，农用地供给弹性较小，而建设用地的供给弹性则较大。

（4）在一定时间内，人类受技术条件的限制是很难增加土地自然供给的，但可以在自然供给的基础上增加某种用途土地的经济供给。

乡村旅游用地供给性质属于土地经济供给。乡村旅游用地是在土地自然供给的基础上，按照乡村旅游发展的需要，经过了人类的开发和利用，增加了土地的用途从而增加土地经济效益的供给方式。随着人类文明程度提高，人们对旅游的要求也会提高，会造成乡村旅游用地需求的增加，人类可以通过先进的技术手段和人为因素增加乡村旅游用地的供给，乡村旅游用地供给是变化的，但是，因为土地资源是有限的，自然条件优良和具备旅游开发条件的土地更有限，所以乡村旅游用地供给的增加是有限的，乡村旅游用地的供给弹性会越来越小。

（二）乡村旅游用地刚性需求

在经济发展和人们生活水平提高的同时，都市人"返璞归真、回归自然"的旅游需求在不断增强，人口绝对数量在不断增长，所以对乡村旅游的需求也在不断增加，这就要求使用更多的农村土地来发展乡村旅游。人们对于旅游服务设施以及各种基础设施的需要也在不断扩大，而且乡村旅游用地是农业用地和旅游用地的综合，其刚性需求更为明显。尽管乡村旅游用地价格在不断上涨，但是旅游开发商对土地的需求有增无减，这些因素都说明乡村旅游用地需求具有刚性需要的特点。乡村旅游用地需求特点，如图4－4所示。

（三）供求关系引起乡村旅游用地增值的机理

随着中国经济发展，对土地的需求越来越大，乡村旅游用地具有资源优良、数量稀少、位置固定和垄断性等特点，因此从一个较长时期来

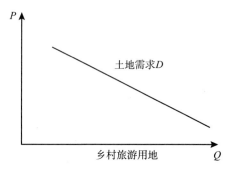

图 4 - 4 乡村旅游用地需求特点示意

看，乡村旅游用地供求是一个刚性需求与有限供给的关系，即供不应求。由于乡村旅游用地供不应求会使其价格上涨，从而引起乡村旅游用地增值。这种土地增值不是由于人类投入，而是由供求关系所致的增值是一种供求性增值，又可称之为稀缺性增值。乡村旅游用地供求性增值的形成是乡村旅游用地经济供给以及土地需求共同作用的结果，如图 4 - 5 所示。

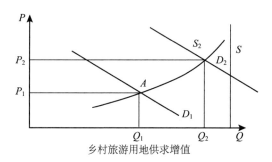

图 4 - 5 乡村旅游用地供求增值示意

在图 4 - 5 中，乡村旅游用地的需求曲线 D_1 与经济供给曲线 S_2 相交于 A 点，形成均衡价格 P_1，需求双方达到均衡。同时，人们生活水平的提高，提高了乡村旅游用地的需求量，当需求量达到 Q_2 时，受到乡村旅游用地经济供给的限制，价格只能由经济供给来决定，也就是说，此时乡村旅游用地价格上涨为 P_2，那么 $P_2 - P_1$ 就是土地价格的增加量形成了乡村旅游用地的供求性增值。

（四）乡村旅游用地价格变动的影响因素

从上面的分析我们看出，乡村旅游用地的价格会受到需求和供给影响。如果乡村旅游用地需求大于供给，那么土地的价格将上涨，反之，则下降。乡村旅游用地的需求和供给主要受到哪些因素的影响，这些因素是怎样导致乡村旅游用地价格变动的？这些因素可分为宏观因素、区域因素和微观因素三类，并选择一些主要因素加以分析。

1. 宏观因素

宏观因素主要包括农村的土地制度、发展规划、地区性质及宏观区位、土地利用计划、土地相关政策、人口状态、经济发展状况、社会安定状况等宏观因素。下面以土地政策为例，说明宏观因素对乡村旅游价格的影响。

对乡村旅游用地价格影响较大的政策包括土地利用规划、经济发展政策、土地相关制度、地价政策等。乡村旅游具有较高的扶贫效果，为推进乡村旅游的发展，全国各省（自治区、直辖市）出台了很多发展乡村旅游的优惠政策，包括土地流转政策的出台，许多开发商到农村通过租赁农户的土地，规模化开发乡村旅游，加大了土地的需求，提升了乡村旅游用地的价值，例如，云南楚雄彝族自治州为了大力发展乡村旅游，出台一系列优惠扶持政策，一是财政每年安排乡村旅游发展专项资金，对当地乡村旅游采取财政贴息和资金扶持；二是对所有乡村旅游经营户税收减免 1 年；三是凡是被列入试点户的，政府奖励 10 万元；四是加大对中小旅游企业贷款的信贷支持，实行土地使用权抵押、动产抵押、林权抵押、权益抵押等担保形式，扩大融资规模方便乡村旅游经营获得贷款；五是可通过招标、拍卖、挂牌的方式取得乡村旅游建设用地使用权，收取的土地出让金可用于该项目的基础设施建设等。这一系列的鼓励政策推动了当地乡村旅游的发展，土地需求随之增加，乡村旅游用地流转价格也不断提高。2008 年，该地区土地流转租赁价格农田每亩在 500 ~ 600 元，而到鼓励政策出台后，2010 年上涨到 900 元一亩。

从地租理论来看，土地的政策性增值既可以表现为绝对地租增值，也可以表现为级差地租增值和垄断地租增值。

2. 区域因素

区域因素主要包括乡村旅游用地的地理位置、基础设施、交通和环境质量等。下面以乡村旅游用地的基础设施为例说它对乡村旅游用地价格的影响。

土地利用开发现状是决定乡村旅游用地价格的又一重要因素，其中乡村旅游用地的基础设施和服务设施的完善对乡村旅游用地价格的影响很大。一方面，如果乡村旅游用地已经"五通一平"，基础设施完善，说明该土地已经有了前期的大量资本投入，土地的价值有了很大增加；另一方面，基础设施的完善程度和旅游服务设施的水平质量，以及其他服务业设施质量情况，是旅游者在此旅游是否方便、舒适、满意的关键因素，是乡村旅游目的地的消费水平和收入的重要因素。良好的基础设施提高了对乡村旅游用地的市场需求，从而影响土地资产价值，会引起该乡村旅游用地价格的提高。

3. 微观因素

微观因素主要包括乡村旅游用地的面积、位置、形状、环境、开发状况、景观质量和地质条件等土地自身条件和特征。例如，农村的生态环境对乡村旅游用地价格的影响非常大。下面以乡村旅游用地的生态环境质量为例进行分析。

乡村生态环境是指自然环境和文化环境的综合。乡村自然环境是由大气、水文、地貌、土壤、生物等组成的自然综合体；乡村文化环境是由乡村的建筑、聚落、服饰、语言、观念、社会治安、卫生条件等组成的人文综合体。

一方面，生态环境对乡村旅游资源的质量、时间节律和开发有直接的影响，良好的生态环境就是乡村旅游不可分割的部分，直接与旅游者的健康甚至安全息息相关，进而直接影响旅游者的数量、消费水平。具备良好的生态环境的乡村旅游区，旅游者会趋之若鹜，经济效益就好，土地价值就高，反之，再好的交通和宾馆，旅游者也不会光顾，经济效益就差，土地价值就低。另一方面，旅游开发商也会对乡村旅游用地的生态环境进行认真的评价。如果乡村旅游用地生态环境质量较高，开发商投资开发的意愿就强，自然就会以高价格租用乡村旅游用地，土地价值就会上升，反之，土地价值下降。

综上所述，乡村旅游用地增值收益的形成主要来自四个方面，第一是农民对土地的开垦、整治和保养的劳动投入形成农地价值；第二是用途延伸、综合利用使土地升值；第三是旅游开发商的投资和政府外部环境改善的投资；第四是随着人们生活水平的提高和人口增长，人们对乡村旅游的需求不断增长，供不应求引起土地市场交换价值的升值。乡村旅游土地增值过程如图4-6所示，乡村旅游用地的价格从 P_1 开始依次向 P_2、P_3、P_4 上升，最终市场交易价格为 P_4，发生了增值。

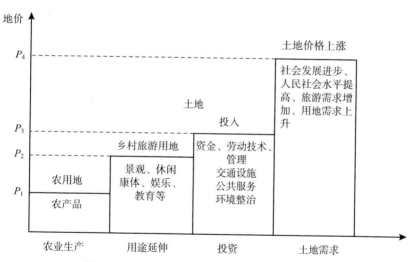

图4-6　乡村旅游用地增值收益形成机制示意

对乡村旅游用地增值收益的形成机制还可用一个数学模型来表示：

$$P = f\left(\sum S_i、R_1、R_2、R_3、T、D\right)$$

式中，P 表示乡村旅游用地增值收益；S_i 为乡村旅游资源总价值，是景观价值、文化价值、休闲价值等的集合；R_1 为绝对地租；R_2 为级差地租；R_3 为垄断地租；T 为资本投入；D 为市场需求。

第三节　乡村旅游用地增值收益的构成和特点

一、乡村旅游用地总增值收益构成

通过以上分析，可以看出乡村旅游用地的增值收益是在原农地的基础上挖掘乡村旅游资源并经过一定的资金、人力、技术、管理的投入和市场需求的共同作用下形成的，乡村旅游用地总的增值收益构成，如表 4-1 所示。

表 4-1　　　　　　　　　　乡村旅游用地总增值收益构成

乡村旅游用地增值收益构成	农地初期投入增值收益		形成因素：土地整理及农业生产资金和劳动的投入
			表现形式：农地质量提高，农产品产量上升，形成经济价值、生态价值、社会价值
	农地用途扩展增值收益		形成因素：观光、度假、康体、娱乐、教育与农业等融合
			表现形式：土地功能扩展，增加了旅游功能，价格上升
	旅游生产要素投入增值收益	内部投入增值	形成因素：旅游开发投入的资本（固定资本和变动资本）、技术、管理、风险资本等
			表现形式：平均利润和超额利润
		外部投入增值	形成因素：政府基础设施和环境改善等资金投入
			表现形式：土地环境质量提高、交通便捷程度提高；土地价格上升，政府税收增加
	市场需求增值收益		形成因素：人们生活水平提高，旅游需求增加
			表现形式：土地需求增加、价格上升

一块乡村旅游用地完整的价值由农地的初期投入带来的收益、农地用途向旅游用途延伸带来的收益、旅游生产要素投入带来的收益和土地

供不应求的市场供求关系带来的收益构成，它既反映了乡村旅游用地所有权的经济实现形式，又包含凝结在农地上的劳动价值的实现，还内化了农地的市场价值，全面反映了乡村旅游用地在市场交易中的社会生产关系和所交换的社会内容和实体，因而它是乡村旅游用地价格形成的最终基础。

二、乡村旅游用地增值收益的特点

通过对乡村旅游用地增值的理论分析以及构成研究，可以将乡村旅游用地价值增值收益的特点总结为以下几个方面。

1. 增值收益形成的多元性

乡村旅游用地经过人类的各种投入后，与乡村旅游资源共同发挥作用，产生了多种增值收益，例如，绝对地租、级差地租、垄断地租等。土地增值收益中不仅包含有一般农村土地的经济价值、生态价值和社会价值，而且还增加了景观、文化、康体、教育、娱乐等一系列的旅游价值，甚至在每一个子价值中还包含着更多的分价值。因此，与一般农村土地的价值相比，乡村旅游用地增值收益的来源具有多元性的特点。

2. 增值收益内涵的客观性

主要体现在两个方面，一是乡村旅游用地增值收益是人类劳动与土地结合的产物，人的劳动与土地是客观的，乡村旅游用地的增值收益是人类为了满足自己的旅游需求而创造的；二是乡村旅游用地增值收益是土地资源客观供给与人类主观需要之间的一种关系，即人类的需要是人类主观愿望的反映，而客体供给是土地资源的客观存在，如果客观供给能够满足人类需要，这个客观供给就是有价值的。在人地这一对关系中，乡村旅游用地的属性和功能是用来满足人们的旅游需要的，而且，人们的乡村旅游需求是主观的，但乡村旅游用地增值收益是客观的。乡村旅游用地增值收益是人们日益增长的旅游需要的效用价值的体现。

3. 增值收益的动态性

乡村旅游用地增值收益是个发展的、动态的概念，它是随着社会经济发展和人们生活水平的不断提高而逐渐显现并增加起来的。一是随着人民生活水平提高，人们产生了对旅游的需求，并且随着人们对旅游产品多样化的需求，对乡村旅游需求的程度也在提高，从而提高了对乡村旅游用地增值收益；二是由于人类的各种投入和基础设施的完善，乡村旅游用地的生产力可以不断提高，从而使土地增值收益不断增长。因此，乡村旅游用地增值作为社会进步的客观现象呈现出不断发展的趋势。

4. 增值收益影响因素的复杂性

影响乡村旅游用地增值收益的因素很多，既有土地的土质、形状、景观、环境、区位等自然因素；又有以土地为载体的农耕文化、民居建筑、传统习俗等人文因素，还有对土地开发投入、经营管理等经济因素；同时人们的旅游需求、购买力等市场因素以及政府的制度、政策等社会因素也在影响着乡村旅游用地增值收益。这些复杂多变的因素互相联系、相互影响，构成了乡村旅游用地增值收益的作用体系。

5. 增值收益具有地区差异性

由于乡村旅游用地位置的固定性，乡村旅游用地增值收益具有地区差异，主要体现在土地的区位差异、社会政治经济环境差异、自然丰度差异以及用途差异等等。不同等级或同一等级内的不同地区，土地价格差异很大。乡村旅游用地不像一般商品具有均质特点，这种非均质性形成了对乡村旅游用地增值收益的地区差异性。即使在同一地区，在不同位置上的地价也呈现明显的差异。如处于城市周边的农村，优越的区位和方便的交通，因而土地增值收益水平要高于边远农村，更高于山区农村。从微观区位讲，城市附近的乡村旅游用地增值收益最高，随着位置由城市中心向边缘移动，乡村旅游用地价值增值收益也逐步下降。

6. 增值收益可以通过市场交易体现

乡村旅游用地的增值收益是农地效用多元化在经济上的表现形式，它来源于土地的提升和综合利用，是一种"增值地租"，在市场上它可以表现为"价格"。乡村旅游用地增值的形成是对农村土地价值内涵的补充和完善，具有明显的经济属性，是市场经济发展的产物，它承载着开发乡村旅游以获取经济利益的经济性使命，可以通过市场交易体现。

总之，乡村旅游的开发，实质上就是将农村土地的自然资源与人类劳动相互结合，促进农业生产和旅游生产的融合进一步提高土地生产力的过程，农地的旅游开发利用过程，就是按照乡村旅游建设的要求对农地规划、开发、建设的乡村旅游生产过程，并且按照社会再生产的要求实行生产、分配、交换、消费循环往复，达到自然再生产与旅游经济再生产的统一，形成完善的乡村旅游经济结构。在此基础上，利用当地的自然资源，使农业、自然景观、民族文化、生物资源融合进行综合利用，形成乡村旅游系统的人流、物流、信息流、资金流，实现乡村旅游的经济效益、生态效益、社会效益协调的良性循环，达到乡村旅游发展、农村居民生活富裕的最终目标。因此，传统农业的土地资源进行旅游开发后，虽然用地性质未发生改变，但从资源性质上来看，土地资源由原来的纯粹的农业资源转为具有旅游价值的综合性资源，其资源价值的内涵发生了较大的变化，旅游功能便成为了土地的使用价值中的一个部分，包括环境价值、生态价值、观赏价值、审美价值、符号价值和科学价值等，当这块具有旅游吸引价值的土地被开发成为旅游吸引物之后，吸引价值便进入土地增值，成为导致土地增值的一个重要部分。①

本书把马克思的劳动价值论和西方经济学的资源效用论有机结合来构建乡村旅游用地增值理论，从更多角度分析农地价值的形成，深入认识乡村旅游用地价值和价格。在确定乡村旅游用地增值收益时，引入农地的旅游价值概念，将目前乡村旅游用地增值收益分配中的农地的经济价值、旅游价值计算在内，这样才能正确反映乡村旅游用地交换的价值量，从而使乡村旅游用地流转价格更加客观、真实、公平以保护农民的合法权益。

---

① 左冰，保继刚. 制度增权：社区参与旅游发展之土地权利变革［J］. 旅游学刊，2012（2）：23－26.

三、乡村旅游用地价值与价格的关系

(一) 乡村旅游用地价格的内涵

价格是为获得某种商品或劳务所必须付出的东西，通常用货币表示。由于乡村旅游用地具有特殊性、稀缺性、垄断性等特点，在一定的劳动条件下，能够满足人类的旅游需要，农地的旅游价值是乡村旅游用地价值形成的决定性因素和核心要素。所以，乡村旅游用地的价值决定乡村旅游用地价格，乡村旅游用地价值的货币表现则是乡村旅游用地的价格。乡村旅游用地的价格也同样包含了作为自然资源土地价格和作为人类劳动产物的土地的价格，应当将农地的旅游价值内化于乡村旅游用地价格形成机制中。

在一定的劳动条件下乡村旅游用地能产生各种收益，谁垄断了乡村旅游用地，也就垄断了土地带来的收益。乡村旅游用地价格实质上是土地投资者的收益期望值或预期收益，购买或者租赁乡村旅游用地的权利，实际上是购买或者租赁一定时期的乡村旅游土地收益。乡村旅游用地具有独特性，而且数量有限，供不应求，其市场价格大大高于土地基本价值，这个高额价格带来的超额利润，形成了乡村旅游用地的垄断价格。

由于乡村旅游用地的特殊性，乡村旅游用地价格除了受土地价值影响外，还受土地供求关系的影响。根据供求理论可知，供给和需求是影响农地价格的两个最直接也是最重要的因素，其他因素或多或少都要通过这两个因素来反映。乡村旅游用地的有效供给很大程度上取决于乡村旅游用地的数量，若在某一特定时间提供的有效供给较多，而需求不变时乡村旅游用地的价格就相对较低，反之，则较高。乡村旅游用地价格的评估必须综合多方因素的对农地供需的影响以及结合市场的地域性来考量。乡村旅游用地总增值收益价格是农地初期投入价值增值、土地旅游价值增值、投入资本（内部、外部）、市场供求关系所带来的总价值的货币实现形式，因而，乡村旅游用地收益现值的总和就表现为乡村旅游用地价格。乡村旅游用地价值是乡村旅游用地价格形成的最终基础。乡村旅游用地总增值收益价格的确定具有非常重要的意义，它是土地所有权、承包权、经营权在经济利益的实现，并为乡村旅游用地增值收益公平分配提供了理论与计量依据。

（二）乡村旅游用地流转价格

从土地流转的角度看，乡村旅游用地价格，可认为是转让乡村旅游用地使用权的价格，指的是出让土地使用权应取得的补偿，或取得土地使用权所应支付的代价。在乡村旅游的开发中，农民除了依靠自己的力量发展乡村旅游，还可以通过土地流转方式出租自己承包地的经营权获取乡村旅游用地的增值收益。由于农村的农用地所有权不能流转，流转只是土地的使用权，因此其流转表现的土地收益不是所有权的交换价值，只是土地承包经营权所包含利益的交换价值。一般而言，乡村旅游用地流转价格就是土地经营权的拥有者将土地获取收益的权利进行转让，而在经济上得到的补偿。乡村旅游用地经营权的流转实质上是土地经营权的租赁行为，由于在流转过程中只涉及农地使用权的流转，其他权属没有改变。因此，乡村旅游用地流转价格的本质是土地使用权在一定年限内的收益价格，是交易双方对未来土地增值收益分配的一种预期和约定。乡村旅游用地流转价格的重要依据依然是地租。土地的质量、旅游资源、地理位置以及农户投资的收益等引起的级差地租应从土地流转中得到补偿。在社会主义市场经济条件下，乡村旅游用地流转定价应该主要依据马克思主义的地租理论，绝对地租、级差地租与垄断地租等是确定土地经营权流转价格的基础。由于土地级差地租的存在，土地流转价格要因各类土地等级的不同而有所差别，不能简单划一。

第五章

乡村旅游用地增值收益评估

在第四章中，我们主要是对乡村旅游用地增值收益进行定性研究，本章将以云南的乡村旅游作为案例对其进行定量分析。乡村旅游用地评估的必要性首先来自农地使用权的流转。目前，中国出现了大量的旅游专业大户、旅游家庭农场、旅游合作社，他们采取租赁、反租倒包、转让、股份制等方式流转农民的土地承包经营权进行乡村旅游开发，对农村乡村旅游用地承包经营权益价值评估的需求将越来越多。研究乡村旅游用地承包经营权价值评估工作，不断完善乡村旅游用地承包经营权价值评估理论，努力提高乡村旅游用地承包经营权益价值评估业务水平和服务质量，对促进乡村旅游用地流转交易公平公正、合理分配乡村旅游用地增值收益、建立乡村旅游用地增值收益公平分配机制有重要的理论意义和实践意义。

由于乡村旅游用地是一种特殊的土地利用类型，不仅用地类型构成复杂，而且开发利用强度、投资收益来源、收益成本关系等存在巨大差异，对乡村旅游用地评估具有多重属性，涉及土地学、旅游学、会计学、经济学、社会学、管理学、统计学等多学科知识。目前，乡村旅游用地增值收益的评估还处于探索起步阶段，评估的理论方法和实践经验都还比较欠缺，可供参考的评估案例也比较少，因此对乡村旅游用地增值收益评估也是一个新难题。

第一节 乡村旅游用地增值收益评估基本理论

一、乡村旅游用地增值收益评估的内涵

土地评估是土地评价和估价的统称。它们是两个不同的概念，前者是指在土地类型研究基础上，根据土地开发目的对土地质量、适用性和开发潜力进行的评价，称土地评价或分级。土地估价是指估价人员依据土地估价的原则、理论和方法，在充分掌握土地市场交易资料的基础上，根据土地的经济和自然属性，按土地的质量、等级及其在现实经济活动中的一般收益状况，综合考虑社会经济发展、土地利用方式、土地预期收益和土地利用政策等因素对土地增值收益的影响，评定出某块土地在某一权利状态下某一时点的价格的过程。[①]

本书根据土地评估的内涵，将乡村旅游用地价值评估定义为："专业人员根据乡村旅游用地开发利用的目的，依据法律、法规、土地政策和土地评估准则，在充分考虑乡村旅游用地的特殊性的基础上，运用科学方法确定某一时点乡村旅游用地的等级和价格的行为和过程。"在我国，农村土地的所有权属于农村集体，农民承包的土地不能进入市场自由买卖，但可以出租、转让、入股等形式流转土地的经营权。因此，旅游开发商可以通过土地流转有偿取得对乡村旅游用地的经营权。所以，乡村旅游用地价值评估实质上是对乡村旅游用地的经营权价值的评估。

乡村旅游用地具有自然资源的性质，又有经济资源的性质特点。其自然资源性质体现在乡村旅游用地的位置固定性、地区差异性、土地质量和旅游资源的差异性等方面；而乡村旅游用地的经济性体现为，它可作为一种资产或财产，其所有者可凭借所有权定期从使用者那里获得地租。所

[①] 翟玉英. 旅游土地资产评估研究 [D]. 成都：西南财经大学，2012.

以，乡村旅游用地增值收益评估是通过对乡村旅游用地的系统分析，对其进行自然资源价值评价和经济价值评估。乡村旅游用地的自然资源价值评价就是对特定的区域进行乡村旅游开发评价。乡村旅游用地的经济评估则是在此基础上以自然评价结论为修正指标，综合考虑各种因素，确定乡村旅游用地使用权有偿出让的价格。乡村旅游用地评估的实质就是基于乡村旅游用地的潜力评价或质量评价所作的经济评价。其评价的最终结果是一定财富量的资金，即乡村旅游用地使用（经营）权价格。①

二、乡村旅游用地增值收益评估的意义

（一）有利于进一步完善农村土地流转制度

目前，乡村旅游发展迅猛，各地乡村旅游用地流转也发展较快，出现了出租、转让、反租倒包、荒地使用权拍卖、入股等土地流转形式，但是，乡村旅游用地是一种新型的土地利用方式，相关评估研究及实践工作滞后。村集体、农户在与旅游开发商商谈土地流转价格时，找不到合理的客观标准与依据，主观臆断，普遍存在乡村旅游用地流转价格不合理状况，经常因土地增值收益分配发生矛盾，严重阻碍了乡村旅游用地的流转。所以，开展科学合理的乡村旅游用地增值收益评估有利于克服乡村旅游用地流转不畅问题。

（二）有利于进一步完善农村土地价格体系

由于乡村旅游用地是农村土地利用一个新类型，开展乡村旅游用地价值评估有利于建立乡村旅游用地价格的形成机制，有利于建立正常的乡村旅游用地价格体系，能够及时科学地为乡村旅游用地流转双方提供参考价格。乡村旅游用地价格评估机制的建立，可填补农村土地价格体系中的

---

① 张娟，程绍文. 旅游市场开发中的旅游地评估研究 [J]. 武汉科技大学学报（社会科学版），2002（6）：53 – 56.

空白，为农村土地价格制定提供基础理论分析工具，丰富土地价值增值理论体系，为我国乡村旅游健康发展和完善土地增值收益分配提供理论支持。

（三）有利于对乡村旅游用地价值增值收益分配的管理

乡村旅游用地由于自然条件和社会经济条件的原因会带来级差收益，其增值收益的分配关系到国家、集体、农户和旅游开发商的利益关系。国家往往是以税收的形式参与乡村旅游用地增值收益分配。为了促进公平竞争和利益协调，国家则需要根据乡村旅游用地的等级和价格水平的差异，利用征税、价格调控等手段来进行管理。乡村旅游用地增值收益是反映农村乡村旅游土地市场状态的一个重要的表征性指标。乡村旅游用地增值收益的水平及变化规律，是制定管理政策的重要依据。最关键的一点：它对于乡村旅游用地租赁经营中年租金的确定有重要的参考价值。科学开展乡村旅游用地增值收益评估有利于国家对乡村旅游用地增值收益分配科学合理的管理，促进乡村旅游用地增值收益分配公平、公正。

（四）有利于进一步完善我国农地价格理论

随着我国旅游业的迅速发展，乡村旅游用地开发日趋活跃。然而对乡村旅游用地价值增值评估研究却相对较少，目前，此类用地的价值评估却是沿用常用的评估方法（如一般农地价格评估方法），忽视了乡村旅游用地的特殊性，致使地价不合理。由于乡村旅游用地评估的有关理论欠缺，所得的旅游地价评估技术方法也不成熟，导致乡村旅游土地出让价格无章可循，农民利益受损。所以，加强研究乡村旅游用地评估的特殊性和方法，同时构建评估理论，有利于弥补我国农地价值评估的缺陷，从而完善农地价格理论。

三、乡村旅游用地价值评估的特殊性

（一）乡村旅游用地增值的形成机制复杂

乡村旅游用地价值增值机制要比农用地及工业用地、商业用地等价值增值机制复杂得多。乡村旅游用地价值大小除了受生产力、生产成本、利用方式等因地而异导致土地收益有较大差异外，受自然条件影响比较大。农地用途向旅游拓展、延伸后更多的自然条件、甚至文化因素都会影响农地的价值增值，从而使其价格形成机制更加复杂，其评估也呈现复杂性。

（二）乡村旅游用地增值评估与农地价值评估差异性大

一般农地评估主要考虑生产成本和纯收益，而乡村旅游用地价值评估要考虑的因素较多，如地理位置、自然条件、旅游资源、人文因素等。乡村旅游用地产生的收益包括了有形收益和无形收益。有形收益是指以物质形态表现的看得见、摸得着的能够用货币形式表现的收益；无形收益是指以精神形态表现的难以用货币形式表现的收益。由于土地收益形式不同，不同的土地价格评估需要专业知识也有不同，乡村旅游用地评估还需要更多、更复杂的专业知识，从而凸显了乡村旅游用地增值收益评估的难度。

四、乡村旅游用地增值评估的基本原则

乡村旅游用地增值是由其多种要素共同促成的，这些要素相互作用、相互影响，并且复杂多变，因此，首先要明确对其评估的基本原则，以此为准则，认真分析影响乡村旅游用地增值的要素，灵活运用各种评估方法，对乡村旅游用地增值做出最准确的判断。

（一）自然评价与经济评估相结合的原则

这是乡村旅游用地增值评估的总原则。乡村旅游用地是自然资源与经济资源的综合体，自然资源开发的适宜性程度不仅决定了旅游开发的建设成本，还决定了其旅游开发的经济效益潜能，并最终影响到其经济价格，两者成正比关系。所以，对自然资源的评价是经济资源评估的基础和前提，经济资源的评估是乡村旅游用地增值收益评估的进一步完善和提高。只有两种评估相结合才能完全反映乡村旅游用地的总体情况。

（二）定量分析与定性分析相结合原则

乡村旅游用地增值收益受自然、经济、文化、社会等多种因素影响，为了客观准确地对其评价，首先要采用一些相关理论进行定性分析，对乡村旅游用地增值收益进行综合、归纳形成基本的理论框架，为定量分析打下坚实的基础。接下来还应该适当构建一些运用数理统计学、数学模型等技术手段把定性的、经验的分析定量化，最大限度避免主观随意性，尽可能提高评估的精度。

（三）综合分析原则

乡村旅游用地增值收益受到土地质量、面积、旅游资源、区位条件、开发强度、社会、市场等多种因素的影响。在这些影响因素中，既有内部因素又有外部因素；既有供给因素又有需求要素；既有一般因素又有主要因素。所以，在乡村旅游用地增值的评估过程中既要考虑多方面的影响因素，又要充分考虑各个因素的作用强度，因素间的相关性以确定其权重找出主导要素，进行综合分析，通过对影响因素的综合分析来评估乡村旅游用地增值收益。

（四）公正合法原则

乡村旅游用地增值收益评估要遵循公正、公平、公开、合法的原则。要依照当前国家法律规定的土地占用、使用、收益、处分的各项权能和产权关系，这是乡村旅游用地增值收益形成和评估的基础。要以国家有关农村集体土地管理、房产管理、地价管理等法律法规，在规定的开发使用条件下，结合乡村旅游用地的特性和市场情况进行合法公平测算。

第二节　乡村旅游用地增值环节分析及评估

根据第四章的分析我们得知，土地的价值是通过土地所生产的产品价值来表现的，土地增值的本质是资本化地租的增加，即是土地所生产产品的价值的增加。① 所以乡村旅游用地价值及增值收益的评估往往是以评估其所生产的产品的价值为依据。决定乡村旅游用地总体价值的因素主要有，农地初期开发价值增值、农地旅游用途价值增值、旅游开发（内部开发和外部开发）价值增值以及市场需求价值增值，所以乡村旅游用地增值收益的形成是在土地开发利用过程中形成的。对乡村旅游用地增值收益的评估，要根据乡村旅游用地增值收益的内涵、旅游资源的作用、土地用途变延伸前后的价格差异、乡村旅游开发投入、市场供求等内容进行。乡村旅游用地增值收益评估的基本思路是：分析农用地的价格构成并测算农用地的价格，测算该宗地发展为乡村旅游用地后的价格，在此基础上，测算旅游开发过程中土地的开发成本，并根据生产要素分配理论测算土地开发成本应该得到的利润，计算乡村旅游用地增值收益。下面进行系统分析。

一、第一环节：农地开发增值收益评估及计算模型

按照马克思劳动价值论，商品的价值是由商品生产的劳动产生，土地是天然产物，最初并没有人类的劳动在其中，没有价值，但是目前农民承包的土地一般都是经过农民开垦、整理、保养的熟地，因为只依靠土地的自然力是无法满足人们生活需要的，人类必须不断地投入大量的劳动和资金参与土地的再生产中。这些劳动投入，已使土地不再是纯粹的自然资源，而是成为了土地资本。人类劳动（活劳动和物化劳动）创造了财富，形成了商品的价值，因此，目前的农村农民承包地已经有价值，本书称之为农地的初期增值，所以农村土地增值的第一个环节就是农民开垦荒地，即土地由"生"变为"熟"的过程，是形成土地价值增值的第一阶段，这一过程也就是通常所说的土地一级开发过程。在这一环节，土地主要还是作为农业用地使用，农民的各种投入的目的是

---

① 林瑞瑞. 土地增值收益分配问题研究 [D]. 北京：中国农业大学，2015.

生产农产品，所以，在这一阶段土地的性质是农业生产用地，它的初始增值价值则表现为农用地价格。

由于乡村旅游用地增值收益是在农地原来价值基础上发展而得到的，与农地的原有价格有直接的关系，所以评估农地价格是乡村旅游用地增值收益的第一步。由于我国现行法律规定，农村土地集体所有，不能私自买卖，但可以把土地的经营权流转给其他人使用，所以本书评估的农村集体土地价格并不是土地所有权的交易价格，而是农村土地承包经营权的流转价格。人们流转农村集体土地并不是购买土地本身，而是取得土地收益——地租的权利。所以本书首先采用土地收益还原法对农地价格进行评估。

收益还原法又称收益资本化法，它是估算农用地在将来可能产生之期望纯收益的基础上，按一定的贴现利率将纯收益还原，将评估对象在未来每年纯收益折算为评估时日收益总和的一种方法。收益还原法以土地收益价格为理论基础，从地价是地租的资本化这一根本内涵出发，来估算土地价格。其基本公式是：$J = R/r$，J 为农地价格；R 为农地年租；r 为还原率。在我国农地集体所有制下，农地流转是使用权的流转，所以必须将土地流转的年限考虑进来进行年期修正，将上述公式乘以 $1 - 1/(1+r)n$（其中 n 为土地流转年期）。具体公式为：

$$J = \frac{R}{r} \times \left[1 - \frac{1}{(1+r)^n} \right]$$

农地估价中收益还原法主要是对农地纯收益的测算和还原利率 r 的确定。

农地年纯收益 = 土地年总收益 - 土地年总成本。具体步骤如下：

第一步，总收益的测算。

农地的年总收益 = 农作物产量 × 价格。总收益包括种植农作物所直接获得的主产物直接收入以及副产品和残余物（如麦秆、稻草等）的利用与出售而获得的间接收入。主产物收入包括出售、留种自用等，一律按当地市价折算的收入金额为准。具体用公式表示如下：

$$农地年总收益＝主产品平均年产量×主产品价格$$
$$＋副产品平均年产量×副产品价格$$

第二步，总成本的测算。

农地年总成本一般分为物质成本和人工成本。具体用公式表示如下：

$$农地年总费用＝种苗费＋肥料费＋农药费＋水电费＋机械费＋折旧费$$
$$＋人工费＋维修费＋管理费＋其他相关费用$$

第三步，确定土地还原利率。

土地还原利率是将土地纯收益还原成土地价格的利率，也是土地投资的收益率。土地还原利率的大小对农地经济价值的确定有重要的影响。还原利率的确定方法主要有四种：租价比法；安全利率调整法；收益率排序插入法；投资复合收益法。考虑到农地的收益受自然灾害、市场波动等因素的影响比较大，农地大多采用第二种方法，"安全利率＋风险调整值"。安全利率通常取银行一年定期存款利率。风险调整值的确定与农地种植的农作物有关。[①]

$$土地还原利率＝1年同期银行存款利率/同期物价指数$$

第四步，具体计算农地的价格，确定估价额；

按照收益还原法的基本公式，将总收益扣除总成本，得出农地纯收益，再除以还原利率，最后经过年期修正从而得到一定使用年限下农地使用权的价格。

二、第二环节：农地用途延伸增值收益评估及计算模型

（一）农用地向旅游用途延伸的增值收益评估及计算模型

1977 年联合国提出了对森林和矿产环境资源价值进行评估的两个基本原则：一是资源资产在市场流通中产生价值；二是对即将估价的资产的未来收益流转贴现。如果没有足够市场交易作为估价的基础，

---

① 范辉. 农地发展权价格研究 [D]. 武汉：华中农业大学，2006.

可以通过现时的市场价值减去管理和开发成本，然后对其进行贴现而获得。[1] 所以，农地向乡村旅游用地延伸用途增值这一环节发生在土地流转过程中。市场经济要求生产要素流动以实现资源的最优配置，根据旅游市场的需要，旅游开发商租赁农民土地的使用权是为了把农地发展为乡村旅游用地进行旅游开发。用途不改变前，该地块的用途为农地，它的价值则表现为农地价格。开发商把农民的土地租赁过来，一方面，乡村旅游开发使农地用途由单一农业用地向旅游用途延伸，土地资源与旅游资源得到优化配置，旅游价值得以发挥作用，用途由低收益用途转为高收益用途；另一方面，土地流转使土地规模化、集约经营，提高了土地的产出水平和能力。从理论上讲，开发商租到的土地上附着有乡村旅游资源，是具有旅游开发价值的土地，该土地到了开发商手中，就变成了具有高收益的土地。开发商在租用乡村旅游土地时就应该考虑把旅游资源的价值计算到土地的流转价格中，从而实现从农地到旅游用地的价值增值。此时的土地流转价格应该等于原农用地价格中的经济价值与土地旅游资源价值之和，因此，这一阶段的土地增值等于乡村旅游用地流转价格与农用地价格的差值，可用以下简单公式表示：

即
$$\Delta P = P_1 - P_0$$

其中，ΔP 为农用地向旅游用途延伸的增值收益；P_1 为农用地流转价格；P_0 为原农用地价格。

这里计算出来的农地价格中并没有包含农地社会价值和生态价值，是因为，农民把承包地流转给开发商只是土地的使用权，并不改变土地所有权性质。在所有权、承包权、经营权（所有权）三权分置的框架下，农民仍然还保有承包权，所以，土地的保障作用对农民仍然存在，也就是说农民仍然保留有土地的社会保障价值。同样，农民的土地租给开发商用于发展乡村旅游，大部分土地性质并不改变，仍然为农用地性

---

① United Nation. Comparison of the system of National aceounts and the system of balanees of the national economy. Partone：Eonee Ptualre lation studies in methodsseries ［J］. F. No. 20. New York，United Nation. 1977：112 – 140.

质，发展乡村旅游必须保持原来的生态环境，所以，土地的生态价值仍然存在，并不消失，并且农民仍然享受土地生态功能的作用，因此，开发商付给农民土地的流转价格当中不应该包含生态价值和社会保障价值。

从地租的角度来看，乡村旅游用地增值收益是农业地租转变为旅游用地租所增加的资本化的地租。这一阶段的土地增值收益主要是农地上的旅游资源在发挥作用，主要是由于土地用途延伸所带来的土地增值，所以，要对乡村旅游用地用途增值 ΔP 进行评估，首先就必须对乡村旅游用地上的旅游资源进行评价。

在计算乡村旅游用地用途增值收益时，总体思路应采取"先评价，后定级，再估价"的路径。乡村旅游用地评价的首要环节主要是用以界定乡村旅游用地在社会最优化条件下的旅游资源的价值，以充分体现最大效益原则，在此基础上，对社会经济条件加以修正，对乡村旅游用地用途增值评估。

对乡村旅游用地的旅游资源的价值评价、定级，在理论上有其合理性。第一，乡村旅游用地的估价建立在对旅游资源的评价基础上形成的价格才是科学合理的。先评价，后定级，再估价，也可以使乡村旅游用地价格成为具有明确土地条件的地价。第二，旅游资源是乡村旅游开发的前提和基础，旅游资源的丰度和品位高低是乡村旅游用地产生级差收益的主要因素之一，是影响旅游用地价格的最重要的因素，呈正比关系。旅游资源价值是乡村旅游用地增值收益的重要源泉，所以，乡村旅游用地价值增值评估应该以乡村旅游资源评价和定级作为重要依据。第三，旅游者对乡村旅游地质量和结构有相应的要求，乡村旅游资源是否能激发旅游开发商的开发欲望是乡村旅游用地是否能够产生直接经济收益的重要条件。旅游资源的优劣是形成乡村旅游用地增值收益差异的主要原因。进一步说，乡村旅游用地用途性增值是由旅游资源派生出来的，因此，乡村旅游用地增值评估应该从乡村旅游用地旅游资源着手，把乡村旅游资源的价值评价和定级作为乡村旅游用地用途性增值估价的主要依据。第四，乡村旅游用地的特殊性使其地价与其他用地类型的地价与鲜明差别，故常规基准地价评估方法对其并不适用。乡村旅游用地地价是旅游资源的地租资本化价格，是旅游资源价值的体现，其价格水平反映旅游资源这种土地资源性资产的使用价值。

（二）乡村旅游用地旅游资源价值的评估

1. 乡村旅游用地旅游资源基本内涵

乡村旅游用地旅游资源也可称之为"乡村旅游资源"，是指附着在农村土地上能够吸引人们到乡村旅游的一切具有乡村特性的事物，包括乡村的自然环境、生活环境、文化环境和社会环境，是发展乡村旅游的重要资源，是吸引旅游者的主要因素。乡村旅游资源是有形的以物质形态存在的资源（村庄、树木、庄稼、珍稀动植物等）和以精神形态存在非物质资源（乡村生活情趣、乡村文化体验、农耕科学知识等）的统一。乡村旅游资源具有重要的生态价值、社会价值和旅游价值，无论是自然资源还是人文资源经过合理的开发利用，它都能产生经济效益、生态效益、社会效益。它是乡村旅游用地增值收益重要影响因素之一，是乡村旅游用地增值收益的重要组成部分。乡村旅游资源附着在土地上，与土地所有权不可分，并具有从属性，但资源价值完全可以从土地及其物的物理形态中剥离出来，作为一项收益资产而独立存在。乡村旅游资源价值作为一项收益性资产的价值可以超越于物的物理形态本身单独进行评估和衡量[1]。

2. 乡村旅游用地旅游资源价值的特点

一是增值性。随着人们生活水平的不断提高，乡村旅游需求越来越大，乡村旅游资源在一定时期内相对短缺，因此供求关系使得乡村旅游资源价值增加。同时乡村旅游资源经营的时间越长，知名度提高吸引力增加，其价值也随之增加。

二是非市场价值性。从乡村旅游资源的具体形态上看，主要是乡村自然环境、生活环境、文化环境和社会环境资源，其价值具有非市场价值的特点，即无法有效地通过市场交易机制实现而又客观存在的价值部

---

① 左冰，保继刚. 旅游吸引物权再考察［J］. 旅游学刊，2016（7）：15－17.

分，包括生态价值、社会价值、选择价值、存在价值和馈赠价值。① 生态价值是指涵养水源、保持水土、减少污染、美化环境、保持生物多样性和文化多样性等功能；社会价值是指对农民的就业、医疗、养老的保障功能；选择价值是指人们为了自己将来能选择利用旅游资源而愿意付出的费用；遗产价值是指当代人为了把旅游资源作为遗产保留给子孙后代而愿意付出的费用；存在价值是旅游资源持续存在的价值，与人类利用与否无关，计量时表示为人们为后代人保护旅游资源而愿意支付的费用②。从这些资源价值的特点看出乡村旅游资源的这几种价值无法通过市场交易实现，难以用市场价格进行衡量，只能通过调查旅游者为保存这一选择机会而愿意支付货币数额的方法来评估。所以本书将采用条件价值法（CVM）对乡村旅游资源的价值进行评估。

3. 乡村旅游用地旅游资源价值评估

从国内外的研究成果来看，对乡村旅游用地价值的评估的研究很少，绝大多数的研究主要是针对风景区旅游用地价值评估进行研究，特别是对风景区旅游资源价值评估较多。从这些研究可以看出，风景区旅游用地价值评估其实质就是对旅游资源价值的评估，因为旅游资源价值是决定旅游用地价格的重要因素之一，所以，乡村旅游用地价值的评估完全可以借鉴这些研究成果，应用这些成果的研究方法建立乡村旅游资源的评价指标体系，把旅游资源评价作为乡村旅游用地评估的重要前提。本书结合云南乡村旅游资源特点对乡村旅游用地评估进行探讨，提出乡村旅游用地估价和计算模型。其基本思路有两个方面：

第一步，建立乡村旅游资源价值评价指标模型、应用层次法建立乡村旅游资源价值评价模型，找出影响乡村旅游资源价值大小的因素。第二步，根据乡村旅游资源评价模型，建立乡村旅游资源等级评价模型，对某区域已开发的乡村旅游资源价值进行定量评分，采用德尔菲法和因素对比

---

① 潭永忠等. 耕地资源非市场价值评价方法的研究进展与评述［J］. 自然资源学报，2012（5）：66-69.

② 郭剑英等. 敦煌旅游资源非使用价值评估［J］. 资源科学，2005（9）：187-189.

法确定因素因子的权重，从而对乡村旅游资源价值进行等级评价。

（1）构建乡村旅游用地旅游资源评价指标模型。

本书采用层次分析法来构建云南乡村旅游用地旅游资源评价指标模型。层次分析法（Analytic Hierarchy Process，AHP）是由美国学者萨蒂①1980年提出的一种层次权重决策分析方法，后来被广泛用来定量评价旅游资源。层次分析法可用来构建乡村旅游资源的指标因子的层次结构，对各项因素以计分方式对其重要性进行评价，然后运用特尔菲法确定评价模型中的评价因素及各因素的标准分值。

具体做法是，设定云南乡村旅游资源评价的总目标，按照总目标对乡村旅游资源要素的支配关系进行分解，分别形成递阶层次结构；然后对资源要素的相对重要性进行两两比较，根据比较结果进行的总的排序，从而构成判断矩阵。通过求解判断矩阵的最大特征值而求出所对应的特征向量 r，得出各组资源的相对重要性。根据乡村旅游资源的类型、旅游地属性状况以及上述方法与原则，选取乡村旅游地周边吸引物、可进入性、乡村资源、设施和乡村性，构建乡村旅游资源等级综合评价指标模型，如图 5 - 1 所示。

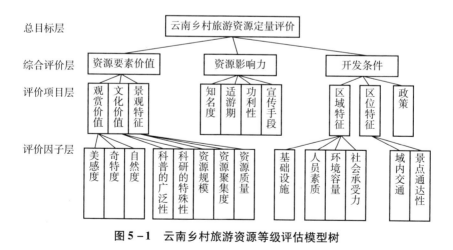

图 5 - 1　云南乡村旅游资源等级评估模型树

---

① Satty T L. *The analytic hierarchy process* ［M］. New York；Mc - Graw Hill，1980.

如图 5 - 1 所示，评价模型把云南乡村旅游资源共分为四个评价层：第一层是总目标层，用以衡量云南乡村旅游的总体价值水平；第二层为云南乡村旅游资源综合评价层，包括资源要素价值、资源影响力、开发条件三个部分；第三层是评价项目层，是由综合评价层的每一项进一步分解的具体化，主要包括观赏价值、文化价值、景观特征、知名度、适游期、区域特征及政策等；第四层根据乡村旅游开发应该具备的因素，通过专家打分的方式，选出对评价项目层的相关度高的 14 因子作为评价因子层。乡村旅游资源评价以这些影响因素入手，建立影响因素指标体系。

（2）构建乡村旅游用地旅游资源等级评价模型。

由于云南乡村旅游资源的复杂性和多元性，受多因素综合影响，本书采用模糊评价法来对云南乡村旅游资源的模糊现象做出综合评价。模糊评价法是对受多因素综合影响的模糊现象作出综合评价的一种量化的数学方法，一般情况下乡村旅游资源模糊综合评价模型有 3 个基本要素：因素集、评价集和权重集。其数学模型分为单集模型和多级模型。[①]

本书把云南乡村旅游资源影响因素的评价分为 5 个等级，采用模糊变换原理和最大隶属度原则，考虑被评估的资源的各种因素与评价指标之间的关系，对其进行综合评价。根据模糊数学的理论，建立抉择评语集合 V。

$V = \{$优（Ⅰ级），良（Ⅱ级），中（Ⅲ级），差（Ⅳ级），劣（Ⅴ级）$\}$

表达为：

$$V = \{v_1, v_2, v_3, v_4, v_5\} \tag{5.1}$$

将各单因素分为 3 大类，即：资源要素价值、资源影响力、资源开发条件。

故评价因素集合为：

$U_1 = $ 资源要素价值 $\{$观赏价值、文化价值、景观特征$\}$

$U_2 = $ 资源影响力 $\{$知名度、适游期、功利性、宣传$\}$

$U_3 = $ 资源开发条件 $\{$区域条件、区位交通、管理$\}$

① 黄志红. 休闲农业体验价值评价指标体系构建及其应用 [J]. 求索，2010（6）24 - 25.

依次将各单项因子表达为：

$$U_1 = \{u_1, u_2, u_3, u_4, u_5\}$$
$$U_2 = \{u_6, u_7\}$$
$$U_3 = \{u_8\}$$

因此总的评价因素集合为：

$$U = U_1 \cup U_2 \cup U_3 \qquad (5.2)$$

且各因素之间满足：

$$u_i \cap u_j \qquad i \neq j$$

进行统计分析，计算出各项因子 u_i 对云南乡村旅游资源评价等级的贡献（加权）系数向量：

$$A = (a_1 \quad a_2 \quad a_3 \quad \cdots \quad a_n) \qquad (5.3)$$

同时按照归一法构造评价变换矩阵 R：

$$R = \begin{pmatrix} r_{11} & r_{12} & r_{13} & r_{14} & r_{15} \\ r_{21} & r_{22} & r_{23} & r_{24} & r_{25} \\ r_{31} & r_{32} & r_{33} & r_{34} & r_{35} \\ \vdots & \vdots & \vdots & \vdots & \vdots \\ r_{n1} & r_{n2} & r_{n3} & r_{n4} & r_{n5} \end{pmatrix} \qquad (5.4)$$

由模糊数学理论可建立评价数学模型：

$$B = A \circ R \qquad (5.5)$$

即：

$$(b_1 \quad b_2 \quad b_3 \quad \cdots \quad b_5) = (a_1 \quad a_2 \quad a_3 \quad \cdots \quad a_5) \circ \begin{pmatrix} r_{11} & r_{12} & r_{13} & r_{14} & r_{15} \\ r_{21} & r_{22} & r_{23} & r_{24} & r_{25} \\ r_{31} & r_{32} & r_{33} & r_{34} & r_{35} \\ \vdots & \vdots & \vdots & \vdots & \vdots \\ r_{n1} & r_{n2} & r_{n3} & r_{n4} & r_{n5} \end{pmatrix}$$

B 中的各元素 b_j 是在广义模糊合成运算下得出的结果，其计算为：

$$b_j = (a_1 \dot{\times} r_{1j}) \hat{\times} (a_2 \times r_{2j}) \hat{\times} \cdots \hat{\times} (a_n \dot{\times} r_{nj}) \quad (j = 1, 2, \cdots, n)$$

$$(5.6)$$

简记为模型 $M(\dot{\times}, \hat{\times})$。其中 $\dot{\times}$ 定义为广义模糊"与"运算，$\hat{\times}$ 为广义模糊"或"运算。

将广义模糊合成运算的结果按照对应的评价等级进行计算，运用最大隶属度原则，即可判别出评价等级。

根据资源的情况和专家的评价打分结果，建立其隶属函数。

用线形隶属函数确定各评价因子对各旅游资源的隶属度的计算公式如下：

Ⅰ级：

$$Y = \begin{cases} 0 & X \leqslant j = 85 \\ \dfrac{X - j}{100 - j} & j - 5 < X \leqslant j + 15 \\ 1 & X > j + 15 \end{cases} \qquad (5.7)$$

Ⅱ级：

$$Y = \begin{cases} \dfrac{X - j - 15}{100 - j} & j - 15 \leqslant X < j \\ \dfrac{j + 15 - X}{100 - j} & j < X < j + 15 \\ 0 & X \leqslant j - 15, X > j + 15 \end{cases} \qquad (5.8)$$

Ⅲ级：

$$Y = \begin{cases} 0 & X > j - 15, X \leqslant j - 35 \\ \dfrac{X - j - 35}{j - 65} & j - 35 < X \leqslant j - 15 \\ \dfrac{j - X}{j - 70} & j - 15 < X \leqslant j \end{cases} \qquad (5.9)$$

Ⅳ级：

$$Y = \begin{cases} 0 & X > j - 15, X \leqslant j - 65 \\ \dfrac{X - j - 65}{j - 55} & j - 65 < X \leqslant j - 35 \\ \dfrac{j - 15 - X}{j - 65} & j - 45 < X \leqslant j - 25 \end{cases} \qquad (5.10)$$

V级：

$$Y = \begin{cases} 1 & X > j - 35 \\ \dfrac{j - 35 - X}{j - 55} & j - 65 < X \leqslant j - 35 \\ 0 & X \leqslant j - 65 \end{cases} \quad (5.11)$$

由于评价因子数据的离散化程度不是很高，对数据采用极差变换法进行归一化处理。

$$r_{ij} = \frac{a_{ij} - \min(a_{ij})}{\max(a_{ij}) - \min(a_{ij})}$$

这样处理后的数据能较真实反映模糊综合评价的结果，如表 5-1 和表 5-2 所示。

表 5-1　　　　　　云南乡村旅游资源价值目标评价集

目标值（满分100）	>90	90~80	80~70	70~60	<60
目标评价等级	I	II	III	IV	V

表 5-2　　　　　　云南乡村旅游资源二级因素评价子集

目标值（满分100）	>90	90~80	80~70	70~60	<60
模糊评价语	优	良	中	差	劣

权重值的计算。评价因子的权重计算是层次分析法的重要环节，指标权重用来衡量乡村旅游资源各指标在评价指标体系中的相对重要性，其科学性直接影响乡村旅游资源的评价结果。可采用德尔菲（Delphi）法来决定云南乡村旅游资源的评价因子的权重。本书作者在云南挑选了20 位从事乡村旅游研究的专家和从事乡村旅游管理的工作人员，请他们按照问卷调查表上的内容打分，构造判断矩阵，并将结果整理后输入计算机进行处理，得到云南乡村旅游资源评价的各层权重值。然后根据权重排序，以 100 分按权重赋予各因子分值，得出云南乡村旅游资源定量评价参数表，如表 5-3 所示。

表5-3 云南乡村旅游资源等级定量评价参数表

目标层	综合评价层	分值	项目评价层	分值	因子评价层	分值
云南乡村旅游资源定量评价	资源价值	47	观赏价值	20	美感度	10
					奇特度	3
					自然度	7
			文化价值	10	知识性	3
					民族性	7
			景观特征	17	资源规模	6
					资源集中度	4
					资源质量	6
	资源影响力	20	知名度	6	服务质量	5
			适游期	8	气候条件	8
			功利性	4	价格因素	3
			宣传	2	宣传手段	1
	开发条件	33	区域条件	17	基础设施	4
					人员素质	2
					环境容量	5
					环境承受力	3
			区位交通	7	域内交通	3
					景区通达性	2
			管理	9	政策	2
					制度	1
					安全	4
合计		100		100		90

权重分析。在综合评价层3个因素中,旅游资源价值分值为47分,分值最高。充分说明旅游资源价值是乡村旅游用地最大的影响因素,也是乡村旅游用地增值收益中最有价值的因素。排在第二位的是开发条件(33分),排第三位是资源的影响力(20分)。在项目评价层10个因素

中得分最高的观赏价值（20分），其余排名顺序是景观特征（19分）、区域条件（17分）、管理（9分）、适宜期（8分）、文化价值（8分）、区位交通（7分）、知名度（6分）、功利性（4分）、宣传（2分）、政策（2分）、制度（2分）等要素。分值充分说明，首先，观赏性是云南乡村旅游资源中非常重要的因素，对旅游者的吸引力非常大，它是乡村旅游用地增值的主要因素之一，其次，乡村旅游资源的特色和地理位置也十分重要，关系到游客的观赏体验和便利，是云南乡村旅游吸引力的重要因素；最后，文化性、基础设施、服务质量和安全性都是游客比较关注的重点。

4. 乡村旅游用地用途性增值收益的计算

在对乡村旅游用地的旅游资源等级进行评价、定级后，就可以测算乡村旅游用地用途性增值收益了。乡村旅游用地用途性增值收益实际上就是乡村旅游资源价值收益，对其评估，目前理论和实践都还没有一个统一的模式，不同学者根据评估目的，提出了不同的评估模式。本书介绍旅行费用法和意愿调查评估法，并采用意愿调查评估法联系案例进行研究。

首先对两个在旅行费用法和意愿调查评估法中要用到的技术性概念进行解释：

支付意愿（Willingness To Pay，WTP），指人们为获得一种物品、一种效用或一种享受而自愿支付的货币资金。在西方经济学中被认为是一切物品经济价值的唯一合理的表示方法。它由消费者实际支出即物品价格和消费者剩余两部分组成[1]，用公式表示为：

物品的经济价值 = 人们的支付意愿 = 消费者实际支出 + 消费者剩余

消费者剩余，指消费者愿意为物品或服务付出的最高费用与其实际支出的费用之差额，这个差额也即消费者从中得到的净效益。

（1）旅行费用法（Travel Cost Method，简称TCM）。美国学者克劳森在《户外旅游经济学》（1966）中最早提出旅行费用评价方法，通过

---

① 万绪才，丁敏，宋平等. 旅游资产价值及其货币化评估 [J]. 经济体制改革，2003（6）：155-158.

对旅游者的花费推算出旅游地资源的价格。① 旅行费用法常被用来评价那些没有价格的自然景点或者环境资源的价值。TCM 根据旅游者到达旅游目的地的所有花费来表征旅游者对旅游目的地支付的价格，以评价该旅游目的地的价值。这种方法曾经在 1979 年和 1983 年两次被美国水资源委员会推荐给联邦政府机构作为游憩价值核算的标准方法。1987年英国众议院公共账户委员会将 TCM 推荐给英林业委员会作为森林旅游资源游憩价值评价的标准方法。②

旅行费用法主要是用旅游者在某一旅游目的地的消费来表征旅游者对旅游目的地支付的价格，以评价该旅游地的价值。TCM 假设：在旅游者到达目的地的边际价值正好等于其前往该地的旅行成本，旅游者会不断地重复到访该目的地。对于每个旅游者而言，目的地旅游资源的价值就是其边际内旅行收益超过旅行成本部分的价值。TCM 后面隐含的原则是，虽然这些旅游区可能并不需要旅游者支付门票费等，但是旅游者为了使用或者消费这类环境商品或服务却需要承担交通费用，包括要花费他们的时间，所以，旅行成本就是，旅游者为此而支付的代价，可以看作是对这些环境商品或服务的实际支付。由于支付意愿等于消费者的实际支付与其消费某一环境商品或服务所获得的消费者剩余之和。而 TCM 的最大贡献就在于它能够揭示并计算出某一环境资源的消费者剩余。③

我们假设旅游者到访单一乡村旅游目的地旅游的条件下，通过调查数据确定游客旅行成本与旅游次数的数学模型，即乡村旅游需求函数：$TC = f(S_i)$，TC 为旅行费用，S_i 为乡村旅游目的地的旅游人次。对单个旅游者而言，旅游者的支付意愿减去旅游者的旅行成本后的剩余部分就是旅游者的消费剩余，如图 5-2 所示。

---

① Clawson M, Kentsch L J, *The Eeconomics of Outdoor Recreation* [M]. Baltimore, Md: John's Hopkins Press, 1966.

② Benson JF, Willis KG, Valuing informal recreation on the forestry commission estate [J]. *Quarterly Journal of restry*, 1993 (3): 63-65.

③ 王庆日. 城市绿地的价值及其评估研究 [D]. 杭州：浙江大学, 2003.

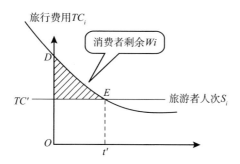

图 5 - 2 旅游价格需求曲线及消费者剩余

注：纵坐标表示旅行费用，横坐标表示旅游者人次，阴影部分为消费者剩余。

乡村旅游目的地资源价值就是需求曲线之下面积减去实际的旅行成本，它就是消费者剩余 W_i。乡村旅游目的地的资源价值就是所有到目的地的旅游者的消费者剩余的总和：$TW_i = \sum_i^n W$，如果要计算现在或者未来的价值，在过去的价值上乘以某种贴现率就可以得到现在或者未来旅游资源的价值。

（2）意愿调查评估法（Contingent Valuation Methods，CVM），又称为条件价值评估法。意愿调查评估法是美国资源经济学家克雷西（Criacy Wantrup）1947 年提出的用于环境资源价值的一种评价方法。主要是通过直接询问一组调查对象为获取或储存一定数量的物品所愿意支付的价格（Willingness To Pay，WTP），以推算出物品的非市场价值。条件价值法于 1963 年被戴维斯（Davis[1]）首次应用于缅因州林地宿营狩猎的娱乐价值的评估。其后 CVM 得到了迅速发展，多应用于森林资源价值评估，后进一步应用于获得水质和空气质量改善、自然区域和野生动植物保护、健康风险减少、生态系统服务恢复等产生的非市场价值。CVM 的应用范围很广，目前已在欧美发达国家得到广泛的认可与使用。它是近些年来国外生态与环境经济学中最重要和应用最广泛的评

---

① Davis R K. Recreation planning as an economic problem [J]. *Natural Resources Journal*, 1963（3）：239 - 249.

估小面积土地资源价值和公共物品价值的方法。1979 年，美国水资源委员会将 CVM 与 TCM（旅行成本法）推荐为评估休憩效益的两种主要方法。[①]

意愿调查评估法可以运用于乡村旅游用地旅游资源非市场价值的确定。主要是通过当面询问乡村旅游园区内的游客，获得他们享受由乡村旅游用地资源所带来利用价值的支付意愿，以此来确定乡村旅游用地资源旅游非市场价格。

第一步：用回归分析法建立乡村旅游资源非市场价值评价值 E 与乡村旅游用地旅游价值的评价分值，自变量 WTP 为乡村旅游资源非市场意愿支付价格。

根据游客对乡村旅游区支付意愿的投标值及分布频率，可计算出乡村旅游区的平均支付意愿期望值：

$$E(wtp) = \sum_{i=1}^{n} V_i F_i$$

式中，V 为消费者的支付区间；F 为支付频率。

第二步：选择研究对象，某区域内已开发乡村旅游的景点，通过对乡村旅游资源的考察及对其游客的意愿支付调查；搜集 E、WTP 等相关数据；

第三步：根据搜集的数据，建立设定理论模型；

第四步：运用软件进行计算，输出计算结果；

第五步：回归诊断，分析输出结果，得出乡村旅游用地旅游资源非市场价值定价的数学模型。

构建乡村旅游用地旅游资源价值定价模型，目的是为了寻找资源价值评分分值与其土地市场价格之间的关系，将乡村旅游资源价值货币化。因此该定价模型最后的公式表现为乡村旅游资源价值的评价分值（E）与市场意愿为之支付的价格（WTP）函数模型：

---

① 王湛等. CVM 评估休闲农地的存在价值——以武汉市和平农庄为例 [J]. 中国土地科学，2009（6）：33.

$$WTP = f(E)$$

通过该数学模型可以获得乡村旅游用地旅游资源市场参考价格。

调查时采用单纯随机抽样，总体均值的无偏估计量为样本均值，因此将调查样本的平均支付数额与年旅游人数相乘，便可得出乡村旅游用地的旅游资源价值，也就是乡村旅游资源的价值。

三、第三环节：乡村旅游用地开发增值收益评估及计算模型

乡村旅游用地旅游开发增值收益是指旅游开发商在乡村旅游用地上的各种投入以及政府对土地周边环境改善的投入产生的乡村旅游用地增值收益。由于政府的投入并不是直接对特定的乡村旅游用地，而且政府改善环境的投入主要是基础设施及生态环境整治等，所产生的效益是一种宏观效益，所以政府投入对乡村旅游用地增值收益产生的影响本书放到土地增值的第四环节中进行计算。

开发商通过土地流转租赁了具有旅游资源的农地，对其进行开发需要投入劳动、资本、技术管理等要素。由于施加在土地上的劳动、资本、技术管理等要素投入的增加，所以使得凝结在乡村旅游用地中的价值增加，带来土地价格的上涨。同时，由于在乡村旅游用地上的投入，会产生一定量的利润，也使得乡村旅游用地增值。这一环节产生土地增值收益形态表现为用乡村旅游用地旅游存在价值推算的土地价格与土地租赁价格、各种开发成本、相关税费、社会平均利润之间的差值。

乡村旅游用地开发增值收益评估：

设旅游开发商租用乡村旅游用地经营权后得到的经营收益为 Y_2，由乡村旅游产品销售量和销售价格决定，销售量由生产函数 $f(L、N、K、T)$ 决定，则收益为：

$$Y_z = \sum_{i=1}^{n} \frac{v \times f(L, N, K, T)}{(1+r)^i}$$

其中：Y_2 是乡村旅游经营收益；v 表示乡村旅游产品的价格；r 为贴现率；乡村旅游用地使用权年限为 $i = 1, \cdots, n$；$L、N、K、T$ 分别表示

开发商经营乡村旅游用地的租金、劳动力、资本、管理（技术）的投入量。

乡村旅游经营的成本主要包括四部分：一是支付给农户的土地租赁成本 Y_z（农地流转租金）；二是乡村旅游经营过程中所花费的建设成本，如人工、资金、技术、管理等费用 $C(L、N、K、T)$；三是乡村旅游开发所需承担的自然和市场经营风险成本 A_d；四是获得农地使用权所花费的交易成本 C_j（例如谈判花费的成本）。则乡村旅游用地经营成本 C_2 为：

$$C_2 = \sum_{i=1}^{n} \left(\frac{C(N,\ K,\ L) + Y_Z}{(1+r)^i} \right) + A_d + C_j$$

通过农地旅游开发，旅游开发商的净收益，即乡村旅游用地开发利润即土地增值收益为：

$$R_2 = Y_2 - C_2 = \sum_{i=1}^{n} \left(\frac{v \times f(L,\ N,\ K,\ T) - C(N,\ K,\ L) - Y_Z}{(1+r)^i} \right) - A_d - C_j$$

公式中各种费用量的大小主要由下列情况决定。

（1）土地流转费。乡村旅游开发需要连片开发、规模化经营，就需要租赁农民的土地使用权。乡村旅游用地流转费的大小，主要依据当地农村经济发展水平以及乡村旅游用地的具体情况而定。

（2）建设成本。

①规划设计、资料收集、咨询等费用。该项费用主要包括进行乡村旅游发展规划编制工作，包括规划费、农村居民点土地整理规划费，以及现场调查费。该项费用大小主要由规划的区域面积、规划的要求而定，例如：规划的面积越大、设计越详细，费用也就越高。

②当地村民住宅用地的改造费用。主要是指对与乡村旅游发展的要求不适应的废弃、非法占地及与农村居民住宅用地进行改造的费用。

③村内部旅游设施建设费用。主要用于完善乡村旅游内部建设必要的基础设施所需的费用，包括：道路、给水、排水、接待、服务设施等。这些设施建设费用的大小主要根据乡村旅游发展规划中设计的建设项目的规格，结合工程量定额计算。

（3）人工成本。主要是乡村旅游经营工作人员的工资和有关费用。

（4）经营利润。旅游开发商经营利润，是指旅游开发商应该从土地用途利用开发前后的价格差异中根据土地开发费用的大小而获得合理的利润。乡村旅游用地开发费用利润率的确定由于没有明确的规定，应该根据具体土地的质量、区位、使用年限等因素，并结合乡村旅游行业的平均利润率获得。

四、第四个环节：乡村旅游用地市场需求增值收益评估

这一环节主要是随着社会经济发展、人们生活水平提高对乡村旅游的需要增加，从而加大了对乡村旅游用地的需求，提升了乡村旅游用地的价值。这一环节土地增值表现为乡村旅游用地价值转换为价格。由于乡村旅游用地具有数量有限、位置固定、资源稀缺的特点，因此从一个较长时期来看乡村旅游用地市场是一个相对有限的土地供给与相对无限需求的关系，乡村旅游用地供不应求是一个必然趋势，从而使乡村旅游用地价不断上涨。这种因土地供不应求的发展趋势所引致的增值是由乡村旅游市场的发展所引致。供求性增值又可称之为稀缺性增值。在一环节，在需求关系的作用下，乡村旅游用地增值收益实现了由价值向价格的转换，价值增值收益表现为价格上涨，本质上是土地价值增值的货币表现。

乡村旅游用地需求性增值的影响因素很多，主要有：资金的时间价值（K_1）、乡村旅游市场需求（K_2）、人口自然增长率（K_3）、政府投资（K_4）、通货膨胀率（r）、乡村旅游用地的供求状况（Q）及税率（T）等。其中利率水平、税率状况及通货膨胀率对乡村旅游用地增值收益的影响为负，人口自然增长率、乡村旅游用地需求、政府投资状况对土地增值的影响为正。如果市场的平均利率设定为i，n为乡村旅游用地流转期限，R为乡村旅游用地租金。

乡村旅游用地增值收益受的乡村旅游用地供求状况的影响可以用公式计算。

$$p = \sum_{t=1}^{n} \frac{R(1 - K_1 + K_2 + K_3 + K_4 + r)^t}{(1 + i)^t} \times (1 + Q)$$

第三节　乡村旅游用地增值收益评估实证研究

为了把乡村旅游用地增值收益的来源研究清楚，本书把乡村旅游用地增值分为四个环节、四个阶段，是参考借鉴了马克思在《资本论》当中把社会再生产划分为四个环节、四个阶段的研究方法，这是一种纯理论推理、抽象思维的方法，应用该方法构建了本书的乡村旅游用地增值收益形成的四环节理论。但实际上乡村旅游用地增值过程中的四个因素不是孤立和静止的，而是相互交织同时发生作用的，在实践中要把乡村旅游用地增值过程很清楚地划分为四个环节、四个阶段是不可能的，并且按每一个环节中的土地增值收益分段进行计算是很难的，所以下面的实证研究采用的是基于乡村旅游用地的经营与市场的实际情况为基础的调查统计综合性的评估方法，即意愿调查评估法。

一、乡村旅游资源价值评估实例

由于乡村旅游资源价值具有非市场价值的特点，所以本书应用"意愿调查评估法"结合案例对乡村旅游资源价值进行评估。

（一）研究案例的基本情况

本书选择了云南省乡村旅游发展较成熟"××生态农庄"作为实证研究案例。位于昆明市西郊的"××生态农庄"，距离昆明市区 30 多千米，处于昆明半小时旅游经济圈，生态资源优良，74% 的森林覆盖率，具有"夏无酷暑，冬无严寒"的宜人气候。当地居住着白、彝、苗、汉等 4 个民族，具有发展乡村旅游的区位优势、文化优势和生态优势。该生态农庄是由当地两个自然村 260 户农民的苞谷地改造而成的。

这两个村过去曾是贫困落后的自然村落，有蔬菜地 28.8 亩和苞谷地 500
多亩，村民主要收入靠种植蔬菜。2008 年一个当地的农户，以每亩每
年 700 元，每年一付，租期 30 年，租下了当地农民的 500 亩苞谷地和
一家农园，该农户把租赁来的苞谷地改造为无公害生态蔬菜花果园，命
名为"××生态农庄"。该农庄有蔬菜采摘区、菜地认领区，水果采摘
区，垂钓区和一个农耕文化展示馆，农户把自家的住宅改建成乡村旅馆
和农家餐厅，成为集蔬菜水果采摘、认种、垂钓、农事体验、青少年农
业教育及农家食宿为一体的乡村休闲度假目的地，并雇佣了部分村民到
农庄打工，每月工资 800 元，2012 年被评为 4 星级乡村旅游经营户。以
2014 年为典型年评估，笔者于 2015 年对该生态园进行了调查。

　　该生态农庄于 2009 年开业。经过多年的运营，各方面都比较完
善，加之该农庄所在地区被列为国家农业旅游示范点后，政府加大交
通等基础设施等投资，以政府主导的市场营销不断加强，该农庄成为
远近闻名的乡村旅游热点，该农庄经营效益逐年提升，2014 年接待游
客 8210 人次，当年旅游总收入达到 238 万元。其收入构成如表 5-4
所示：

表 5-4　　　　　　　　"××生态农庄"2014 年经营情况表

收入情况（万元）		支出情况（万元）	
水果采摘收入	60.00	水、电、气支出	6.20
蔬菜采摘收入	47.00	工资支出	17.80
垂钓收入	10.00	餐饮原材料成本	36.28
餐饮收入	73.00	经营场地租金	35.00
住宿收入	23.00	管护费	10.00
其他收入	25.00	其他支出	4.60
		缴纳税金	9.8
年总收入	238.00	年总支出	119.68
年利润（纯收益）	118.32	利润率	49.7%

数据来源：本书作者调查计算所得。

（二）问卷设计与抽样调查

1. 问卷设计

针对游客的调查问卷有三个内容：（1）到访者的基本特征：年龄、性别、职业、收入、文化、出行方式、出游动机、是否多目的地旅游、旅游次数等；（2）到访者在农庄旅游的消费情况：旅游者居住地、交通距离、交通方式、游玩时间、游玩活动；在交通、餐饮、住宿、娱乐、购买土特产品等方面的花费情况；（3）到访者对该度假农庄的满意度及支付意愿：对该农庄的风景、空气、绿化、餐饮、文化、服务、卫生、娱乐的满意程度，并在假想市场环境下，询问到访者对该农庄旅游资源保护的最高支付意愿（Willingness To Pay，WTP）。

2. 抽样调查

采取抽样调查，游客的样本数量按 Scheaffer 抽样公式确定，公式为：

$$N^* = \frac{N}{(N-1)\delta^2 + 1}$$

式中，N^* 为样本数，N 为年游客人数，δ 为抽样误差。设定抽样误差 0.08，该农庄 2014 年游客总量在 8210 人次，经过计算游客调查的抽样份数在 500 份左右。调查人员在 2015 年的国庆节旅游黄金周期间对到该农庄的游客进行面对面的随机抽查。发放调查问卷 500 份，收回 500 份，剔除无效问卷 11 份，有效问卷 489 份。有效率 97.8%，达到调查问卷的回收率要求，具有统计学意义。

3. 数据统计与分析方法

采用 SPSS16.0 软件建立数据库，并采用卡方 X 检验法、列联表（多重分类表）和独立性检验技术，测试被调查者的社会经济因素与其支付意愿及支付数额间的相关性。表 5-5 为对样本的性别、年龄、职业等基本特征进行统计。

表 5-5　　　　对样本的性别、年龄、职业等基本特征进行统计

基本特征	项目	人数	比率%	基本特征	项目	人数	比率%
性别	男	211	43.15	出游动机	农业观光	81	16.56
	女	278	56.85		休闲度假	74	15.13
年龄	20 岁以下	81	16.56		农业体验	101	20.65
	20~30 岁	76	15.54		亲友聚会	82	16.77
	31~40 岁	109	22.29		采摘娱乐	98	20.04
	41~50 岁	101	20.65		健康疗养	43	8.79
	51~60 岁	91	18.61		其他	10	2.24
	60 岁以上	31	6.34	出游方式	自驾车	208	42.54
职业	公务员	91	18.61		乘公交车	171	34.97
	教师	101	20.65		乘出租车	31	6.34
	医务工作者	81	16.56		骑自行车	32	6.54
	工人	31	6.34		步行	47	9.61
	农民	17	3.48	文化程度	初中	61	12.47
	商务、金融等	92	18.81		高中	119	24.34
	其他	76	15.54		本科	218	44.58
月收入/人（元）	2000 以下	21	4.29		研究生	91	31.49
	2000~2999	88	18.00	客源地	昆明市	417	85.28
	3000~3999	101	20.65		昆明市外	72	14.72
	4000~4999	132	26.99	满意度	非常满意	104	21.27
	5000~5999	92	18.81		比较满意	239	48.88
	6000 元以上	55	11.25		一般	102	20.86
					不满意	44	9.00

4. 样本统计分析

（1）性别和年龄结构。

受访游客中女性占 56.85%，男性 43.15%。说明到该农庄的女性多于男性，女性更喜爱生态园或者出于重视对小孩教育携带小孩到乡村

进行旅游。

从年龄结构看，21～40 岁到农庄的游客人数最多，说明农庄深受年轻人和中年人的喜爱，年龄大的到生态园较少。

（2）职业和消费结构。

被调查者中公务员、教师、医生、银行工作人员较多，说明到农庄游玩的是具有稳定职业和较高收入来源的游客为主。

489 位受调查游客的总游玩花费为 80197 元，平均花费为 165 元，众数为 140 元，中位数为 153 元，最低花费 0 元，最高花费 720 元，标准差 215.12 元。

由于该农庄不收取门票，再加上农庄地处昆明近郊，交通较为便利，游客主要来自昆明市内，乘坐公交车、自驾车到农庄内游玩的较多，因此，到农庄游玩的花费不高。由表 5－6 可见，被调查市民游玩花费在 100～200 元的最多，占总消费的 45.46%。

表 5－6　　　　　被调查游客在生态农庄实际消费的区间分布

金额（元）	0	1～100	101～200	201～300	301～400	401～500	501～600	601～700	701～800
人数（人）	16	106	138	111	53	27	21	16	1
比率（%）	3.27	21.68	28.22	22.70	10.84	5.52	4.29	3.27	0.20

（3）文化程度和出游动机结构。

调查表明，目前到该农庄观光、休闲的以高学历的人群为主；76% 的游客到该农庄是纯粹体验农村生活、欣赏农业景观、接近自然；其中，果蔬采摘、农村观光、科普教育和体验农村生活是女性游客的最多的选择，家庭亲子游动机较高。

（4）出游方式和客源地。

受访游客中，自驾车到达的占比 42.54%，乘公交车的占比 34.97%，步行的占比 6.34%，其余为骑电动车来的，自驾车是一种到乡村旅游的最广泛的出行方式。

到达该农庄的游客主要来自昆明市，占总数的 85.28%，少部分来自昆明市以外的地区，例如，有 10 多人来自四川、20 多人来自贵州、甚至有来自上海、广东的，这部分游客主要是到昆明探亲访友被亲戚或者朋友带来的。

（5）游客满意度。

绝大多数游客对该乡村旅游目的地比较满意和非常满意，认为生态环境好、干净、卫生好、东西好吃、价格实惠等。少部分游客表示不太满意，认为服务态度不够好。

（三）影响因素分析

1. 客源地

85.28% 的游客来自昆明，14.72% 的游客来自其他省区市。这一部分旅游者人数虽少，但消费水平较高，在数据处理时，针对昆明外地游客旅游一般伴有探亲、访友或聚会多目的特点，将其整个行程的旅行费用扣除在顺访旅游的直接消费和一定比例的交通费用（按游玩地的权重分配），得到其在该农庄的交通费用、食宿费用、时间成本。

2. 费用结构

按照一般旅游统计规定，旅游成本主要包括：交通、门票、吃住、娱乐、购物、时间成本支出等。由于到该农庄旅游无需购买门票，再加上该农庄距离昆明市较近，交通费用很低，所以到该农庄的旅游总费用较低，可归并为餐饮、购物、农业体验和时间成本四项。考虑到大部分游客有固定收入，在此将游客的餐饮、购物、农业体验、时间成本按实际开支的均值作为计算基础，其中时间机会成本按游客实际收入的 1/3 赋值。[①] 游客在该农庄的平均旅游花费 165 元/人，以餐饮、购物费用和时间机会成本为主，分别占旅游费用的 42.81% 和 33.28%，农业体验开支和时间成本分别占 16.55% 和 7.36%。

---

① 蔡银莺，张安录. 武汉市石榴红农场休闲景观的游憩价值和存在价值估算 [J]. 生态学报，2008（3）：1203 - 1207.

3. 旅游费用的影响因素

从表 5 - 5 可以看出，游客在该农庄的旅游费用高低主要受交通条件、游玩时间、收入水平和性别的影响。另外，交通费用和时间机会成本也是旅游费用中的一部分，因此，交通条件、游玩时间、工资水平与旅游花费成正比，男性游客的整体消费明显高于女性。

(四) 农庄旅游资源价值估算

1. 游客支付意愿统计

利用问卷建立假想市场，直接询问旅游者对该农庄旅游资源保护的最高支付意愿，据此估算该农庄的资源价值。受调查游客愿意用捐钱的方式保护乡村旅游资源的有 418 人，占有效样本的 85.48%；不愿意支付的有 71 人，占比 14.52%。

用开放式的方法让被调查者自行填写最终支付意愿值，受访者自行填写其愿意捐钱的具体数额。经统计 418 位游客愿意捐钱的总数为 53825 元，算数平均值为 128.77 元，最小值为 10 元，最大值为 500 元，众数为 100 元，中位数为 125 元，标准差为 99.70 元。调查情况如表 5 - 7 所示。

表 5 - 7 游客支付意愿期间分布表

钱数（元）	1~50	51~100	101~150	151~200	201~250	251~300	301~350	351~500
人数	51	111	85	77	56	21	10	7
比率（%）	12.2	26.56	20.33	18.42	13.4	5.02	2.39	1.67

从表 5 - 7 可以看出，被调查者文化水平和收入水平都较高，资源保护意识强，乡村旅游爱好程度高，所以，调查者的支付愿意较强。

2. 农庄旅游资源价值估算

本书用公式 $G = A \times W \times C/r$ 计算该农庄的旅游资源价值。

式中，G 为农庄乡村旅游资源价值；A 为游客总人数；W 为支付意愿平均值；C 为支付率；r 为还原率。

本次调查采用单纯随机抽样，总体均值的无偏估计量为样本均值，调查样本的平均意愿支付数额为 128.77 元，2014 年该农庄的游客流量在 8210 人次，在受调查的 500 位游客中 418 位游客愿意捐钱，支付率为 85.48%，以 2014 年我国商业银行 1 年存款利率 3.3% 作为还原率，据此估算出游客对农庄的支付意愿达 27384727.67 元，即该农庄的旅游资源价值为 27384727.67 元，单位土地的旅游资源年均价值为 91282.43 元/亩。

二、乡村旅游用地增值收益评估

（一）案例情况

本书仍然选择上面的 "××生态农庄" 作为案例，案例基本情况如上所述。2014 年，该生态农庄当年接待游客 8210 人次，当年旅游总收入达到 238 万元。其收入构成主要有蔬菜和水果采摘收入、垂钓、餐饮收入以及购物等其他收入，具体情况见前文表 5 - 4。

（二）评估思路

本书采用经济效益对比的思路来评估乡村旅游用地增值收益，该方法是基于土地增值来源于地租的增值，而地租的增值最终反映在土地的纯收益的增值，故增值量的测算类似于求取地价的经济效益对比来计算该农庄乡村旅游用地增值收益。[①]

所以农地收益最基本的构成是：

农地总收益 = 农地的取得费 + 土地开发费 + 土地增值收益

这里的农地取得费即开发商租赁农地的租金，即土地流转价格。

---

① 苑韶峰等. 农地转用过程中土地增值收益分配研究综述 [J]. 上海国土资源，2012（1）：35 - 38.

在前面我们提到，在一般农地总收益中并没有包含旅游资源的价值，一般农地的价格只反映了"狭义"上的地租。而乡村旅游用地的价格则包含了附着在土地上的旅游资源价值，当旅游开发商对乡村旅游用地进行开发后，土地用途得以从单一农业生产用地向农旅结合多用途变化，乡村旅游用地的旅游资源价值得以开发利用，从而造成了土地收益的增加、地租上涨、地价上升的过程。

因此，从这一过程看，我们有以下公式：

农地用途拓展后的地租 = 原土地地租 + 土地开发投资的年收益
+ 增值的地租

农地用途拓展后的地价 = 原地租的资本化 + 土地开发投资现值
+ 增值地租的资本化

从乡村旅游开发的角度看，则有：

乡村旅游用地总价值收益 = 投入成本（原地租流转到农地时点的资本化
+ 各项税费 + 土地开发投资原值）
+ 利润（投资资金报酬）
+ 土地增值收益（增值地租的资本化）

一般来说，乡村旅游用地要达到一定的经营条件必须包括沟渠、路、房屋、库棚等地上建筑物、构筑物等，这些建筑物连同乡村旅游用地共同构成了不动产，在测算总价值收益时通常要把该土地及其地土建筑物、种植物及其他附着物作为一个整体共同测算。所以本书所说的该用地总价值不仅包括土地还包括其他地上建筑物、构筑物和种植物等附着物。

（三）评估结果

本书采用的乡村旅游用地增值经济收益对比法，主要是指乡村旅游用地开发的资金、技术、劳动投入与其产出收益之间的对比，由此得到以下公式：

乡村旅游用地增值收益 = 年总收益 − 管理费 − 维修费 − 工资 − 税金 − 利息

它表示一般情况下正常合理地进行乡村旅游开发所能持续而稳定地

获取的年总收入扣除一般情况下正常合理的必要的年支出的余额。现在我们根据该生态农庄的经营收入及支出等情况对宗地的增值收益进行计算。

在本案例生态农庄的蔬菜水果采摘收入、餐饮收入、住宿收入等其实就是该农庄的用地收益。而其他旅游服务收入尽管有一分是该农庄土地上的建筑物或构筑物建设投资效益，但其中也蕴含和反映了该农庄的部分土地收益。根据前文表 5 - 4 统计，该生态农庄 2014 年的总营业收益是 238 万元，总成本为 119.68 万元，该宗地的总营业纯收益为 118.32 万元，每亩土地的营业纯收益为：

1183200（元）/500 亩 = 2366.40 元/亩

根据土地价格收益还原法估价的基本公式：$J = R/r$（J 为土地价格，R 为地租 = 土地纯收入，r 为还原率）以 2014 年我国商业银行 1 年存款利率 3.3% 作为还原率，该土地 2014 年的价格为：2366.40/3.3% = 71709.10 元/亩。

据调查，该宗地 2008 年种植苞谷的年纯收益平均在 700 元/亩左右。按照公式：$J = R/r$ 计算，2008 年我国商业银行 1 年存款利率为 2.50/%。

2008 年该土地的价格 = 700/2.50/% = 28000 元/亩

土地转型升级为乡村旅游用地后，该宗地 2014 年的土地增值收益等于：

71709.10 - 28000 = 43709.10 元/亩

土地营业收入增加值为 = 2366.4 - 700 = 1666.40 元/亩。

该农用地从传统的单一种植转型为综合型的乡村旅游用地后，经过开发商的直接投资、政府的间接投资和市场需求的拉动，在短短 5 年间，每亩土地的经营纯收入从 700 元上升到 2366 元，增加了 2 倍多，每亩土地的价值从 28000 元上涨到 71709.10 元，增加了近 3 倍。

（四）评估结果分析

由于乡村旅游用地和乡村旅游资源的价值评估还是一个新事物，理论界争议颇多，特别是应用 CVM 评估小面积休闲乡村旅游用地增值收益在国内外研究中相对较少，没有一个被公认的统一的评估方法，本书分别采用了收益还原法和条件价值法对乡村旅游用地和乡村旅游资源进行了评估。虽然评估结果的准确性会存在一定的偏差，但是这两种方法是最基本、最简便、最直观的评估方法，从可操作性和实用性的角度出发，为云南乡村旅游用地流转探索出一个可操作的土地增值收益的评估方法，为云南农村乡村旅游用地增值收益评估时参考。

本书仅对该生态农庄土地变为乡村旅游用地后的经济价值和土地上的乡村旅游资源价值进行了估算。可以看出：从传统的种植业转型成以休闲度假、农事体验和农业观光的乡村旅游，乡村旅游用地能够通过市场价格显现的土地经济效益倍增。开发商从农户租到的土地上附着了丰富的乡村旅游资源，这些资源具有很高的价值（该宗地每亩的旅游资源价值为91282.43元，包含了该宗地的生态价值、社会价值、选择价值、遗产价值、存在价值），对土地增值影响很大，附着乡村旅游资源的土地资源到了开发商手中，就变成了具有高收益潜力的土地。相对传统农业而言，乡村旅游用地产生的直接经济效益显著，是农业种植业收益的3倍。乡村旅游用地的增值收益是土地、旅游资源、开发商、政府和市场各方面共同作用的结果，由于乡村旅游资源的构成中既包括消耗了一般人类劳动的劳动产品，又包含了以稀缺性和垄断性为基础的非劳动产品，其旅游用地经营权价格确定时，既要把它追加到乡村旅游用地中，使乡村旅游资源变为人类可直接利用的资源的各种劳动消耗在旅游资源经营权转让中得以补偿，同时还应将其中的稀缺性和垄断性资源以租金折现的形式来实现其所有权价格。① 一旦把这些因素加入到乡村旅游用地中，土地价格大幅提升，但是，由于乡村旅游资源的产权和归宿非常模糊，它既是土地的附着物，又是当地农民的生产和生活环境，既凝聚着当地农民的劳动，又凝聚了历史文化、社会环境等要素；乡村旅游资源价值的实现具有政府和开发商的作用，还有市场的作用。这些资源价

---

① 雷蓉，董延安. 旅游资源经营权的价格评估方法初探 [J]. 中国资产评估，2004 (1)：53－55.

值怎样分摊到土地价值上，怎样从乡村旅游用地增值收益中来区分旅游资源价值带来的增值和投资者不同时期创造的价值，如何在各利益主体之间进行合理的分配乡村旅游用地增值收益，成为一个必须深入研究的现实问题。

从该案例来看，开发商租用当地农民的承包地时付给农民的租金700元，是按农地当时的农作物的收益作为参考而制定的标准，并没有按土地的租用后的旅游用地的价值来付租金，农地用途延伸得到的土地增值收益，除一部分以税收的形式较给政府外，绝大部分被开发商占有了。开发商开发乡村旅游得到利润率是很高的，大大高出社会平均利润，相比之下，作为土地的承包者农民从中得到的土地收益是非常低的，政府通过税收得到的土地增值收益也并不高。如何公平的分配乡村旅游增值收益是一个必须深入研究的重要问题，本书将在第九章中深入、全面的进行研究。

第六章

乡村旅游用地增值收益分配主体分析

研究乡村旅游用地增值收益公平分配机制其中的一个重要内容就是研究参与乡村旅游用地增值收益分配的各个利益主体。要深入系统地研究他们参与分配的条件以及背景、他们参与分配的依据，并确认他们是否已经参与了分配、是否应该参与分配以及分配的方式，从而对乡村旅游用地增值收益公平分配的基本面有一个深刻的认识。乡村旅游用地流转给开发商后，使土地的产权结构发生了变化，乡村旅游用地产权从原来农村集体所有和农户承包经营的二元结构，转为土地所有者（农村集体）、土地承包者（农户）、土地经营者（开发商）三者分置的产权结构。从产权角度讲，地方政府部门并不具有乡村旅游用地的所有权、承包经营权和使用权，但地方政府有对农村土地转变用途的管制的权力，例如，农村土地转变为乡村旅游建设用地的批准权归各级政府部门掌握。同时，政府又是农村土地各项政策、措施的制定者。另外，地方政府是当地农村基础设施的重要投资者，所以，根据乡村旅游用地增值收益形成各个环节，结合土地产权的特点，可得知在乡村旅游用地增值收益形成过程中涉及的主体主要有四类，一是乡村旅游用地的管理者（地方政府），二是乡村旅游用地的所有者，三是乡村旅游用地的承包者，四是乡村旅游用地的开发者。所以，乡村旅游用地增值收益分配的博弈分析应该从农民、农村集体经济组织、旅游开发商和地方政府之间的博弈关系分析，下面展开具体论述。

第一节　乡村旅游用地增值收益分配的主体判别及分析

一、地方政府

在本书的研究中，将"地方政府"鉴定为县（市）、乡镇级政府。地方政府与乡村旅游发展的关系体现在两个方面，一是为发展乡村旅游出台各种优惠政策、制定发展规划、甚至财政拨款等为乡村旅游的发展提供的各种有利条件，促进乡村旅游用地增值收益增加；二是作为乡村旅游基础设施的投资者。乡村旅游用地增值收益的一部分是由基础设施建设、相关环境的改善所引起的，包括：道路改造、建设停车场、集散中心、农村生态环境建设、提高接待设施的卫生标准、农村电视电话信号质量提升等。这些设施的建设及环境的改善也会改变乡村旅游发展的条件，促进土地增值收益增加。这些基础设施和环境改善的主要投资者就是地方政府，所以地方政府作为一个单独的利益主体出现，政府对乡村旅游发展基础设施的投入主要依靠税收，所以政府应该以税收的形式适当分享乡村旅游用地增值收益中的部分收益，将乡村旅游用地增值收益中的一部分以二次分配方式分配给地方政府具有正当性和合理性。

二、农村集体经济组织

我国《土地管理法》规定："农民集体所有的土地依法属于村农民集体所有的，由村农民集体经济组织或者农户委员会经营、管理，已经分别属于村内两个以上农村集体经济组织的农民集体所有的，由村内各农村集体经济组织或者农户小组经营、管理；已经属于乡（镇）农民集体所有的，由乡（镇）农村集体经济组织经营、管理。"可以看到，农村土地的真正所有者是"农民集体"，但"农民集体"却是一个模糊的概念，并不是一个实体主体，所以在很多情况下由农村集体经济组织代为行使农村土地的所有权。《土地管理法实施条例》第二十六条规定："土地补偿费归农村集体经济组织所有；地上附着物及青苗补偿费归地上附着物及青苗的所有者所有。需要安置的人员由农村集体经济组织安置的，安置补助费支付给农村集体经济组织，由农村集体经济组织管理和使用。"按照马克思地租理论，掌握土地所有权的主体完全可以参与地租的分配。那么，农村集体经济组织作为农村土地的所有者当然有权利参与乡村旅游用地增值收益的分配。

对于农村集体土地而言，土地是以村（乡、组）为单位的集体所有，即表示在村（乡、组）范围内的农民都是该集体经济组织的成员。而集体经济组织作为代表农村的组织，首先具有为农民服务的公共角色定位，此时代表的是农民的利益，具有为农民争取利益最大化的动机。由于土地占有关系与农村基层组织的权利结构存在着密切的逻辑联系，农村集体经济组织具有追逐利益的冲动，特别是集体经济组织内部具有权力的个体。① 村集体经济组织与农民在乡村旅游用地增值收益分配博弈过程中村集体经济组织处于强势地位。总之，农村集体经济组织既有为农民谋福利的公共目标，也有追自身利益最大化的经济目标。

三、农户

农户是农村土地的承包经营者。《农村土地承包经营法》第十六条规定："承包方享有下列权利：（一）依法享有承包地使用、收益和土地承包经营权流转的权利，有权自主组织生产经营和处置产品；（二）承包地被依法征用、占用的，有权依法获得相应的补偿；（三）法律、行政法规规定的其他权利。"一方面，按照我国法律规定，农民根据土地承包经营权，完全有权参与乡村旅游用地增值收益的分配；另一方面，农民在承包地中已经有大量的物力和人力投入。所以，从这两个方面考虑，农

---

① 林瑞瑞. 土地增值收益分配问题研究［D］. 武汉：中国农业大学，2015.

民完全有资格参与到乡村旅游用地开发的绝对地租、级差地租和垄断地租的分配中，而且，农民作为土地的承包者是乡村旅游用地增值收益分配的重要成员。

四、乡村旅游开发商

本书对乡村旅游开发商的定义是，以赢利为目的投资开发乡村旅游项目，从事土地租赁、立项、规划、建设、销售等一系列乡村旅游经营活动的组织或者个人。旅游开发商通过土地流转从农民手中获得了农地的使用权后，投入了一定量的人、财、物等要素开发乡村旅游。一方面，党的十六大报告非常明确地把劳动、资本、技术和管理等要素参与收益分配写进我国的分配制度中；另一方面，本书在前面已经分析过，资金、技术、管理和劳动等诸多要素的投入确实会给乡村旅游用地带来增值。所以不管从中国的分配制度还是客观现实，旅游开发商有权直接参与乡村旅游用地增值收益的分配。

综上所述，乡村旅游用地增值收益是在土地所有者、承包者、经营者、管理者之间分配。乡村旅游用地增值收益分配主体具有多元化和利益关系的复杂化，进而，加深了乡村旅游用地增值收益的分配的多元化和复杂化。任何一方利益得不到保障都会带来负面影响：对农民分配不足，农民不愿出租土地，乡村旅游发展缺乏最基本条件，严重影响乡村旅游发展；对乡村旅游开发商分配不足会影响开发商投资乡村旅游的积极性，导致开发资金投入不足、管理质量下降等；对农村集体分配不足会造成集体对乡村旅游开发的积极性下降，使旅游资源和生态环境的保护得不到保障；对地方政府分配不足会导致国家财政收入减少，公共设施建设缺乏必要的资金投入，造成乡村旅游环境建设不足。如果乡村旅游用地增值收益分配合理会有效地促进乡村旅游全面可持续发展，使乡村旅游用地得以保值或增值，形成一种良性的循环。相反，如果乡村旅游用地增值收益分配不合理，土地资源就很难配置给擅长经营乡村旅游的开发商，难以实现土地保值和增值，更严重的后果是，造成农民利益受损，引发群体性事件从而影响社会稳定。

第二节 乡村旅游用地增值收益分配
主体之间的博弈关系分析

在"乡村旅游土地自主开发的模式"中，农民利用自己承包的土地从事乡村旅游经营，所产生的利润全部归自己，不存在利益如何分配的问题。而当农民把土地流转给其他经济组织或者个人从事乡村旅游开发时，就会存在土地增值收益分配的问题，所以，乡村旅游用地增值收益的分配从土地流转就开始了。土地流转本质上就是利益的再分配，乡村旅游用地的相关主体正是在土地增值收益分配中进行博弈来实现自身利益最大化，因而要想建立公正合理的乡村旅游用地增值收益分配机制，就要先对土地开发主体的博弈关系进行研究。

乡村旅游开发牵涉到当地政府、农村集体经济组织、开发商和当地村民等多方利益主体，各方都有自己的利益诉求和实现自身利益的主张，他们之间的关系错综复杂，具有典型的博弈特征。在集体内部乡村旅游用地增值收益分配的微观经济活动中也涉及农村集体经济组织与集体成员这两个利益主体之间的博弈。不管乡村旅游用地流转如何产生、土增值地收益如何分配，这些过程的发展都是各个利益主体之间博弈的必然结果，所以乡村旅游开发的过程实际上是相关利益主体追求自身利益最大化的非完全信息动态博弈过程，如图 6-1 表示。

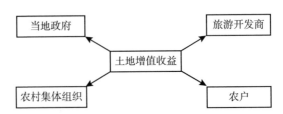

图 6-1 农民、农村集体经济组织、政府、旅游开发商博弈关系

乡村旅游用地增值收益分配博弈分析及模型建立的假设条件。

（1）参与乡村旅游用地增值收益分配的各方都是理性经济人，目标是追求自身收益最大化，会对交易成本和预期收益进行分析。

（2）农民、开发商、村集体经济组织和政府各自形成一个无差异的抽象实体，不受外部环境影响。

（3）各参与主体是非合作的，不公开策略，参与主体不知道对方的策略。

（4）博弈过程中信息是不完全的，即参与各方不可能完全掌握对方的特征、策略与效用函数情况。

（5）博弈是动态的，即后行动者可以知道先行动者的策略选择，从而选择最有利自己的策略。

根据理性的经济人理论，经济利益是各利益主体的核心利益，以实现土地收益最大化为目标。不论是转出农地的农户还是转入农地的开发商，乡村旅游用地流转的目的都是为了实现土地总收益的最大化。实际上，供需双方做出转入或转出农地的决策，是通过比较乡村旅游用地流转交易前后的土地收益变化做出的，其约束条件就是乡村旅游用地流转后的土地收益大于流转前的土地收益。

一、农户与旅游开发商之间的博弈

在乡村旅游用地增值收益分配中，土地承包农户和旅游开发商作为乡村旅游用地的供给方和需求方，是乡村旅游用地增值收益分配的重要参与者，双方需要在乡村旅游用地增值收益分配的博弈环境中以追求自身最大利益为目标来进行博弈。根据行为经济学理论，作为理性经济人的"行为决策"的依据是某种行为带来的"预期收益"，以经济效益的最大化和成本的最小化为最终目标。正是由于农户与旅游开发商对乡村旅游开发未来收益预期所产生的差异，使得他们对乡村旅游开发中的土地增值收益不确定性抱着不同的态度，形成双方之间效率与公平的博弈过程。

假设一典型专门从事农业生产的农户，其家庭收益完全来源于农地生产收入。为实现家庭收益的最大化，该农户在农业生产上合理分配其所拥有的劳动时间、农地面积和生产资金。如果把土地流转给别人用于乡村旅游开发，该农户流出土地的收益 F_s，包括土地租金和劳动力转移收益；他付出的成本 C_s，包括土地的流转费用和转出土地前的经营收益。

经过流转，土地供给方的收益增量为 ΔF_s 为：

$$\Delta F_s = F_s - C_s$$

对开发商来说，其转入土地的动机主要是乡村旅游经营获得收益，只要预期的收益高于其能够承受的成本和风险，他们就会转入土地从事乡村旅游开发。旅游开发商获得的收益 F_d，主要是乡村旅游经营的直接性收益，大小取决于乡村旅游产品销售数（满足柯布—道格拉斯生产函数）和产品价格（由市场决定）；付出的成本 C_d 包括：交易成本、农地租金、生产性成本以及乡村旅游经营中所要承担的风险成本，经过土地流转，土地需求方的收益增量 ΔF_d 为：

$$\Delta F_d = F_d - C_d$$

在这里，农民和旅游开发商各自的收益增量 ΔF_s 和 ΔF_d 就构成了博弈过程中的支付函数，即在一个策略组合下博弈双方所能得到的效用水平，是量化了的博弈双方的利益，是博弈双方作出最后决策的重要依据。

情况一，当 $\Delta F_s \leq 0$ 时，也就是农民得到的土地收益不足以弥补他农业生产的收益和农地流转过程中的交易费用时，农民不愿流转土地，这会造成乡村旅游用地缺乏有效供给，严重影响乡村旅游的健康发展。

情况二，当 $\Delta F_d \leq 0$ 时，开发商转入土地后，乡村旅游经营收益扣除经营成本之后的净收益不能够弥补付给农民的租金、交易费用和经营过程中的风险，在这样一个低收益甚至赔本的情况下，乡村旅游开发商没有转入土地的动力，无法构成乡村旅游用地市场的需求方，同样，严重影响乡村旅游的健康发展。

情况三，当 $\Delta F_s > 0$，$\Delta F_d > 0$ 时，乡村旅游用地供给者和需求者的增量收益均为正，在这种情况下，双方在有利可图情况下产生流转乡村旅游用地的动力，从而形成有效的乡村旅游用地市场。

　　进入到乡村旅游用地增值收益分配的博弈阶段，假设乡村旅游用地的出租价格为 p，农民出租土地前的收益为 s；开发商乡村旅游用地经营收益为 F，乡村旅游经营成本为 c。在乡村旅游用地流转的情况下，农户（转出方）的收益为 $p-s$，乡村旅游开发商（转入方）的收益为 $p-c$；在不发生流转的情况下，农户的收益为 s，乡村旅游开发商的收益为 0。二者的博弈行为如图 6-2 所示。

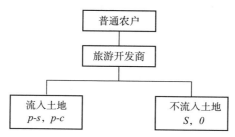

图 6-2　农民、农村集体经济组织、政府、旅游开发商博弈关系

　　由以上分析可以看出，旅游开发商一定是在期望收益大于零的前提下，通过收益比较来做出流入乡村旅游用地的决策从而达到双方的博弈均衡。并且，在发生乡村旅游用地流转的情况下，转出方与转入方收益公式得出的更明确的结论是，乡村旅游用地流转价格 p 成为土地增值收益的主要体现，成为双方博弈的焦点，合理的流转价格成为乡村旅游用地增值收益分配公平的重要标志。

二、农户与村集体经济组织之间的博弈

　　由于信息的不对称性，80% 的农户是从村集体经济组织得到土地流转信息的，越来越多的农户把土地委托给集体经济组织进行统一管理，由集体经济组织将土地集中统一流转，发展土地的规模化、产业

化经营。① 我们可以把众多的土地承包农户与村集体经济组织的关系简化为两个博弈当事人，一个是委托人（农户），另一个是代理人（村集体经济组织），农户委托农村集体经济组织代为乡村旅游用地出租代表与旅游用地的需求方进行谈判，保护农户在乡村旅游用地增值收益分配中的利益。

农户与村集体经济组织的博弈分可分为两个阶段进行。在博弈的第一个阶段，农户可以选择信任村集体经济组织，也可以选择不信任村集体经济组织。若农户选择不信任集体经济组织，交易中断，双方的收益均为 0。若农户选择信任村集体经济组织，则博弈进入第二阶段，这时主要由村集体经济组织来决策，村集体经济组织可以选择公平，也可选择不公平。如果村集体经济组织选择公平，则农户得到 W 单位的乡村旅游用地增值收益，村集体经济组织得到 G 单位乡村旅游用地增值收益；若村集体经济组织选择不公平，村集体经济组织可得 T - F（其中 F 为集体经济组织欺骗农户所付出的成本）单位收益，农户的乡村旅游用地增值收益为 H 单位。形成如图 6 - 3 所示的博弈树。

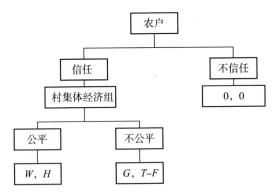

图 6 - 3　农户与村集体经济组织的博弈关系

注：图中第一个数值代表农户收益，第二个数值代表村集体经济组织收益。

---

① 石冬梅. 非对称信息条件下的农村土地流转问题研究——以河北省农村土地流转为例 [D]. 保定：河北农业大学，2013.

下面我们依据博弈树进一步分析农户在何种情况下更愿意选择信任村集体经济组织，村集体经济组织又在什么情况下更容易选择公平对待农户？

假定村集体经济组织选择公平的概率是 $K(0 < K < 1)$，则不公平的概率是 $1 - K$。

对农户而言，选择信任村集体经济组织的期望收益为：

$$农户期望收益 = K \times W + (1 - K) \times H$$

只有在这一期望收益大于 0 的条件下，农户才会选择信任村集体经济组织，也就是只有满足：

$$K \times W + (1 - K) \times H > 0$$

即：
$$K > H/(H - W)$$

对村集体经济组织而言，只有在 $G > T - F$ 的条件下，才会选择公平对待农户。因此，要想使得村集体经济组织公平对待农户，就要尽量增加乡村旅游用地增值收益 G，减少不公平收益 $T - F$，在 $T - F$ 无法减少的情况下，就要设法增大分配中的不公平成本 F，使乡村旅游用地净收益减少，从而达到 G 相对增加的效果，规避村集体经济组织对农户的不公平。

个体农户与农村集体经济组织的博弈是动态博弈，其中涉及的利益因素有：农户收益，包括流转乡村旅游用地所能获得的租金和劳动力转移收益；农户成本，包括农户的承包成本和放弃务农的收益；村集体经济组织的收益，包括农户支付的承包成本及截留的部分地租，成本则是组织农户的组织成本。从表 6 - 1 可以看出，村集体经济组织支持土地流转用于乡村旅游开发，农户也积极支持并流转土地，这是最佳的状态，最利于乡村旅游的发展；如果村集体经济组织不支持乡村旅游开发，农户流转土地给开发商开发乡村旅游，农户要承受风险损失 - 1，村集体经济组织没有支出和收益；而如果村集体经济组织鼓励乡村旅游开发，农户不积极、不流转土地，集体经济组织付出组织成本 - 1，农户持续对抗，收益无增加；反之，村集体经济组织不支持乡村旅游开发，农户也不支持，不流转土地，收益不发生变动，即零和游戏。

表 6-1　　　　　　　　　　农户主体与村集体经济组织的博弈

		村集体主体	
		支持	不支持
农民主体	流出	(1, 1)	(-1, 0)
	不流出	(0, -1)	(0, 0)

三、地方政府与旅游开发商之间的博弈

(一) 博弈角色

地方政府是国家利益的执行者，为了实现农村经济增长、农业结构调整、农村扶贫等，会大力支持开发商进入当地农村进行旅游开发；同时作为社会的管理者，需要增加就业、维护社会稳定、保护环境等社会福利目标，要对旅游开发商进行监督，对其不良行为给与一定约束。对于旅游开发商来说，地方政府作为管理者并掌握大量社会资源，拥有资源的分配权、政策的制定权，是旅游开发商博弈的重要目标。

(二) 博弈策略

我们假设：(1) 地方政府对旅游开发商有"支持"和"限制"这两种策略，"支持"是指地方政府从自身利益最大化出发鼓励开发商在当地发展乡村旅游及其利益分配的所有政策措施的集合，"限制"是指地方政府限制开发商在当地农村旅游经营和利益分配的各种政策措施的集合；(2) 旅游开发商也只有两种策略，即"合作"和"非合作"。"合作"是指旅游开发商在综合考虑了自身利益和政府利益后，采取与地方政府相配合的经营态度；"非合作"是指旅游开发商不顾公共利益仅从自身利益角度出发而不与地方政府配合所采取的经营态度和利益分配方式；(3) 土地的开发对旅游开发商和政府都存在"收益"。正因为有利可图，地方政府才会支持旅游开发商到当地农村进行旅游开发，旅游开

发商也才会投入资金和人力，才能形成土地增值收益分配的博弈关系。

前面已经假设，乡村旅游用地增值收益分配博弈是非完全信息状态下的动态博弈，从而有下面四种策略集合：Ⅰ（开发商合作、政府支持）；Ⅱ（开发商合作、政府限制）；Ⅲ（开发商非合作、政府支持）；Ⅳ（开发商非合作、政府限制）。在不同的策略组合下，双方各自的盈利情况又有所差别，利益博弈图如图6-4所示。A_1、A_2、A_3、A_4 为开发商不同策略组合下获得乡村旅游用地增值收益值，B_1、B_2、B_3、B_4 为地方政府不同策略组合下的获得乡村旅游用地增值收益值。

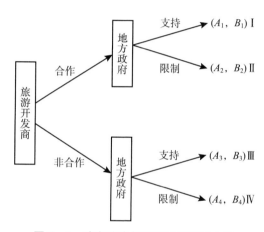

图6-4　地方政府与旅游开发商博弈图

我们可对这4种组合方式做出以下分析：（1）假如旅游开发商与地方政府之间是静态的博弈关系，那么我们可以假定旅游开发商在不同策略组合中获得的乡村旅游用地增值收益大小排序为：$A_3 > A_1 > A_4 > A_2$，且 $B_2 > B_1 > B_4 > B_3$，双方都从利益最大化考虑，得到的纯策略纳什均衡解为（非合作，限制），也就是陷入了"理性困境"。（2）假如旅游开发商与地方政府之间进行的是一种动态博弈的话，那么双方更合乎逻辑的既得的乡村旅游用地增值收益排序应该是 $A_1 > A_3 > A_4 > A_2$，且 $B_1 > B_2 > B_4 > B_3$。此时，可知博弈的纳什均衡解，分别为（非合作，限制）和（合作，鼓励）。由于 $A_1 > A_4$，$B_1 > B_4$，可知（合作投资、投资鼓励）是博弈的帕累托均衡解。

（三）博弈分析

地方政府积极支持引进外来资金进行乡村旅游开发，实现财政收入、就业增长的目标，是一个长期才能实现的过程，地方政府不能在短期内就获得较高的社会目标和经济目标，对旅游开发商的支持与合作是一个长期的过程，因此倾向于重复博弈；由于乡村旅游开发的周期较长，开发商如果没有地方政府的持续配合，就不能得到宽松的政策环境和农户的支持，乡村旅游收入持续增长等长期目标是无法顺利实现的，也有重复博弈的需要。

由于地方政府在博弈中的土地属于集体所有，地方政府只是代表国家来管理和协调土地资源的使用，所以博弈结果对地方政府决策者个人影响不大，一旦没有约束，地方政府掌权人就有可能从个人利益的角度出发为手中的权力寻租。旅游开发商作为独立的法人与地方政府博弈，相对地方政府土地资源代理人的角色，处于有利地位。在博弈中，地方政府的信息和决策一般处于公开状态，开发商很容易获取政府的信息，但开发商的信息并不完全公开，经常隐藏信息，是在非完全信息状态下的博弈。旅游开发商为了获得地方政府的支持、获取乡村旅游用地的经营权，除了要以优异的经营方案从其他开发商中脱颖而出，还要通过给地方政府掌权者个人好处等寻租行为，使地方政府在政策上向开发商倾斜，最终形成一个有利于开发商的博弈协议。

以上种种原因，迫使旅游开发商和地方政府必然选择长期的"重复博弈"策略，地方政府不再作为一般意义上的市场经济的"仲裁者"为旅游开发商和农村居民可能产生的利益纠纷提供"公正审判"，而往往是先与旅游开发商在税收、征地、员工工资、社会保障等一系列问题上达成默契，然后再一起面对农村居民，进行利益博弈。[①]

---

① 张晓鸣. 社区居民参与乡村旅游开发的利益分配机制研究—以成都三圣乡为例［D］. 成都：四川师范大学，2008.

从上述对利益相关者的分析可知，旅游开发商的目标是利益的最大化。当开发商投资时，农村集体土地作为最基本的要素投入，乡村旅游用地获取成本越低，那么开发商的收益则会越高，反之亦反。因此，对于旅游开发商而言，如果当他认为乡村旅游用地出租价格较高，那么开发商可能会转向其他地区进行投资，即对于某一特定区域而言，开发商的选择策略包括"当地投资"或"异地投资"两种，在当地的条件不利时，会转到其他地区进行投资。

四、农户、村集体经济组织、旅游开发商三方之间的博弈

乡村旅游用地流转过程就是一个博弈的过程，相关各方都在相互算计，紧绷"土地流转价格"这根绳。各方进行博弈的动机源于乡村旅游用地开发给各方带来的土地增值收益，作为土地使用的相关主体，必然追求自身利益的最大化。根据马克思的地租地价理论，土地价格是地租的资本化。乡村旅游用地增值收益由绝对地租、级差地租 I 、级差地租 II 、垄断地租 4 部分组成。农户、农村集体经济组织、开发商三方紧紧围绕这些收益的分配而进行博弈，每一种博弈选择都是基于自身效用最大化的行动选择。农村集体经济组织的目标是通过土地出让金收益，使自身效用最大化，而农户和开发商则通过在乡村旅游用地流转过程中的价格谈判，使自身效用最大化。[①]

对村集体经济组织、开发商、农户三方之间的博弈特作下述假设：（1）参与博弈主体符合经济人假设，是理性非合作的；（2）博弈主体的目标都是为了追求利益最大化；（3）博弈主体提供的信息有限，彼此不能完全了解，是非完全信息状态的；（4）只考虑纯战略情形。

这三个利益博弈主体行动如下：

旅游开发商有三个选择：一是直接向村集体经济组织租赁乡村旅游

---

① 袁枫朝. 集体建设用地流转之三方博弈分析基于地方政府、农村集体经济组织与用地企业的角度 [J]. 中国土地科学，2009（2）：65－66.

用地经营权；二是直接向农民租入乡村旅游用地经营权；三是不承租乡村旅游用地经营权。第一个选择是指，开发商避开农民，直接与村集体经济组织商谈乡村旅游用地的流转及租赁价格等事宜，由集体经济组织主导乡村旅游用地流转及土地增值分配。第二选择是指，旅游开发商与农户签订乡村旅游用地流转及土地增值收益分配合同，村集体经济组织只起协调作用。

村集体经济组织有两个选择：一是少获取收益，集体经济组织只留取少部分乡村旅游用地的增值收益，大部分收益分给农民；二是多获取收益，除了留下开发商交付的手续费、管理费等外，还要留下相当比例乡村旅游用地增值收益，少部分分配给农户。

农户的行动有两个选择：一是愿意流转土地；二是不愿意流转土地。参与农村乡村旅游用地流转及乡村旅游用地增值收益分配主体的博弈过程如图 6 - 5 所示。

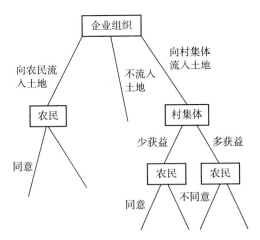

图 6 - 5 乡村旅游用地增值收益分配主体利益博弈图

如果开发商选择直接从农户手中租入乡村旅游用地，需要支付土地租金 D_L。如果农户同意租出乡村旅游用地可以获取土地租金及租金的利息，即 $D_L + F_1$。农户假如不同意出租乡村旅游用地，可以获得农业收入和国家补贴，即 $F_o + Q_s$，如果 $D_L + F_1 > F_o + Q_s$，农户就会选择出租土地。对于旅游开发商而言，租入土地从事旅游开发可以得到土地增值收益 W，支出的土地租金为 D_L 及交易费用 T_c，倘若 $W > D_L + T_c$，开发商就会租入土地，最后只要满足：

$$W - T_c > D_L > F_o + Q_s - F_1 \tag{6.1}$$

旅游开发商就直接找农户流入土地。倘若博弈过程中开发商支付的土地租金满足条件式（6.1），因此战略组合（流入，同意）的支付组合为 $(W - D_L - T_c)$，而（流入，不同意）的支付组合为 $(-T_c, F_o + Q_s)$。倘若开发商采取直接与村集体经济组织来主导乡村旅游用地流转，村集体经济组织知道开发商假如直接与农户签订合同的开支为 $D_L + T_c$，村集体经济组织向开发商的要求价格为 $D_L + D_{L1}(D_{L1} < T_c)$，（$D_{L1}$ 为村集体经济组织的收益）。如果村集体经济组织选择少获取土地收益的策略，其收益为 D_{L1}，而选择多获取收益决策，村集体的收益为 $D_{L1} + \Delta D_L$，例如，村集体组织采取反租倒包方式与农户的交易，村集体的交易成本为 T_c；如果采取少获取收益策略，收益为 $D_L - T_c$，而在采取多得收益的策略，获得的收益为 $D_{L1} + \Delta D_L - T_c$。在村集体经济组织采取少获取收益的策略下，农户假如同意，就有收益 $D_{L1} + F_1$，如果不同意，农户的收益为 $F_o + Q_s$；在村集体经济组织多获取收益的情况下，农户假如同意，其获得的收益为 $D_{L1} - \Delta D_L + F_1$，假如不同意，其获得的收益为 $F_o + Q_s$，因此土地流转决策（少获益，同意）的支付组合为 $(D_{L1} - T_{c1}, D_L + F_1)$；而决策（少获益，不同意）的组合为 $(-T_{c1}, F_o + Q_s)$。同理，决策（多获益，同意）的支付组合为 $(D_L + \Delta D_{L1} - T_{c1}, D_L - \Delta D_L + F_1)$，而决策（多获益，不同意）的支付组合为 $(-T_{c1}, F_o + Q_s)$。如果 $D_L - \Delta D_L + F_1 \geqslant F_o + Q_s$，农户会选择多获益的策略。又因为 D_L 满足 $D_L > F_o + Q_s - F_1$，因此只需要选择：

$\Delta D_L \leqslant D_L + (Q_s - F_1)$，土地流转策略（多获益，不同意）成为纳什博弈均衡旅游开发商向村集体经济组织流入土地时，其支出 $D_L + D_{L1} \leqslant D_L + T_c$，倘若下式成立：

$$G_F - T_{cL} > D_{L1} > F_o + Q_s - F_1 D_L + D_{L1} \leqslant D_L + T_c \tag{6.2}$$

$$\Delta D_L \leqslant D_L(F_o + Q_s - F_1) \tag{6.3}$$

那么其全部博弈的纳什均衡为（$W - D_L - D_{L1}$，$D_{L1} + \Delta D_L - T_{c1}$，$D_{L1} - \Delta D_L + F_1$）

式中 T_{c1} 为农户与村集体经济组织的交易费用。

由此可得：

假如 $W - T_{c1} > D_{L1} > F_o + Q_s - F_1$；那么采取反租倒包流转方式，村集体经济组织可以获取部分乡村旅游用地增值收益，而农户也可以获益。村集体经济组织获取的乡村旅游用地增值收益 $D_{L1} - T_{C1}$ 是因土地的位置条件不同获得的；ΔD_L 是因村集体经济组织使用权利获得的。就农户来讲，在依靠村集体参与反租倒包流转土地获得的乡村旅游用地增值收益 $D_{L1} - \Delta D_L + F_1$ 明显低于农户直接与旅游开发商流转土地获得的收益 $D_L + F_1$。从整体情况看，旅游开发商直接与村集体经济组织进行乡村旅游用地流转，相较于与农户进行流转要获得的乡村旅游用地增值收益更高。开发商与村集体经济组织进行乡村旅游用地流转的总收益为：

$$U_1 = (W - D_L - D_{L1}) + (D_{L1} + \Delta D_L - T_{C1}) + (D_{L1} - \Delta D_L + F_1)$$
$$= W + F_1 + T_{C1} \tag{6.4}$$

而开发商直接与农户流转的乡村旅游用地总收益为

$$U_o = (W - D_1 - T_c) + (D_1 + F_1) = W + F_1 - T_c \tag{6.5}$$

这是因为，旅游开发商如果直接找农户租地，需要一家一户逐一谈判，交易时间长、成本高；而且开发商还面临较大的违约风险。例如，农民看到农产品价格上涨，土地租金低于农产品收益，或土地价格上涨，或个人在城市失去工作岗位时，农户可能违约提出收回土地或要求提高乡村旅游用地流转租金等。假如由村集体经济组织出面租用农户土地，村集体经济组织可利用各种优势压低交易费用 T_b 和土地租金。开发商直接与村集体经济组织进行交易，可以明显降低乡村旅游用地流转价格和交易成本，但又会导致农户利益受损。

在现有条件下，要实现乡村旅游用地增值收益分配的帕累托最优，又能较好维护农户的权益的决策组合是（向村集体经济组织流入土地，少获益,同意)。如果这个决策组合成为博弈纳什均衡的条件,除了满足式(6.4)和式(6.5)外,还必须要求村集体经济组织减少获取收益。这就需要给农户有乡村旅游用地增值收益分配自主决定权,由农户公开讨论、民主决定向村集体经济组织支付的费用。如果支付给村集体经济组织的乡村旅游用地增值收益为 D_L,而支付组合为 $(W - D_L - D_{L1}$, $D_L - T_{c1}$, $D_L + F_1)$。此时,参与乡村旅游用地流转的农户可以获得正当乡村旅游用地增值收益,土地总收益为 $W + F_1 - T_{c1}$。

另外,由于农户为防范流出土地的未来风险,农户会提高参与乡村旅游用地流转获取收益的预期,形成 $D_L + F_1 > F_o + S_s$,但是,乡村旅游经营风险很难预测,因此,农户很难确定式(6.2)中各项的值。在 D_L 的吸引下,农户可能会选择参与乡村旅游用地流转出租土地,但是,如果出现风险,农户就会失去就业和社会保障,他们很可能向村集体经济组织或旅游开发商索回流出的土地。因此,为了推动乡村旅游用地流转顺利进行,加快乡村旅游健康发展,妥善安置流出土地的农户非常重要,尽可能考虑让当地农民到乡村旅游企业就业,或者使用乡村旅游用地增值收益的一部分给出租土地的农户购买社会保险,同时不能全部把农户的土地出租给开发商,而是留下一部分土地用于农户自主开发或者用于社会保障之需。另外,开发商租赁乡村旅游用地的期限不能太短,也不宜过长。期限太短,开发商在短期内难以收回投资,导致开发商没有积极性,如果期限太长,农民利益难以保障,在我国现行规定农村土地长久归农民使用的情况下乡村旅游用地的流转租期最好在 20 ~ 30 年。

五、乡村旅游用地增值收益分配博弈主体的行为特征分析

总体来看,农村旅游土地开发利用过程中土地增值收益分配涉及四个方面的主体,即地方政府、旅游企业、村集体经济组织和农户。乡村旅游用地增值收益分配主体行为是指在乡村旅游用地增值分配的过程中,为实现自身的经济利益面对外部经济信号做出的反应。乡村旅游开

发中土地增值收益分配的各参与主体有各自的利益目标，如表 6 - 2 所示。

表 6 - 2   各参与主体在乡村旅游开发中的利益目标

参与主体	利益目标
地方政府	发展农村经济、落实中央政策；增加政府税收；提高就业率，树立"扶贫样板工程"、显示地方政绩
集体经济组织（村委会）	发展集体经济、落实上级政府政策；为地方政府服务；获取乡村旅游用地增值收益、增加集体收入；协调农民之间、农民与旅游开发商之间的关系，显示扶贫政绩
农民	乡村旅游用地增值收益最大化、获得非农就业收入
旅游开发商	优化生产要素组合、成本最小，乡村旅游规模经营收益最大

（一）地方政府的行为特征

地方政府在乡村旅游用地增值收益分配中是一个相对独立的利益主体，地方政府有着有别于中央政府的目标，地方政府一方面要接受中央的领导，迫于政治压力，必须执行中央政策，完成中央政府的下达的任务；另一方面地方政府具有提高地方经济发展水平、增加地方财政收入的动力。对地方政府来说，发展乡村旅游具有扶贫的政治意义又有提高地方财政收入的经济意义。在这样的背景下，地方政府对农村土地的开发与利用，有不同的目标和利益选择。

第一，地方政府有强烈发展乡村旅游的经济利益冲动。从提高地方财政收入的角度看，地方政府作为地方利益的代表，要实现财政收入和经济产值的提高，就必须将土地资源配置给边际报酬率比较高的部门和产业，由于乡村旅游开发具有较高的经济效益，所以，地方政府对乡村旅游用地开发具有较高的预期，持鼓励支持的态度。

第二，地方政府具发展乡村旅游的政治利益的驱动。近年来中央对农村扶贫的要求越来越强烈，对地方政府下达了艰巨的扶贫任务，在摆脱贫困的压力下，地方政府有促进乡村旅游土地开发的政治利益驱动。

另外，我国政绩考核制度仍然是以可量化的经济指标作为主要考量依据，因此，地方政府在目前政绩考核制度的影响下，地方政府为了追求农民脱困致富的政绩，可能会打着旅游扶贫旗号，以行政力量强制土地流转发展乡村旅游。

第三，地方政府的经济主体身份与社会管理者双重身份，容易导致地方政府"与民争利"。在博弈中，地方政府具有基础设施投资、政策制定等方面的优势，从而具有博弈的主动权。理论上讲，地方政府和官员的角色定位应为"管理者"，通过维护社会公平，保障社会稳定。但实际上却"管理者"和"经济人"兼而有之，具有经济发展与社会管理双重功能，很容易导致地方政府在维护公平与经济发展之间出现矛盾。一方面，地方政府作为地方公共利益的集中代表者，是乡村旅游用地增值收益公平分配的监管者，在乡村旅游用地增值收益分配过程中维护公众利益、维护农村安定、树立政府形象、提高社会经济发展、推动旅游的可持续发展方面起积极作用；而另一方面，地方政府又是一个特殊的利益集团，具有自利倾向和追求特殊利益的动机。例如，为加强对旅游开发商的行为约束，政府一般会在乡村旅游用地流转合同中要求对开发商的经营活动作出严格的限定，明确规定乡村旅游用地流转年限、利益分配模式、旅游资源开发方式与环境保护细则等。这些规定都是政府与旅游开发商在博弈中不断较量与角力的结果。地方政府还可能在不考虑或较少考虑乡村旅游开发效益和旅游者实际需求的情况下，片面追求乡村旅游扶贫指标，为官员营造政绩；少数地方官员可能为了收取"租金"而与旅游开发商结成利益联盟，以旅游扶贫为幌子，在乡村旅游用地增值收益分配中为自己谋利。不同级别的政府存在利益冲突而导致的乡村旅游用地增值收益分配不公、资源滥用、特殊利益相关者的"寻租"行为、官员腐败等隐含逆向选择和道德风险的社会问题屡见不鲜。政府利用"管理者"身份之便并以"经济人"身份进行寻租的现象十分普遍。[1]

---

① 郭华. 制度变迁视角的乡村旅游社区利益相关者管理研究［D］. 广州：暨南大学，2007.

（二）村集体经济组织的行为特征

从理论上讲，村集体经济组织是由该社区的全体农民民主选举出的集体组织，是集体土地和财产的代表，代表社区的农民行使权利，村集体经济组织与农民的利益是一致的。村集体经济组织中的干部本是农民中的成员，村集体经济组织的干部代表农民集体行使权利，但在现实生活中，这些基层干部是一个矛盾的利益群体，从而形成了村干部行为上的"矛盾性"。

第一，村集体经济组织，其利益取向本应与农户一致。在农村社区中，最高权力机构是村民大会或村民代表大会，农村社区重大事项的决策权由村民大会决定，村集体经济组织并没有决策权，只是一个执行机构。村集体经济组织作为农户自治组织，主要职责功能具有社会管理和经济发展的双重性。一方面，承担社区公共管理的功能，办理社区公共事务，调解社区民事纠纷，协助维护社区治安，向地方政府反映社区农户的意见和要求，协助地方政府管理社区公共事务；另一方面，村集体经济组织具有行使承包地发包、宅基地分配、村集体资产管理等经济管理的功能。总之，农村集体经济组织是我国农村社区管理和生产经营的重要基层组织，肩负贯彻落实党和政府在农村各项方针政策的重任，其根本利益应与广大农民群众一致，不应该成为土地增值收益分配的博弈主体。

第二，在经济利益的驱动下，村集体经济组织与农民的利益取向发生偏离。农村集体经济组织的执行代表是村干部。村干部虽然是农民推举出来为农民服务、办事的能人。但在市场经济条件下，村干部具有经济人追逐私利的本性，例如，勤奋工作是为了获得稳定和更多的收入和福利补贴；在开发商重金贿赂诱惑下，村干部可能会与开发商合谋，牺牲农民利益；为获取政府的政治好处和额外经济利益，抛弃农民利益。此外，村干部可能会利用财务制度和监管制度的不完善，低成本违法瓜分集体经济利益。在现实中村集体经济组织干部侵害农民利益的事例屡见不鲜，如在乡村旅游用地增值收益的分配方面，一些村干部往往以管理费、分成、提留等各种借口和名目截留农民应得的利益。

第三，村干部的行为选择具有自利性和两面性。由于村干部具有农户和干部双重身份，如果以农户的身份得到的预期收益大于作为干部身份得到的预期收益时，村干部选择站在农户一边谋求利益最大化，反之则站在农户的对立面来谋求自身利益。正是这种自利性决定了村干部的博弈策略两面性趋利，此外，村干部由于长期生活在农村，其思想和行为还受到乡村社会的传统观念和农民价值观的影响，这些非正式制度的因素增加了村干部博弈策略的自利性和两面性。在涉及农户乡村旅游用地增值收益分配中，村集体经济组织干部与农户、开发商和地方政府之间都有博弈关系。在与农户的博弈中，可以选择公平或不公平，在与开发商的博弈中选择合作或者不合作，在与地方政府博弈过程中，其博弈策略为服从或不服从。

（三）农户的行为特征

农民把土地流转给开发商开发乡村旅游是为了提高家庭的收入水平。他们的利益要求可概括为：获得土地增值收益、增加就业机会、丰富文化生活、加强与外界的交流等。在乡村旅游用地增值收益分配中，与农户利益直接相关的是承包地和宅基地。农村土地承包，是由村集体经济组织在原生产队范围内行使发包权利，宅基地的分配权也由原生产队转移到村集体经济组织行使。村集体的其他土地也由村集体经济组织代管。农民参与决策的农户大会一般形同虚设，因此，农民的利益很难通过集体组织来保障。

第一，农户在博弈过程中往往处于被动地位。由于信息的不对称性，再加上人为因素，农民往往缺乏知情权、选择权。农户能否知情、能否参与决策，其过程及参与程度由不得农民本人，而完全取决于其他人的选择。由于云南目前的土地制度、政治制度、法律制度的不完善，在乡村旅游用地增值收益分配博弈的参与主体中，各主体的权利是不平等的，农民的地位最为弱势，使得单个农民在乡村旅游用地收益分配的博弈中完全是被动的。

第二，博弈过程中，农户利益容易受到侵害，通常借助非常规渠道表达不满。由于农民的弱势地位、在博弈中的不平等以及中国目前的法律制度和社会管理存在诸多的不完善，农户认为他们的诉求难以通过正常渠道实现，往往借助非常规渠道表达不满，如聚众闹事，上访甚至暴力抵制等方式，一旦采用暴力抵制，就可能演变为悲剧。例如，2014年10月14日，昆明晋城镇富有村部分农户因在泛亚工业品商贸物流中心项目建设征地问题上与建设施工方有矛盾纠纷，当日，正在富有村吃早餐的8名施工方人员被农户非法扣押至村内捆绑手脚后殴打，并被泼洒汽油后，拖至村外项目施工现场附近道路上。之后，百余名农户持械冲向施工现场，施工方事前组织的数百名持械着统一服装人员与农户发生短暂激烈冲突。在此过程中，农户向对方投掷自制燃烧瓶，并点燃被扣押人员身上的汽油，施工方人员也持械与农户对殴，现场互殴造成重大人员伤亡。其中，建设施工方6人死亡（其中4人为被农户非法扣押人员，且均有烧伤痕迹），农户2人死亡，双方共计18人受伤。①

（四）乡村旅游开发商的行为特征

乡村旅游开发商租赁农村土地经营乡村旅游目的是为了实现乡村旅游规模经营，获得社会平均利润。在开发商主导的乡村旅游开发模式中，开发商能够以其资金、信息、人才、社会关系等方面的优势而对乡村旅游用地增值收益分配具有主导权，开发商对乡村旅游的发展和利益分配占有绝对的主导地位。对开发商来说，乡村旅游经营利润增长是其最主要的追求目标，开发商占有相对强势的话语权，相对而言，农民处于被动和弱势地位。开发商取得旅游土地增值收益的前提是获得农村土地使用权，所以，旅游开发商在农民、农村集体与地方政府之间会更关注于地方政府，偏向于满足地方政府的需求以获得乡村旅游用地使用

---

① 云南昆明通报晋宁征地冲突：数百人互殴致8死18伤［EB/OL］. 中国新闻网（北京），2014-10-16.

权。在此情况下，开发商可能会与地方政府权钱勾结以便顺利获得乡村旅游用地使用权，从而更可能损害农民的利益。开发商的根本角色定位是追求利益最大化的经济主体，其所采取的博弈策略均是以这一定位为出发点。

（五）各主体相互之间的博弈关系

由于各利益相关者拥有的权利不同、条件不同，参与乡村旅游发展的动机、目标、方式和核心利益点各有差异，他们在乡村旅游社区这一特定的空间内必然经历反复的利益和权力博弈，形成错综复杂的关系网络。[①] 政府、开发商、村集体和农户作为土地利益主体，具有各自的利益目标，各利益主体在一定条件下，各自采取一切有利自身的行动获取利益最大化。因此，在乡村旅游用地增值收益分配过程中，各利益主体追求自身利益最大化、动机偏好多元化、有限理性选择及机会主义倾向等行为均可能存在。乡村旅游开发中土地增值收益分配主体行为的合理关系应该是，地方政府对分配过程进行指导、管理、调节并以适当的税收获取部分收益；集体经济组织向农户支付乡村旅游用地使用权价格，开发商向政府或集体或农户支付乡村旅游用地出让金或租金。政府、集体经济组织把乡村旅游用地流转补偿款服务于农户。但是，由于乡村旅游用地增值收益分配之间产权和经济关系不顺，实际情况有所不同。

地方政府是乡村旅游用地增值收益分配的管理者，可以用法律、政策、禁令、税收等强有力的行政手段对乡村旅游的发展、土地增值分配进行管理，因而，政府的乡村旅游用地增值收益分配的博弈能力具有绝对优势，而农民的博弈能力较弱。根据 2011 年第六次全国范围的 17 省（含云南）农村土地权利情况调查，11.12% 的农地流转直接由村干部以"上面的命令"为名义促成，还有 13.28% 的流转是经由干部对农民进行说服工作或施加压力，总的来看，村干部参与了 60% 以上的农地

---

① 郭华. 制度变迁视角的乡村旅游社区利益相关者管理研究 [D]. 广州：暨南大学，2007.

流转，基层行政权力对市场行为进行了人为干预。①

当地政府为实现多重目标的完成，特别是具有追求政绩的冲动，急于推进乡村旅游发展，往往对发展乡村旅游及其收益分配偏好干预而且过度干预，从而导致增值收益分配的不公正，造成土地资源配置的随意和混乱。

农村集体经济组织作为农村基层的领导组织，联系着农民、开发商和地方政府三方面的利益，在近些年的乡村旅游用地流转中起着主导作用。村集体经济组织要做大量的沟通协调工作，要承担来自农民、开发商和政府三方的压力，但只获得较低的手续费、管理费，但农村集体经济组织的具体成员也是理性的"经济人"，具有追求权力、报酬、享乐等个人利益的动机，所以在乡村旅游用地利益分配中集体经济组织既可能与农民发生矛盾，又与政府和开发商争利。

开发商不但要支付乡村旅游用地出让金、租金，还要支付乡村旅游的开发费，负担较重，所以千方百计压低土地流转租金，如果开发商认为租金过高，他们会选择放弃，造成乡村旅游发展缺乏资金和技术。

农户作为有限理性的经济人，要千方百计追求利益最大化，尽管乡村旅游土地的开发与利用能为农户带来一定的收益，但是与农户的期望和应该得到的收益是远远不够的。在农户与旅游开发商的博弈中可以看出，农户对土地增值的期望比较高，如果在博弈的过程中，租金达不到他们的预期值，加上农户深厚的土地情结，农户一般不会把土地流转给旅游开发商。乡村旅游土地本身虽属于集体资产，但是严格意义上的产权主体并不明确，在土地利益博弈的过程中，村集体经济组织利用手中权力，隐藏信息、采取寻租的方式，强力干预乡村旅游用地增值收益分配，损害了农民的利益，还会造成集体声誉的损害。农民在博弈中处于劣势，往往得不到应有的利益补偿和合理安

---

① 叶剑平，田晨光. 中国农村土地权利状况：合约结构、制度变迁与政策优化——基于中国 17 省 1965 位农民的调查数据分析 [J]. 华中师范大学学报，2013（1）：33.

置，失去了生活保障，由此可能引发的社会矛盾也将对政府、开发商及村集体组织产生不良影响。

综上所述，每一类土地利益的相关主体在乡村旅游发展过程中都体现出多种利益要求，每一类利益相关主体都有自身利益的要求，这些利益目标存在很大的差异，博弈过程非常不协调。

（六）博弈不协调的根源

1. 追求目标分歧：目标与选择的差异

乡村旅游用地增值收益分配分别代表了对当地政府、集体、农户与开发商利益的追求，在乡村旅游用地流转及土地增值分配过程中必然存当地政府、集体、农户、开发商利益的博弈。但是，每个利益主体的地位和身份的不同，追求的利益目标和利益需求是有极大差距的。第一，农户的选择是个体利益。农民做出的选择具有分散性和独立性，核心是最大化的土地增值收益，其收益和风险也由个人负责，因而遵循个人利益最大化。根据亚当·斯密的个人利益说以及经济人假说，农户追求个人利益是具有合理性的。第二，农村集体经济组织的选择的特征是集体利益与个人利益结合的集体性选择。村级集体经济组织一方面是全体农民的代表，与农民有共同的利益；另一方面他们又是独立的经济个体，有自利的一面，在博弈选择中会出于自身利益的追求，对乡村旅游用地增值收益分配过程予以干预和压力，某种意义上它也具备利益集团的特征。第三，地方政府的选择是公共利益制约下的公共选择。从社会学的角度看，政府也是一种利益集团，政府的利益价值取向应该是公共利益而非自身利益，政府的公共选择具备公共性、代表性、强制性和集合性。但政府行为最终受组成政府的人的动机的影响，他们也是理性的经济人，因此，政府往往选择那些兼顾公共利益与自身利益的行为，在公共选择中政府人员的自利动机仍然存在并表现出来。[①] 所以，乡村旅游用地增值收益分配行为存在明显的利益差异性和倾向性，由于利益目标

---

① 夏玉莲. 农地流转的效益研究 [D]. 长沙：湖南农业大学，2014.

和行为手段的不同，隐藏着利益冲突，形成了非均衡利益博弈关系。要解决这些利益冲突应当做到利益分配公平。目前，在乡村旅游用地增值收益分配过程中农民是博弈各方中的弱势群体，也是利益受损方，因而要通过建立公平合理的乡村旅游用地增值收益分配机制，实现乡村旅游用地增值收益的合理分配，最终实现非合作博弈转为合作博弈，实现整个社会利益的最大化。

2. 追求价值分歧：公平与效率的博弈

公平与效率是市场经济中的重要议题，乡村旅游用地增值收益分配过程中也存在同样的问题。在乡村旅游用地增值收益分配过程中，公平与效率是一个两难的选择，总的来说，应该统筹兼顾，但是，不同的利益主体对"公平"与"效率"有不同的价值取向。政府、开发商由于自身的地位和发展目标的不同，更为强调效率，而村集体经济组织特别是农民则自身条件有限，博弈能力不强，则更为强调公平。因此，在乡村旅游用地增值收益分配过程中存在效率优先还是公平优先的博弈问题。效率优先是政府和开发商的要求，在经济发展落后的云南农村，资金短缺，贫困人口多，农地经济效益低下一直是困扰地方政府要迫切解决的问题，乡村旅游的发展在一定程度上缓解了农村的财政困境，有较好的扶贫效果，提高了农地经营效率，所以，迫于经济和政治的压力，政府和开发商侧重追求效率，但作为弱势群体的农民更注重公平优先，即农民能否合理分享到乡村旅游用地增值收益、是否享有各项权利是农民首要关心的问题。

能否建立起一个公平合理的乡村旅游用地增值收益分配机制是由制度因素决定的，土地流转促进了乡村旅游适度规模经营，乡村旅游提高了土地的产出效率，待分享的"蛋糕"增大了，但另外，乡村旅游用地增值收益分配中相关制度、法规的缺失又导致了农民的权益受到损害。应当说，目前，农村广大农民的知情权、话语权、选择权、个人能力其他主体相比是很不平等的，是相对弱势群体。因此，无论是从效率与公平的相互关系，还是从发展乡村旅游的目的角度来看，乡村旅游用地增值收益分配应当坚持公平优先兼顾效率的原则，效率优先是经济学的重要命题，目标指向了经济效益的提升，但经济效率绝不是发展的唯一追求目标，还有社会公平、生态环境等等，因此公平优先兼顾效率在农村是应该坚持的价值取向，根据帕累托改进原则，发展的目标是最大多数人境况的改善。在一个可持续发展的经济环境以及和谐发展的社会环境中，乡村旅游用地增值收益分配应当做到高效配置农地、劳动力以及资本资源，减少闲置与浪费，追求协调与公平，如果只强调经济效率至上，乡村旅游发展必然导致许多的不公平，更谈不上对经济发展成果的共享与分担。因此，强调公平与效率两者兼顾的发展思路在乡村旅游发展和乡村旅游土地增值分配中非常重要。

第七章

云南乡村旅游用地增值收益分配现状调查

本书所探讨的乡村旅游用地增值收益分配主要是指农村土地在流转过程中的乡村旅游用地增值收益的公平分配。乡村旅游用地增值收益分配与乡村旅游土地流转方式有密切关系。本书以云南省为例对乡村旅游用地流转方式及土地增值分配现状做了深入调查。

第一节　云南乡村旅游开发模式及增值收益分配调查

云南乡村旅游产业发展经从 20 世纪 80 年代自发发展，目前规模日益壮大，成为云南农业的重要组成部分，但乡村旅游开发中的土地增值收益分配也成为社会普遍关注的重要问题。

一、云南乡村旅游企业抽样调查

我们在云南的丽江纳西族自治县、西双版纳傣族自治州、楚雄彝族自治州、保山市施甸县、大理白族自治州、昆明西山区、东川区、石林彝族自治县等地区一共调查了 210 个乡村旅游经营点，其中昆明西山区乡村旅游被列为重点调查对象，因为该地区的乡村旅游发展早、比较成熟，2004 年被国家旅游局评为第一批"全国农业旅游示范点"。调查汇总列表如表 7－1 所示。

表 7 - 1　　　　　本书在云南调查的乡村旅游经营类型汇总

类型	开发模式	数量（户）	土地流转
农家乐、民族生态文化村	个体自营	110	无
民俗农庄、度假村、果园采摘	农户 + 农户	26	租赁、转让、转包
民族文化村、生态旅游村	村委会 + 农户	23	租赁、反租倒包
生态农园、休闲鱼园	村委会 + 公司	15	反租倒包、租赁
农业公园、观光农园	村委会 + 合作社 + 农户	13	租赁、转包
农业科技园、度假村	公司 + 农户	18	租赁、转包
农业公园、旅游小镇	政府 + 公司 + 农户	4	征收、拍卖、租赁
农业生态园	股份合作制	1	土地入股
合计		210	

下面选择一些典型的案例进行总结和分析。

（一）个体经营的"农家乐"模式

1. 模式解读

个体经营的"农家乐"模式，指农户在自家宅基地和承包的土地上投入资金、技术和劳务发展旅游的模式。农户以个体为单位，通过住宿、餐饮等简单的服务项目赚钱，是独自经营的"乡村旅游个体户"，通常被称为"农家乐"，这是云南乡村旅游初级阶段的开发模式。这种"农家乐"经营户的共同特点是，农民利用自有居住的部分建筑物和土地作为经营场所，同时还保留部分承包田种植粮食或者蔬菜，形成"一户一院一亩田"的经营模式。旅游旺季主要从事旅游接待，旅游淡季从事农业，既当农民，又当经营者，成为"半旅半农"兼业农户。这种类型的农家乐面积不大、规模较小。云南目前一家一户"农家乐"模式的乡村旅游比较多，几乎占了 2/3，说明云南乡村旅游发展规模化、集约化程度低。

2. 乡村旅游用地获取途径

一家一户的"农家乐"的土地主要是利用自家的部分建筑物和承

包的土地作为经营场所，基本不租赁别人土地。

3. 土地增值收益分配特点

采取这种模式经营的农家乐，其所有权和经营权都为农家乐业主所有。最大特点为，农户是经营与受益主体，收益全部自己所得，可以有效避免与外来经营者的冲突。这种开发模式自主经营、自负盈亏，土地增值收益由土地的承包者所有，国家通过税收的形式参与土地增值收益分配。但是，"农家乐"模式土地利用程度不高，土地增值收益不大。这种方式发展乡村旅游土地利用效率比较低。

4. 典型案例

以云南石林彝族自治县圭山镇大糯黑村最为典型。该村一共有100多户人家，拥有600年历史的石头房和丰富多彩的彝族撒尼民族文化，被云南省列为"国家非物质文化遗产保护区"和"云南民族特色文化村"。从2000年开始到现在一共有10户村民进行旅游开发，但这10户居民都是利用自己的房屋和土地，单家独户经营，开展特色餐饮和住宿活动，规模小，大多一家一个独门小院。这些农家乐基本上是家庭式作坊，不存在土地增值分配问题。

（二）"农户＋农户"模式与土地增值收益分配

1. 模式解读

这是乡村旅游中期阶段的开发模式。在乡村旅游发展的中期，单家独户的"农家乐"已不适应旅游市场的要求，需要资源适当集中、规模化发展。但农民对外来开发商介入乡村旅游开发有一定的顾虑和不信任，一部分农户不愿意把资金或土地交给村集体经济组织或者开发商来经营，他们更信任本村农户、亲戚朋友或者"示范户"。他们把自己的土地加入到"示范户"家中，以"示范户"为主，形成"农户＋农户"的乡村旅游开发模式。

2. 乡村旅游土地获取途径

农户把自家的土地转包或者租赁给亲戚朋友或者"示范户"，形成土地向乡村旅游专业大户集中的流转模式，以一家为主，其他参与为辅，土地流转的主体是农户。在这种开发模式下，土地流转呈小规模、自发地在农户与农户之间进行内部流转，多采取转租、转包形式。

3. 典型代表

保山施甸县杨家村"山邑人家"、昆明西山区团结镇"青松园"、安康生态、石林彝族自治县"颐养园"等。

4. 典型案例

云南保山市施甸县杨家村是一个以布朗族和彝族为主的乡村，村中有一个女能人因经营"山邑人家"农家乐经济效益好，而获得"云南省巾帼英雄创业能手"的称号。2005 年，她家附近的 75 家农户把承包的 140 亩低洼水淹田出租给她（每亩 300～400 元、租期 30 年，每年一付，其中有 8 家参加经营），她把自己家和租来的农田一共 200 多亩全部改造成湿地，用于种植荷花莲藕，形成了大片荷花盛开的湿地景观，游人纷至沓来，经济效益明显。收入增加后她又在村上办起了食品加工厂，雇收了更多的村民就业。

5. 土地增值收益分配特点

案例中的女主人就是依托于土地承包经营权的租赁方式把乡村旅游土地由当前的小块分割结构聚集起来变成大块结构，资源与生产要素的聚集有利于大资金的投入，使得乡村旅游向规模化方向发展，土地增值收益分配在农户之间进行。

"山邑人家"农家乐女主人的丈夫沈×给我们算了一笔账，原来的低洼地农田经常被水淹，产量不高，每年种庄稼的收入在正常情况下是 700 元左右，如果除去投入的生产资料 300 元和劳动力成本 200 元，纯收入只有 200 元，所以，农民还是愿意以 400～500 元的租金出租给他，农民还可从事其他工作挣钱。这种"农户＋农户"的开发模式下，"大户""示范户"可以有效促进农村各种生产要素的合理配置和优化组合，提高乡村旅游效益。通过土地流转把村民分散的土地和劳动力资源统筹起来，充分发挥区位优势、资源优势，实现了土地级差收益。这种开发模式没有外来企业介入，土地增值收益基本上是在农户与农户之间内部分配，由于土地收益分配主体单一，分配方法不规范，主要靠农民之间的协商，缺乏严格的衡量标准，双方协商估算，流转价格低，农民得到的土地增值收益少，而经营大户得到的多，处理不好就会引发矛盾和冲突，导致农村社会秩序不稳定。

（三）"村委会 + 农户"模式与土地增值收益分配

1. 模式解读

"村委会 + 农户"模式是一种以村委会为主、当地农户参与为辅的开发模式。村委会为了推动乡村旅游发展，由村委会建立了乡村旅游开发委员会，由村委会作为农村集体经济组织的代表主导发展乡村旅游。具体运作如下：以村委会作为独资的法人对乡村旅游进行开发，以村委会为核心投资成立旅游公司，村民进入旅游公司工作。村民除了获得工资收入外，年终还能得到相应的分红和村集体福利。这种模式以一定的行政组织挂钩，在协调方面能起到积极的作用，尤其是在农村经济发展落后地区开发乡村旅游的初始阶段，其驱动功效十分突出。

2. 乡村旅游用地获取途径

这种开发模式下，乡村旅游开发的主体是村委会。村委会作为集体经济组织管理机构负责出租集体土地或者租赁村民的土地进行旅游规划和基础设施建设、优化发展环境。同时积极吸引村民参与，充分利用村民的土地和劳动力资源以提高乡村旅游发展水平。在这种开发模式制度下，土地流转往往以"反租倒包"形式进行，即乡村集体经济组织以一定条件把已承包给成员农户的土地使用权赎回来，然后由集体组织进行适当调整后，再承包给本集体经济组织内的成员从事旅游经营。

3. 典型代表

昆明市西山区团结镇千亩梨园、小村生态果园、欢喜滑草场等。

4. 典型案例

昆明西山区碧鸡镇为发展旅游业扶持当地农户种植万寿菊和法国观赏玫瑰。当地村委会牵头成立供销社，供销社以"反租倒包"的方式（租金 450 元/亩，每 5 年递增 100 元，合同期 23 年）租赁了当地农户承包经营的 1000 亩土地。供销社对租赁到手的土地进行整体规划、设计、改造后又承包给当地农户种植法国玫瑰和万寿菊。为了扶持农户种植万寿菊和法国观赏玫瑰，村委会还从种苗、技术等给予指导，实行订单种植，即农民种植，供销社收购。

5. 土地增值收益分配特点

乡村旅游发展需要较多旅游资源特别是土地资源进行开发，由村委会出面将愿意出租经营权的农户承包地倒租过来，再由村集体组织出面同承租人谈判，统一出租，连接成片的土地为乡村旅游规模经营奠定了物质基础。同时村委会组织统一谈判，降低了交易成本。村委会是流转的中心，相当于一个市场交易的中介，一头连着农户，一头连着投资人。村民除了获得工资收入外，年终还能得到相应的分红和村集体福利。因此，这种流转模式比农户自发流转更能提高农户的旅游收入。但是，单个农户在与集体组织的利益竞争中处于弱势，单个农户不与政府和投资商联系，导致农户的一些正当利益被忽视。乡村干部就不可避免地有从集体利益中获取超出平均收益的机会。

（四）"村委会＋公司"模式与土地增值收益分配

1. 模式解读

云南一些农村为发展壮大集体经济发展乡村旅游，利用村集体组织的"荒地荒山"选择开发乡村旅游项目，农村基层组织在某些关键环节采取了由村委会主导的模式，例如，村委会在基础设施建设、旅游发展规划制定、生态环境保护等进行投资和建设。或者由村委会出面对外招商，以"外包"的形式承包给有意要开发乡村旅游的公司，收取一定的费用。旅游公司获得村委会授权负责建设规划、招商引资、生产投资、业务管理、市场营销、招募当地村民到公司就业等。

2. 乡村旅游用地获取的途径

在这种开发模式制度下为了加快土地流转推动乡村旅游发展，村集体组织一般采取下列几种方式进行土地流转。

（1）整体租赁：将村集体土地所有权与经营权分开，授权给一家旅游公司进行较长时间控制和管理，成片土地租赁开发，垄断性地建设和经营及管理，按约定的比例由所有者和经营者分享经营的收益。

（2）反租倒包：地方政府和基层组织将农民的土地反租过来，然后进行推介，寻找土地开发商。农民将承包土地给村（组）集体，村（组）集体将农民的土地连同未发包到户的机动地再出租给特定经济组织，由这一特定经济组织将各集体的土地集中起来，打破原有的界限，进行统一规划整理后，以出让、出租等形式将土地推向市场。

（3）拍卖：例如"四荒地拍卖"。即村委会把未承包的集体的荒山荒地以招投标的方式把土地出租给某一家旅游公司经营。此类型土地流转的特点是村委会出面操作、规模大、租赁期长。

3. 典型代表

西双版纳景洪基诺山寨景区、昆明市西山区团结现代生态农业体验园、石林彝族自治县锦苑花卉生态园等。

4. 典型案例

云南基诺山景区土地流转与土地增值收益分配调查。基诺山景区坐落在云南西双版纳傣族自治州景洪市，基诺族是最后一个被国务院正式确认的中国第56个民族，是全国唯一的全面集中展示基诺族文化的旅游体验地，基诺的巴坡村荣获首批"中国最具传统特色民族村寨"称号。为了开发基诺山寨，1998年，由当地政府出资，村民出力，修筑了公路，架设了水管。×××公司于2005年与社区居民进行商讨想要将村寨和景区合并开发，但是由于与当地居民就旅游开发利益分配问题意见分歧较大，最后导致谈判失败。于是2006年6月×××公司直接与当时的村委领导谈判，最终双方达成协议。×××公司租赁基诺山寨景区，租期50年，第一个10年每年2万元，第二个10年每年4万元，第三个10年待定。由于这个协议并没有征求当地村民的意见，因此，村民强烈反对。尽管受到反对，这个协议还是得以通过，由于×××公司在进驻基诺山寨时受到大部分村民的反对，公司又不愿意妥协，导致景区与村民居住区隔离，公司不允许村民进入景区搞任何经营活动。

基诺山寨开发的模式是"村委会+企业"，这种模式的企业资金及管理与当地集体经济组织的优势结合，能较快开发乡村旅游，缺点是利益关系复杂，难以协调。大多数村民把土地当做自己生活的重要保障，期望通过乡村旅游开发增加他们的收入，但是基诺山村委会与当地政府不顾村民反对，将集体土地长期出租给旅游开发商。土地利益的分配对当地村民来说是不公平的：第一，土地租期为50年，第1个10年每年2万，尽管每10年以后都会增加，但相对于基诺山寨景区日益增长的旅游收入来说是不成正比的；第二，将景区与村民生活区隔离，不准村民参与经营，村民只能获得一部分土地租金，既得不到旅游发展带来的利益，也得不到土地增值收益，这也是极不公平的。

5. 土地增值收益分配特点

村委会与旅游开发商之间进行土地增值收益分配存在二次分配。例如，基诺山村委会与×××公司合作开发基诺山景区，租金直接付给村委会，村委会根据需要再进行第二分配。这种模式开发乡村旅游，土地流转是由村委会主导，土地流转涉及的谈判主体最少，效率比较高，流转的交易成本也小。由于存在村委会与村民的第二次分配，分配方式、分配数量都会引起争议，存在很多隐患。土地流转价格协商过程中旅游开发商避开当地村民，直接和当地政府或村集体负责人发生联系，非常容易产生侵害农民利益的情况。

这种模式面临的问题是如何将村集体资产形成的收益最大化到农民手上，这是大多数村委会在发展乡村旅游面临的重要问题。如果农村土地流转和分配制度不合理、不规范，一些村干部就会剥夺农民土地增值分配的"知情权"和"处置权"，严重侵犯农民权益。

（五）"村委会＋公司＋农户"模式与土地增值分配

1. 模式解读

该模式中，公司先与当地村委会进行合作，通过村委会组织农户参与乡村旅游，村委会以旅游资源加农民的土地整体作价与旅游开发商成立合作制企业，村民参与企业经营活动，公司通过培训和制定相关规定，规范农户的行为，保证接待服务水平。村委会、公司、农户之间相互制约的关系保证了经营机会的公平与均等它既保证了管理人员的公平性，也保证了乡村旅游的质量。

2. 乡村旅游用地获取的途径

开发商与村委会协商，通过村委会的行政权力把集体的土地流转给开发商。

3. 典型代表

昆明西山区团结镇"豹子箐生态旅游度假区"和"小村生态苹果园"。

4. 典型案例

案例一：昆明市西山区团结镇龙潭村委会于 2000 年从银行贷款 300 万元，对一块集体所有的名叫"豹子箐"的 2000 亩山地进行初期开发，在修了公路、停车场和景区绿化等基础建设后，以租赁的方式租给"昆明修正药业公司"，租金 475 万元，期限 10 年，先为村委会还 300 万贷款，以后每年交 4 万给村民小组。"昆明修正药业公司"招聘当地农民 40 人作为员工，每月工资 700 元，并投资建盖了生态餐厅、民族歌舞厅等设施提高了景区的接待水平。

案例二：昆明西山区为了发展乡村旅游，2006 年区政府投资 100 万、团结街道办事处投资 80 万在小村村委会所属 1000 亩的土地上种植苹果树 2.4 万株，在经过前期的基础建设后取命名为"小村生态苹果园"。"小村生态苹果园"承包给了一个当地人经营，承包费每年 35 万元，期限 5 年。该承包人聘了当地村民 20 人，每人每月工资在 700 元左右。

5. 土地增值收益分配特点

受乡村旅游经济收益的影响，云南一些农村集体组织也利用集体掌握的土地发展乡村旅游。村委会主导的承包地流转往往是以"反租倒包"的形式出现。有些村庄会对"反租"的土地进行统一规划和布局，也有的村庄会在投入一定的基础设施投资后再出租，通过村集体土地旅游开发，将土地的级差收益用于村集体发展是该模式的一大特点。在坚持集体土地所有制性质不变的前提下，通过集体土地来开发乡村旅游，取得了多赢的效果。第一，村集体获得了土地租金；第二，乡村旅游得到发展，企业获得利益；第三、村民多了就业途径，第四，村民收入增加；第五，用地结构更加合理。例如，"昆明修正药业公司"在租赁了占地2000亩的"豹子箐生态旅游度假区"后进行了旅游规划，投入了大量资金进行提升改造，使原来的景区有很大改观。在农村土地乡村旅游开发进程中，受益最大的是企业。昆明修正药业公司在利用村庄土地时，2000亩使用10年只需要支付457万的租金。这就大大降低了该企业的土地开发成本。而且无论是早期生态餐厅用地还是后期的设施用地，也只需要按原来的合约支付。村集体组织得到土地租金比原来种地的收入高。与原来在这些林地、荒地上经营农业的收入相比，村集体组织获得了一笔很大的且有保障的收入；农民每亩地的收入上涨3倍，而且还能在企业就业每月工资700元，另外，2005年起，每年当地村民人均从村委会分红1000元，从土地收益中得到1000元的回报。

这种模式发展有利于乡村旅游迅速发展，也使今后乡村旅游开发中的基础设施建设有了资金保证。从这个模式看，乡村旅游发展进程中的土地增值收益，有部分留给农村集体，农民的就业以及社会保障等问题都可以依托集体经济组织解决，有利于在今后乡村旅游发展中实现土地流转政策和体制上的接轨。

但是，这种模式下的乡村旅游开发，土地的使用权被开发企业统一使用和经营，用途尽管没变，但农户在承包地上没有了经营自主权。该模式采取一次性流转土地的方式，一次性付给农民或者集体土地租金，没有增长机制。乡村旅游开发土地增值空间较大，一次性的补偿就导致了农民被排除在后续土地增值收益的分配之外。会造成集体资产收益被少数人侵占，大多数农民并未受益，或受益很少。分散的农户以土地作为投入，在整个土地收益分配中大多处于劣势，若公司经营状况好农户收益还有保障；一旦公司经营失败，风险大多会转嫁到农户身上。

（六）"公司＋农户"模式与土地增值分配

1. 模式解读

这是指某一个公司直接与村民进行协商，经过双方同意后，公司租用村民的土地，投资对其进行旅游开发。由于云南农村经济落后，自身缺乏资金、人才与技术，大多数乡村居民都必须依赖外来资金进行经营性投资，才能使旅游开发迅速开展。发展乡村旅游引进开发商的开发模式中，开发商资金雄厚，市场经验丰富，既可以缓解资金的不足，还可为乡村旅游经营提供先进的管理技术。该模式在一定程度上解决了家庭联产承包责任带来的土地分散碎片化与乡村旅游开发规模化、集约化要求之间的矛盾。同时，还充分发挥公司拥有农民个体不具备的资金、技术、人才等方面的优势，在一定程度上解决乡村旅游投资不足、管理落后、销售渠道不畅的问题，这一乡村旅游开发模式在云南农村比较多。

2. 乡村旅游用地获取的途径

这种模式制度下，外来的开发商直接对农户协商，在维持原承包双方约定的权利和义务的基础上，采取租赁的方式，由农户将承包地的使用权直接租赁给外来旅游开发商以实现规模经营。

3. 典型代表

西双版纳傣族园、石林颐养园、西山欢喜滑草场、团结现代生态农业观光园、丽江九河、太安、黎明、奉科、石鼓、龙蟠、巨甸、金庄、山和束河等农业科技观光休闲园。

4. 典型案例

案例一：昆明西山区昆明惠民农业科技有限公司业主***与当地政府达成协议，政府授权该公司对当地旅游资源进行投资和开发，实施独家经营。该公司从直接与昆明市西山区团结镇小村农户协商采取成片租赁土地建园方式，租赁了45户农民的200亩苞谷地（每亩700元/年，租期30年）。公司投资100多万元，建设了一个名为"团结现代生态农业观光园"。园中采取传统种植与高科技相结合的方式种植珍奇花卉、特色瓜果、稀有秧苗、有机蔬菜，建盖了生态餐厅、农耕博物馆等。聘收被租地农民21人长期在公司打工（每月700元），农民变为农业产业工人，形成"土地流转，农民就业，公司经营"的模式。

案例二：大理白族自治州双廊村是一个具有1000多年的历史民族

村，世居于此的白族人民主要依靠到洱海打鱼和农耕为生。双廊村三面环山，一面临洱海，优美的自然风光加上舒适的气候和白族风情，2006年开始有外来旅游开发商以每年 2 万元一亩的价格直接向当地农民租赁土地或者住宅。当地农民欣喜若狂，纷纷出租自己家的承包地或者住宅，因为农民的土地在海边，种庄稼每亩每年的收入最多就是 3000 多元，所以，当地农民争先恐后出租土地和住宅，巴不得全部把自己的土地出租才好，短的出租 7~8 年，长的出租 20~30 年，有的干脆直接把地"卖"了。到 2010 年海边几乎没有了空地，全被外来开发商租了或者买了建盖乡村客栈、餐厅等。从 2012 年开始，由于交通条件的改善，双廊镇旅游业迅速升温，旅游者蜂拥而至，一些开发商频频转让客栈、餐厅，同样一个客栈 2009 年盖好时其价格在十多万元，2013 年可卖到五六十万，当地土地价格翻了数倍。很多农户非常后悔，纷纷去找外来承租人要求提高租金或者退租。

5. 土地增值收益分配特点

农民不仅以土地作为资源投入到乡村旅游开发中，还在一定程度上用劳动的形式参与，例如，到该旅游企业务工，以工资的形式再获得一部分收益。投资主体是外来公司，当地村民以土地资源与外来投资者合作业，参与旅游开发和收益分配。实行"租金 + 工资"的土地增值收益分配方式。价格和租期由双方协商。

这一模式的缺点是，第一，企业（公司）直接面对农户进行土地流转，需要一家一户进行谈判，交易成本太高，例如，该公司用了 3 个多月的时间，与小村的 45 家农户逐家逐户商谈，多次做工作，才流转了 200 亩左右的土地。第二，能够与农户进行合作的公司的数量比较少，使得农户对合作伙伴的选择余地有限；公司通常处于优势地位，而农户处于弱势地位，农户在与公司进行谈判时处于不利地位。在这种旅游开发模式中，当地村民虽然通过土地参与旅游开发和到企业务工所获得的旅游收益还是高于种田的收益，部分旅游土地增值收益还是留在了当地村民中，但是，乡村旅游用地增值收益的大部分被外来投资者拿走。第三，非常容易出现改变土地用途情况。

（七）"政府＋公司＋农户"模式土地流转与土地增值分配

1. 模式解读

该模式指云南农村地区乡镇一级以上的政府为了加速乡村旅游的发展，统一组织、整体规划、全面推进主导整个乡村旅游，农户积极参与，把土地资源资本化、土地经营权转移的一种模式。开发旅游小镇与一般乡村旅游开发不同的是，它需要的土地和资金的规模都比较大，所以，必须通过政府＋公司＋农户的模式来开发，所以云南省出台了发展旅游小镇的土地保障政策："旅游小镇开发建设需要的土地，以盘活存量土地和现有的建设用地为主，建设需要的新增农地转用指标，纳入各州（市）土地利用年度计划统筹安排，用地审批纳入城镇建设收地统一管理，省、州（市）国土资源管理部门在收地审批方面给予优先安排"。[①]

2. 乡村旅游用地获取的途径

这种开发模式往往采收土地征收、买断、反租倒包等方式进行土地流转。是乡一级以上政府为了乡村旅游整体发展的需要，将集体土地入市，招、拍、挂，把农村集体建设收地流转给非集体成员收于旅游开发，并依法给予农村集体经济组织及农民补偿后，将农民集体所有土地变为国有土地的行为。其特点是改变了土地所有权和土地用途，即按照土地利用总体规划和国家规定的批准权限获得批准后，将农用地转变为旅游建设收地。补偿标准按国家法律规定：按照土地被征收前三年平均年产值的若干倍来测算。

3. 典型代表

西山区团结旅游小镇、施甸县姚关旅游小镇、大理市"喜洲旅游小镇"。

4. 典型案例

云南保山市施甸县姚关镇，位于云南民族地区西部边陲，是云南少

[①] 《云南省人民政府关于加快旅游小镇开发建设的指导意见》。

数民族"金布朗之乡"的重要组成部分，被云南省列为第一批重点建设的"旅游小镇"之一。

姚关镇政府为了建设"旅游小镇"积极推动土地流转，经过保山市土地局的批准，2008 年起分 5 次采用土地征收的办法将 14 个村小组中的 7 个小组的 600 亩土地全部征收。具体做法是，制定旅游小城镇建设规划上报县、市、省等有关部门，获得批准后通过"县土地收储中心"以国家城镇建设的需要为名，以水田每亩 31740 元、旱地每亩20200 元的价格征收了当地农民的承包地 600 亩。县国土资源局又通过拍卖的方式以每亩 20 万～110 万元出售给外来的个人或公司从事旅游小镇的建设，修建宾馆、餐馆、商铺等，仅 2009 年就建盖各种房屋 2万平方米。

5. 土地增值收益分配特点

与村庄集体组织开发乡村旅游相比，县、乡镇政府的介入在行政能力、区域统筹上的能力更强，能更利于发挥规划的作用，对土地的开发整体性更强，有利于实现土地开发及发挥乡村旅游的规模效益。从以上个案来看，土地的成片、有规划的开发，对于提高旅游小镇开发进程中的土地级差收益，提高土地的集约利用水平具有重要意义。它比以村为单位的土地开发更有利于打造区位优势，更能提高土地价值。

乡村旅游用地增值收益分配的核心秘密是，土地的经营能否求得农民、政府、开发商之间的利益平衡。政府根据旅游小镇开发特点，由相关区县成立专门机构，将旅游小镇开发所需要的土地征为国有，由当地政府投资进行农村居民点变迁或改造、公用设施建设及公共绿化等基础性建设。之后，把可经营的旅游业用地、房地产及配套服务设施用地的使用权出让（转让）或出租。这种开发模式较好解决了农村土地产权问题，有利于规划实施，有利于旅游小镇长远发展，但由于涉及面大，需要解决很多难题，例如，开发区失地农民的资金补偿、就业安置和社会保障；开发区集体经济组织的撤销、合并、改制；政府如何筹集前期开发所需的巨额资金；如何招商引资引入优秀的旅游开发公司，如何正确处理政府、村集体组织、农民之间的关系等等。

这种模式需要解决的问题是，乡镇、县一级作为土地的开发者所产生的收益，如何让原土地所有者分享收益是一个比村庄自主开发乡村旅游面临的更大的问题。在村庄一级，土地开发的主体是村集体或村公司，土地开发产生的级差收益留在村庄内部，但是，在政府主导的乡村旅游开发模式下，农民的土地被征走，给被征地农民一个低保、一笔补偿金就此完事，由于云南农村农民在思想观念、市场意识、职业技能等方面的劣势，往往成为失业大军。以云南保山市施甸县姚关镇为例，有一个村民在拿到了3万元的征地费后，去赌场上赌博，一个星期后全部输光。在县、乡镇政府一级主导的土地开发中，原有所有权边界被打破，而县、乡镇政府行政权力更大，土地开发的外部性更强，如果没有很细致的约定，农民的命运可能是，既没有分享到土地级差收益，但又得不到乡村旅游发展时的经济利益和社会保障，从而造成严重的社会问题。

（八）"合作社"模式土地流转与土地增值分配

1. 模式解读

这是一种合作社与农户合作的模式，即村委会主导成立旅游合作社，村民在自愿的基础上用承包地作为资本加入合作社，并与旅游合作社签订土地流转协议，农民每年收取相应租金，农民可在合作社务工获得工资收入。该模式中"旅游合作社"先与当地村集体经济组织或者如村委会进行合作，通过村委会组织农户参与乡村旅游，农户参加接待服务。其特点是旅游合作社与当地的集体经济组织或者村委会合作，当地基层组织统一动员和组织农民参与乡村旅游开发。

2. 乡村旅游用地获取的途径

由村集体经济组织出面动员、组织、村民组建旅游合作社，由合作社租赁村民的承包地，在保证农民参与土地经营收入分配的前提下，把分散的土地使用权集中起来，以适应土地规模化经营的要求，负责土地的统一规划和开发，实现土地的集中经营。合作社和农户共同分享收益，分配方式一般是按股分红，在收益分配上可以充分保障农民的利益。这是在云南地区乡村旅游用地开发过程中出现的一种新的开发模式。

3. 典型代表

丽江纳西族自治县"拉市海安中村湿地民俗生态旅游合作社"等5家乡村旅游合作社。

4. 典型案例

丽江拉市乡位于玉龙县中部，95%以上的人口为当地的主体民族纳西族，其余为彝族。当地政府从2004年开始发展旅游业，开发了湿地生态公园。实行"政府引导、全村参与，租赁土地，按户出资，马匹（游船）入股"的合作社开发模式。2004年底经过公平竞争，把村集体土地以及"拉市海安中村湿地民俗生态旅游合作社"承包给一个叫木芸珍纳西族青年妇女经营。

旅游合作社与安中村委会签订租赁承包协议，承包了村集体的遛马场和湿地共70亩用于发展旅游。为了统一经营和共同富裕，合作社动员全村人参加，54户家庭，其中8户由于缺乏劳动力和子女在外工作没有参加合作社，其余的全部加入。合作社采取土地、游船、马匹入股的形式，制定了严格的内部管理制度和安全经营管理规定，并与合作社成员签订安全生产责任状，举办培训班对参加接待的工作人员进行培训，并按月给每户社员发放1000元工资。规范严格的经营管理取得良好的市场口碑，2005年，承包的第一年合作社接待游客2万余人，收入200多万元，合作社中收入最高的社员每月工资加上奖金、提成、小费，再加上出售刺绣工艺品总的收入能达到1.5万元左右，全村集体脱贫。在安中民俗旅游合作社的带动下，临近的美泉村也成立了旅游合作社，据美泉村的木村长介绍，2010年美泉村80%的农户直接或间接参与了旅游服务，参与的农户每户月均收入都在3000元左右，全村一年的旅游总收入在600万元以上。在安中村的带动示范作用下，周边农村已有5个旅游合作社在开展乡村旅游的经营活动。

5. 土地增值收益分配特点

这种模式框架下，农户把土地委托给集体组织进行管理并与其签订合同，然后由集体组织进行调整，使土地相对集中。村集体组织在尊重农民意愿的前提下，建立了确权、确利、保收益的乡村旅游用地增值收益分配机制，做出了村庄农民集体土地委托合作社经营的制度安排，为当地农民的土地发展乡村旅游提供了制度保障。具体而言，村委会与旅游合作社签订土地流转协议，一律采取有偿租收的形式，保证每亩每年不低市场价格的土地租金。村委会收回的土地租金，绝大部分分配给享有土地承包权的农民。乡村旅游专业合作社中，农户是经营主体，形成公平参与决策和利益平均分配的协商机制，可以保证乡村旅游用地增值收益能够让社区内的大多数农民受益。乡村旅游开发中巨大的土地增值收益，主要部分分配给农民，部分留给农村集体，农民的就业以及社会保障等问题都可以靠集体经济组织解决。由于旅游合作社模式通过联合将分散的农民组织起来进行旅游经营活动，有利于克服在土地增值收益分配中各利益相关者趋利避害带来的利益冲突。依托集体经济组织解决这些问题，也有利于在今后的乡村旅游发展中实现国家大力提倡发展农村合作社政策和体制上的接轨。

通过旅游合作社的形式租赁农村集体土地发展乡村旅游，这一土地流转模式和旅游开发模式带来土地利用主体的重大变化，这是一种以农民集体为主导的经营模式。旅游合作社租赁村集体土地，拥有了对村集体土地的规划、开发、经营权。尽可能吸引全体农民参加，通过把农民的土地资源、生产工具（游船、马匹）等入股的方式，人人都是主人，个个都是股东，风险共担，利益共享，这是一种合乎当地实际、受当地农民认可的乡村旅游开发模式。

乡村旅游开发，并不是说一定要吸引外来资本来主导建设，自己主导开发建设没有那么大的资金量，怎么办？一个重要的途径就是通过土地合理流转，提升土地资本价值，吸引当地村民参与，用众多村民的资产优化配置，乡村旅游产生高效益则为农户参与土地增值收益分配创造了条件，在合作中既要互利共赢，坚守农民利益最大化这个底线。

（九）"股份合作制"开发模式与土地增值收益分配

1. 模式解读

"股份合作制"开发模式是指在开发乡村旅游时采取政府、企业、集体和农户合作，把土地、旅游资源、资金、劳动转化成股本，收益按股分红与按劳分红相结合，进行股份合作制经营。股份合作制开发模式的特点是，设立一个由外来投资者、当地农村农户和基层政府集体（或政府）共同拥有股份的股份制旅游企业，由企业独立进行乡村旅游的开发和经营活动；乡村农户进入企业工作，成为企业的股东和员工，直接参与乡村旅游的开发决策、生产经营活动和利益分配。旅游地基层政府、农户和企业具有共同的利益和目标。[1] 这是一种比较复杂的经营模式，目前，在云南农村还不多见。

2. 乡村旅游用地获取的途径

为了加快开发乡村旅游，农民把自己的土地承包经营权转化为股权委托给旅游股份公司管理，按股权价值从旅游公司经营收益中按一定比例获得分配的一种土地流转方式。这种土地流转方式是以农民的土地换开发商的股权，土地要作价折股，经营收益按股份分配；农民当上了公司的股东，对开发商有监督权，并与开发商有共同利益，风险共担，农民每年按股分成，保障了农民的长远利益。

3. 典型代表

云南省大理上关镇罗时江。

4. 典型案例

大理市政府在不断深化洱海保护治理"六大工程"的时，筹资7000多万元，在上关镇罗时江实施了首个生态湿地公园建设项目。当地政府坚持农田集体所有权不变的原则下，以每亩农田每年 1400 元、每亩水淹田每年 1000 元，租期为 10 年，租赁了当地农户的承包土地727 亩。调整种植结构，把租来的水稻种植地调整为经济植物种植、特

---

[1] 丁鸿. 江苏省乡村旅游发展模式探讨［J］. 江苏农业科学，2009（5）：14－15.

色水产养殖和湿地生态旅游建设了"罗时江湿地生态公园"。在村民自愿的基础上，以承包田入股组建了罗时江河口湿地开发建设有限公司，入股的农民成为公司的股东和职员。目前公司已聘用了当地村民（生态湿地管护员18人、河道管理员16人、滩地管理员23人、垃圾收集员48人、道路保洁员10人、林园浇灌员15人）在湿地生态公园中从事农业生产、渔业生产和旅游业服务工作，在生产内容和经营方式实现了创新。

5. 土地增值收益分配特点

云南农村地区为了快速开发乡村旅游，少数地方采用了股份合作制方式，是在实践中摸索出来的一项新的农地流转制度，其优点主要表现在以下几方面：第一，有利于乡村旅游用地的快速流转。用土地入股方式集中土地使用权，用股权把农民土地承包权经营权中的经营权分离出来，这样就使土地的社会保障功能与其生产要素功能分离开来。无论土地怎样使用和经营，代表农民根本利益的土地仍然由农民拥有，并且农民当上公司的股东，对开发商有监督权，农民放心接受这样的土地流转方式，有利于把土地经营权集中起来开发乡村旅游。第二，有利于保障农民的土地长期收益权。股份制不仅可以让农民按期获得土地收益，而且如果公司经营状况好，股金分红的标准也会逐年提高，比一次性征地补偿和一次性固定租金的租赁模式更加受农民欢迎。第三，有利于乡村旅游的经营和管理。"股份合作型"——农民以林地、农田、宅基地、废弃地等土地资源入股旅游企业，做到离土不离乡、离田不失权、离地不失利，土地增值收益有保障。乡村旅游开发股份合作制在一定程度上实现了公平与效率兼顾这一分配目标，形成了一定的产权激励和约束机制。土地股份合作制是资源共享、技术共用、利益共享，风险共担、管理规范的经营模式，非常有利于乡村旅游吸收外来资金和技术，非常有利于云南地区的乡村旅游发展。

然而，土地股份合作制作为一个值得推广的模式有比出租更加严格的条件。推广土地股份合作制要考虑以下几个条件：第一，当地农村劳动力从事第二、第三产业的比例较高。成立土地股份合作社之后，真正能被合作社雇用的农村劳动力不能只是很少一部分，大多数成为股民的农户不能仅获得股份红利而且还应获固定收入。第二，流转出的土地增值收益相对较高，转出土地的农户能得到比自己经营收益更多的红利。这实际上就是要求有一批实力较强的旅游龙头企业以与合作社合作，能以现代化手段经营符合市场需求的旅游企业，获得较高的经济利润。第三，组成股份制公司的农民本身有一定的文化素质。合作社需要建立社员代表大会、董事会和监事会等组织，实行民主决策、民主管理。如果农民素质不过关，即使勉强成立了股份制公司，也很难正常运作。总之，土地股份合作制作为一个值得推广的模式，比较适宜在经济较发达，农户人均收入较高的地区进行①。

二、云南乡村旅游企业抽样调查总结

通过以上多家乡村旅游经营企业的调研，可以看出尽管经营方式多种多样，但从产权主体的角度，可以把它们归纳为四种模式。一是农户主导的开发模式，即云南农村地区一些本地农户自主经营的乡村旅游模式。二是旅游开发商主导的开发模式，即公司或旅游大户通过租赁手段将周围土地流转集中，实现大规模开发经营。三是集体经济组织主导的开发模式，以村基层组织为单位行使土地使用权和旅游经营权，并以集体经济发展为纽带，依靠内在力量特别是内在制度，通过土地流转机制来进行乡村旅游开发，实现乡村旅游规模化的一种土地经营模式。四是政府主导的开发模式，即依靠政府的力量，通过自上而下的统一规划和全局指导，来实现乡村旅游发展中土地规模经营要求的一种经营模式。

以上四种开发模式导致了乡村旅游土地产权发生了变化，导致了不同了土地产权结构不同；而产权结构的不同，导致不同的利益分配方案和利益相关者不同的行为，如表7－2所示。

---

① 张贞. 农村土地承包经营权流转的模式研究 [J]. 农村经济与科技，2005（1）：66－69.

表 7-2　　　　乡村旅游开发模式引起的土地产权结构变化表

产权体系		所有权	承包权经营权	处置权	收益权
土地流转前		集体	村民	村民、集体	村民、集体、国家
土地流转后	自主经营	集体	村民	村民	村民、集体、国家
	大户经营	集体	大户	大户	大户、集体、国家
	企业经营	集体	企业	企业	企业、集体、国家
	股份制	集体	村民与股份公司	村民与股份公司	村民与股份公司、集体、国家

这些不同的乡村旅游开发经营模式具有各自的优势和劣势，有着不同的适应性。土地，是国家的经济命脉，同时作为云南农村的主导性资源、乡村旅游开发的重要基础和农民收入的主要来源，其开发的方式在很大程度上决定着政府、企业、集体和农户的利益纽带缔结要素，并进而影响着各利益相关者之间的平衡关系，而且每一种经营模式还存在着效益增长和利益分配的利弊，乡村旅游土地开发主体不同对土地增值收益分配是不一样的，如表 7-3 所示。

表 7-3　　　云南乡村旅游经营产权结构与土地增值收益分配特点

经营类型	土地产权归属	开发特点	土地流转特点	收益分配方式
农户个体自主经营	集体所有，村民承包经营	农民以家庭为单位，利用自家土地对其开发和建设，独立完成乡村旅游相关服务	不发生土地流转	自收自支、自负盈亏，政府通过税收分配收益
旅游大户主导经营开发	集体所有，村民保留承包权、出租使收权	旅游大户租收村民土地连片规模经营	土地租赁、入股等；土地流转规模较小	土地租金、双方商定股权、利润分红；税收
政府主导	集体所有，村民保留承包权、出让使收权	政府统一规划、支付基础建设资金、成立公司、招募农民等	反租倒包、租赁、土地入股等；土地流转规模较大	土地租金＋工资、土地租金＋分红；税收
企业主导	集体所有，村民保留承包权出租使用权或者经营权入股	外来公司投资、规划、开发、管理，雇用部分当地农民成立旅游公司、股份公司等	租赁农民土地、土地入股、反租倒包等，流转规模大	土地租金＋工资、土地租金＋分红；税收

不同的乡村旅游用地开发模式、投资模式、村民参与方式形成的乡村旅游产权结构有很大差异；而产权结构的差异，导致利益主体出现目标差异和行为差异；在多个产权主体的情况下，各利益主体因为价值取向的差异和利益诉求上的冲突，导致乡村旅游用地增值收益的评价标准、要素贡献的权重测评体系难以统一，无法建立旅游利益分配的标准机制，难以形成公平合理的分配方案。

本书对云南乡村旅游较多的经营点进行了调研，是意在说明云南乡村旅游用地增值收益分配是一个非常复杂的问题，农民得到的利益较少，分配不公并不是个别、偶然的现象，而是一个带有普遍性的问题，必须给予高度重视。

第二节　云南农村农户问卷调研情况及分析

本书作者在云南农村地区的昆明西山区、石林县、西双版纳州、大理州、西盟县等调研共发放问卷 1000 份，回收 974 份，回收率 97.40%。通过整理，有效问卷 912 份，问卷有效率为 91.20%。具体调查内容如下：

一、被调查人群的基本情况

一是受调查对象以女性较多，有 609 人占总数的 63%，男性有 365 人占总数的 37%。据了解，主要原因是多数男性外出打工，大多数妇女留在家所致。

二是受访对象的年龄结构以中老年为主。由于农村年轻人大多数都到城市打工，本次调查到的人群，41 岁以上被调查者居多；

三是受教育程度以初中及以下学历为主，高中以上文化程度较少；接受调查者绝大多数是农民；其家庭结构仍然是以 4～6 人家庭为主，且劳动力在 2～4 人为多（见表 7－4）。

表 7 – 4　　　　　　　　　　　被调查对象基本情况

户主年龄	人数	教育水平	人数	职业	人数	家庭人口	
20 岁及以下	26	小学及以下	347	农民（在农村务农）	749	1 人	11 户
21～40 岁	176	初中	432	农民工（城市打工）	183	2 人	21 户
41～60 岁	440	高中（中专）	89	机关事业工作人员	15	3 人	307 户
61 岁及以上	332	大专及以上	79	个体户	14	4 人	526 户
		没有说明	27	无业或自由职业	13	5 人及以上	109 户

二、对农村土地流转和收益分配的认识

（一）调查统计数据

1. 对农村土地增值收益分配形式的调查

根据调查问卷数据统计，土地出租租金位列第一，有 558 份问卷选择以租金形式体现土地增值收益和分配，占有效问卷 912 份中的 61.18%；土地征收补偿费位列第二，有 454 份问卷选择以土地被征收补偿形式体现土地增值收益分配，占有效问卷 912 份中比例达到 49.78%；土地转包收益位列第三，有 206 份问卷选择以土地转包形式的占有效问卷 912 份中比例达到 22.59%；土地转让收益位列第四，有 177 份问卷选择以土地转让形式体现土地增值收益和分配，占有效问卷 912 份中比例达到 19.41%。

可以看出，云南农村土地增值收益分配主要有以上四种形式。

位列第一的土地出租租金，租金收益在 1000 元以内的有 284 份，占选择土地出租租金 558 份问卷的 50.90%；在 1001～1500 元的 58 份，仅占 10.39%；在 1501 元以上的有 1 份，占 0.18%；没有明确具体收益的 215 份，占 38.53%（见图 7 – 1）。

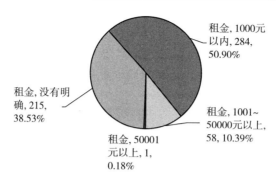

图7-1 农村土地增值收益分配租金数额示意

位列第二的是土地征收补偿费，征地补偿收益在1000元之内的有132人，占454份土地征收补偿收益的29.07%；征地补偿收益在1001~50000元的有183人，占40.31%；在50001元以上的有14份，占3%。没有明确回答问卷提问的有125份，占38.53%（见图5-9）。

位列第三的是土地转包收益，转包收益在1000元之内的有96人，占206份以土地转包收益的46.6%；转包收益在1001~1500元的有34人，占16.5%；没有明确回答问卷提问的有76份，占36.89%（见图7-2）。

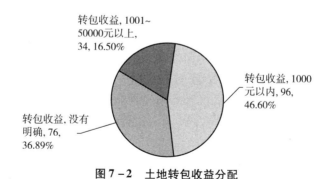

图7-2 土地转包收益分配

位列第四的是土地转让收益，土地转让收益在1000元之内的有30人，占177份补偿收益的16.30%；土地转让收益在1001~1500元的有

37 人，占 20.11%；土地转让收益在 1501 元以上的有 22 人，占 11.96%；没有明确收益的有 95 份，占 51.63%（见图 7-3）。

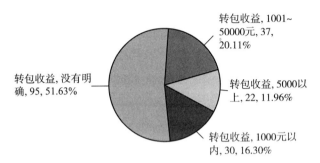

图 7-3　土地转让收益分配

从以上调查资料来看，在正常的用于生产粮食作物（而不是生产蔬菜，以及不是农业龙头公司搞开发）的情况下，土地一年的租金也就在 200~300 元左右。如果大多数农地只能用于种植粮食作物，则农民将自己所有的土地使用权流转出去，农民每亩所获收益也不会很大。若有农户希望将自己的耕地承包经营权永久地流转（转让）出去，农民每亩所可以获得的收益也就在 5000~6000 元，不大可能超过 1 万元。若农民有 10 亩承包地，他将这 10 亩承包地永久地转让出去，也只能得到约 5 万元的收益。通过在石林、楚雄等农村调查，2009~2011 年，有约 30 户农户将自己的住房和承包地（平均在 12 亩左右）一并转让给外地来的农民，转让价值一般在 2 万~4 万元，其中主要是住房的价格，承包地的转让金每亩仅在 1000 元左右，是相当低的。

2. 对农村土地增值收益分配主体认知的调查

根据调查问卷数据统计显示，认为"土地承包人应该参与土地增值收益分配"一共 655 票，其他依次为"乡镇""村组""国家"和"其他"。认为"土地承包人"获得收益 60%~70% 有 76 份，名列第一；"村组"获得收益 20%~30% 有 52 份，名列第二；"乡镇"获得收益 20%~30% 有 47 份，位列第三（见图 7-4）。

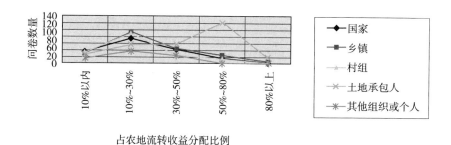

图 7 - 4　农地流转收益分配调查统计

3. 对农村土地增值收益分配方式认可度的调查及分析

第一，对农村土地流转收益分配方式认同的有 110 份，占 12%；不认同的有 301 份，占 33%；说不清和没有选择的有 501 份，占 55%。

第二，关于土地增值收益分配不合理的原因，调查组共设计了五个选项和一个补充项。五个选择项按选择频率的高低依次为：土地所有人的权利未得到充分体现、土地增值收益分配存在暗箱操作、土地承包人的权利未得到充分体现、参与分配的主体构成不合理、部分人群不应该参与收益分配、土地承包人没有土地增值收益分配的决定权。其中，土地所有人的权利未得到充分体现是云南农村农民认为土地增值收益分配不合理最主要因素，说明云南农村农民已经有了明确的农地产权意识，并希望在土地增值收益分配过程中得到充分尊重，并表现为期望自身的土地增值收益分配份额的增加。土地增值收益分配中的暗箱操作是云南农村地区农民最为反感的问题，值得引起高度重视。

第三，被调查的农户认为，村干部、乡镇干部及政府不应该参与土地流转收益分配。这与云南农村农民对农地所有权的认识模糊有关，这种模糊认识导致他们在回答有关问题是忽左忽右，甚至有部分农户在认识上将自己作为了土地的所有人。认为不合理的原因数据统计如表 7 - 5、图 7 - 5 所示。

表7-5　　　　　　　土地增值收益分配方式问题原因调查统计

选项	问卷数量（份）	备注
A. 土地承包人的权利未得到充分体现	172	
B. 土地所有人的权利未得到充分体现	309	
C. 参与分配的主体构成不合理，部分人群不应该参与收益分配	158	其中，村级干部89份； 乡镇干部30份； 其他政府及事业单位31份； 其他组织及外出务工8份。
D. 土地承包人没有农地流转的决定权	134	
E. 流转收益分配存在暗箱操作	247	
F. 其他原因	48	

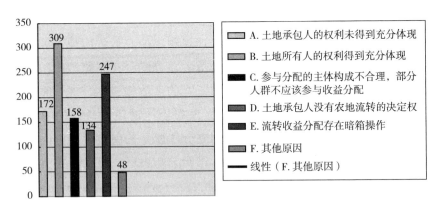

图7-5　土地增值收益分配主体认知

4. 调查分析

第一，由于土地增值收益分配是土地流转过程中最为敏感的问题，而且，什么是土地增值收益，农民的理解非常模糊，所以农户的回答比较模糊和混乱，而且有较多的农户有意回避这一问题。可以看出，农民在土地增值分配博弈中，一些因利益受损隐藏最深的种种不满在调查中以"沉默式抗拒"和"选择式回避"表现出来，可视为农民与现存土地收益分配体制间存在着一定的"裂度"问题。但经过仔细分析可以看出，农民认为土地增值收益主要包括征地补偿费、租金、转包费、转让费和其他形式的农地流转收益分配，租金是云南农村地区土地流转收益的主体。农民对当前土地增值收益分配不满意的比重较大，说明在云南农村地区土地流转的增值收益分配确实存在不少问题，也是阻碍土地流转的重要因素之一，这一问题不能妥善解决，乡村旅游土地流转也难以顺利进行。第二，云南农村地区土地增值收益以低廉的地租和征地补偿安置费用为主体，不仅没有切实体现乡村旅游用地本身价值，没有让云南农村居民从土地中获得更多发展利益，在一定程度上降低了乡村旅游发展的积极性。第三，表面上看，土地流转价格是相互之间协商、双方自愿接受的，土地所有权管理者（集体组织）并没有参与，土地流转收益只是在农户和农户之间分配。但从分配的数量上分析，出租方与租入方之间现行的增值收益分配是不合理的，主要表现为：一是租金低；二是租地周期长；三是租金数量固定不变，没有随时间变化而增长的机制；四是没有把土地旅游资源价值计算在内部，而且，并没有考虑原承包户与受租（受包）户之间的风险分配以及政府转移支付分配。考虑到受租（受包）户需要收回其对土地的资本投入问题，一般转租和转包的年限都较长，那么在这个期限过程中，如果由于水灾、旱灾等不可预期的因素所造成的当年土地耕种的损失，是否全部由受租（受包）户承担，在此情况下受租（受包）户是否需要继续向原承包户支付租金，这一部分风险的分配在承包经营权的流转中往往没有涉及。

三、农民参与乡村旅游开发利益分配的情况

（一）乡村旅游开发对就业的影响

一方面，乡村旅游在促进本地社会经济、提高民收入的同时，也逐渐成为农民就业的新渠道。农民利用本地旅游资源，通过经营农家

乐、提供餐饮住宿、开商店销售纪念品、到旅游企业就业等种种方式
参与到旅游经营活动中，有许多是全家出动参与到旅游活动，从旅游
发展中获得了实实在在的利益与好处，谈到就业状况，被调查对象中
因为乡村旅游开发而获得工作岗位的家庭大约有35%，但是劳动力
能够以旅游业为主的所占比例低，说明云南乡村旅游所提供的就业
尚不能完全代替其他劳动投入成为家庭主要就业途径；另一方面，
部分村民由于季节性就业、灵活性就业，旅游节假日淡旺季等因素
的存在，游离于兼职与正式之间。可见，通过发展乡村旅游解决农
村劳动力就地安置，提升劳动力产业转移有较大的潜力可以挖掘
（见图7-6）。

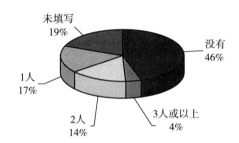

图7-6 乡村旅游发展对当地农民就业的影响调查统计

（二）乡村旅游开发对农民收入的影响

因为发展乡村旅游业而导致农户人均每月收入增加在500元以
上的占被调查对象的31%。但是能够对生活有较大改善，增收在
2000元及以上的家庭仅占4%，另有一部分农村居民在乡村旅游中
受益很小，主要是因为没有途径参与或更进一步参与到旅游的发展
当中去，自然从中得不到相应的收益。说明通过规范经营、发展乡
村旅游，对进一步增加云南农村农民收入仍有较大潜力可以挖掘
（见图7-7）。

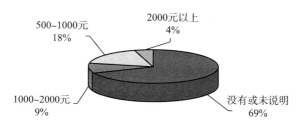

图7-7 乡村旅游对当地农民收入的影响调查统计

（三）农村居民参与旅游经营的内容与形式

在调查中发现，农村居民参与旅游活动主要是以提供餐饮住宿服务、销售土特产和到旅游企业打工等为主要内容。参与乡村旅游的农民有43.5%的人是在卖旅游商品。有10.2%的人是以开家庭旅馆的方式与游客接触，有21.1%的人是到企业打工，农民参与旅游活动的内容较为单一，在形式上以自主个体经营为主。值得注意的是，仍有相当一部分农民没有参与到乡村旅游的发展过程中，如图7-8所示。

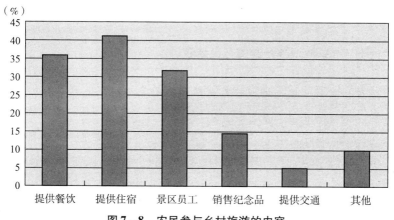

图7-8 农民参与乡村旅游的内容

（四）农民参与乡村旅游开发利益分配的形式

1. 工资收入

一是农民不再进行原有的农业生产，可以进入旅游企业打工，获取工资收入；二是土地流转后暂时失去土地，到旅游企业打工的村民人均年收入约 7000 元。

2. 土地租金收入

由于乡村旅游开发过程中如果不征地、不拆迁，不涉及土地所有权的变更，只是土地使用权的流转，那么实际涉及的就是农民宅基地、土地承包经营权的流转。一是通过土地流转得到的租金。因土地位置、土地质量、土地类型等因素不同，得到的租金差别很大，少的 50 元/亩，多的 1500 元/亩，大多数在 600～700 元/亩；二是自家农宅出租给餐饮、农家乐经营户，可获得每年户均 2 万元收入。

3. 自主经营收入

村民把原有农宅改建为具有浓郁民族风格的民居，利用自家农田搞"农家乐"式的休闲娱乐和观光农业，以经营餐饮、农家旅馆、果园采摘、池塘垂钓、出售旅游纪念品获得收入。收入差别非常大，少的一年收入 2 万～3 万元，多的上百万元。

（五）对乡村旅游开发的态度调查

一方面，对通过土地流转开发乡村旅游表示高兴的有 240 份，占全部 912 份问卷的 26%；另一方面，持反对态度（包括：不高兴、极不高兴）的共 230 份问卷，占 25%，有 442 份问卷态度无所谓或者没有说明，徘徊犹豫不定，占 49%。以上数据说明云南农民对乡村旅游与土地流转相结合的发展模式具有一定的犹豫和顾虑，主要由于乡村旅游开发尚未给他们带来期望中的收益，乡村旅游开发过程中土地增值收益分配不尽合理（见图 7-9）。

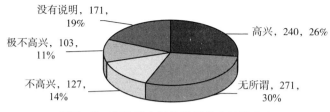

图 7 - 9 农民对乡村旅游开发土地的态度

四、对农村土地制度的认识

（一）调查数据的统计

1. 对承包土地归属权认识的调查

被调查人群在土地所有权和土地经营权的认识方面存在一定的误区和混淆。有 54% 的农民认为土地所有权为国家，有 46% 的农民在土地所有权认识方面认为是国家、集体、个人共同拥有，说明云南农村对现行的土地制度，存在个人、集体、国家权属条块认识不清，边界模糊的情况（见图 7 - 10）。

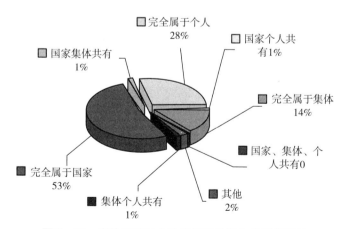

图 7 - 10 当地农民对土地产权属性认知的数据统计

2. 对现行土地承包制度认可度调查

被调查人群对现行土地制度认同的占53%，其他的占47%。说明近半数的被调查者在实际生产生活中认为现有制度已经存在不合理情况，导致自身利益受损（见图7-11）。

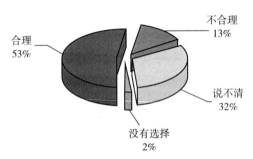

图7-11　对现行土地承包制度认可度调查统计

3. 对现行土地承包制度不合理原因的调查分析

被调查人员对我国当前实行的"农村土地集体所有、农户承包经营"的制度认为不合理的123份调查表中，集中表现为三个方面的原因：第一是由于管理制度落后，责权不分，导致农民利益受损；第二是农地经营规模受限，分配不均，农业产品收益空间有限，无法形成规模效应；第三是部分基层领导存在权利滥用，甚至以公谋私的行为。可见，政府管理和制度不健全成为当前云南农村土地流转制度改革的主要矛盾。

4. 对现行征地补偿制度认可度的调查

被调查人群对我国当前实行的征地补偿制度认为合理、基本合理的占35%；认为不合理、说不清的占60%；没有选择的有41份，占5%。可见，农户对现行的征地补偿安置政策抱有较大的意见（见图7-12）。

5. 对现行的征地补偿制度不合理原因的调查

被调查人群对当前的征地补偿机制认为不合理的最重要原因是土地补偿标准过低；以及分配过程中暗箱操作，导致利益受损（见图7-13）。

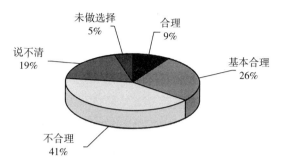

图 7 – 12 村民对现有土地补偿标准认可度数据统计

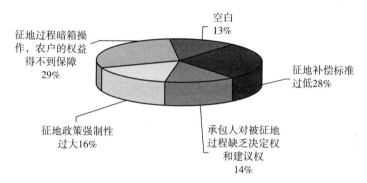

图 7 – 13 对现行的征地补偿制度不合理原因

（二）调查结果分析

第一，被调查的云南农村土地一方面存在产权确认和登记制度的不健全，使得农户在实际使用土地与登记产权土地方面存在偏差，而产权的漏洞加上土地本身属性差异，导致在实际土地流转及征用补偿安置过程中发生权益侵害行为。第二，现行制度没有突出云南农村土地的特殊性，限制了土地使用范围，无法保证土地权属不清，弱化了土地流转的内在动力，限制了土地升值空间，减少了土地流转收益，固化了"土地保障"预期。第三，被调查农户在固守土地的过程中，缺乏土地投资，主观上对土地流转、土地收益分配过分期望和过高要求，不利于土地开发利用各方利益协调，容易引起矛盾激化，使得

"离乡不离土"由外源客观因素向内在主观因素转变。第四，由于被调查对象的年龄偏大、文化程度偏低，对土地制度和土地政策认识模糊，导致回答问题含糊不清、问卷填写混乱，在一定程度上影响了调查结果的规范性。

第八章

云南乡村旅游用地增值收益
分配存在的问题及原因

通过调查可以看出，云南农地乡村旅游开发能提高农地产出和经济效益，增加土地的增值收益，当地政府、集体、农户和开发商都能获得比以前更多的收益，从而促进了农村经济的发展。但是，在不同的利益相关方之间，云南乡村旅游用地增值收益的分配并不完善，各方之间的分配并不公平，下面进行分析。

第一节　云南乡村旅游用地增值收益分配存在的问题

乡村旅游用地增值收益分配，从根本上来看，是土地作为一种特殊商品，在利用和交易过程中经由产权转移所带来的增值收益在不同主体之间的分配关系。在市场经济条件下，作为追求利益最大化的主体，在市场经济机制的调节作用下，各方利益主体应能分享各自应得的土地增值收益。但在实际情况下，云南乡村旅游用地增值收益的分配存在一系列问题。

一、分配依据不公平

马克思指出："地租是土地所有权在经济上借以实现即增值价值的

形式"。① 租金是乡村旅游用地增值收益分配中最直接、最主要的要素。目前，从我们对云南乡村旅游用地出租给其他组织或者个人的调查情况看，租金普遍较低，大多数在 400～700 元/亩，很少有超过 1000 元的。特别是农户与农户之间私下流转土地的价格就更低，通常在 300～400 元/亩。云南乡村旅游开发中的土地流转价格，应该按旅游用地开发的价值增值计算，但由于土地的利用方式多样性，以及全社会对乡村旅游用地认识的不足，旅游开发商在支付土地流转价格时仅只是依据农地农业生产功能的使用费来支付，并没有支付土地旅游功能价值的价格，乡村旅游用地的旅游资源价值没有计算在内。从目前众多的案例情况和整体层面的乡村旅游用地增值收益分配状况来看，农民分享的仅是农用地用途下的补偿价格与农用地价格的差值，并没有分享由于土地旅游利用引起的绝对地租增值以及乡村旅游土地开发条件引起的级差地租 I 增值，从而使得农民分享的乡村旅游用地增值收益远小于集体和开发商这两大利益主体的所得。下面再以云南元阳哈尼梯田旅游开发中农民土地收益分配进一步分析。

位于云南省元阳县哀牢山南部的元阳梯田，是哈尼族人世世代代辛勤劳动的杰作。哈尼梯田至今约有 1300 年的历史，在长期耕作过程中形成了最壮观、最具特色的哈尼梯田景观和极富民族特色的哈尼蘑菇房、哈尼服饰、哈尼饮食民族文化。梯田集中连片的核心区域主要有坝达、多依树、老虎嘴三个片区梯田面积达 1.4 万亩，核心区域内的 82 个村庄里住着 8 万哈尼族及其他 6 个少数民族的村民。1997 年元阳县开始有旅游者，整个元阳县接待的旅游者人数还不到 1 万人次。2013 年 6 月 22 日红河哈尼梯田被成功列入世界遗产名录，元阳县乘势依托哈尼梯田世界文化遗产推进旅游产业发展。2014 年，全县共接待国内外游客 125.26 万人次，其中海外游客 53351 人次，国内游客 119.92 万人次，实现旅游总收入 17.59 亿元，其中旅游外汇收入 3241.92 万美元，

---

① 马克思，中央编译局编译.《资本论》第三卷 [M]. 人民出版社，1957：698.

国内旅游收入 15.54 亿元。[①]

　　元阳县政府为了加强对元阳哈尼梯田的旅游开发，与云南世博旅游控股集团公司合作，于 2008 年 12 月 18 日正式成立了"云南世博元阳哈尼梯田旅游开发有限公司"，其中云南世博旅游控股集团公司占 66.67% 的股权，元阳县国有资产经营管理公司占 33.33% 的股权，公司每年按门票收入的 10% 提取景区资源管理费给县人民政府，每年只对梯田核心区六个村民小组给予每个村民小组 2500 元的卫生保洁费，每户村民每年补助 100 元。

　　元阳哈尼梯田是当地农民长期生产、生活创造的，成为了当地旅游资源的主要因素，梯田开展旅游带来土地增值收益是巨大的，土地本属农民集体，使用权按法律规定归农民所有。梯田周围的村庄和村民的生活场景都成为了吸引游客的旅游资源，由此产生的旅游收入，农民应该合理分享，但目前的土地增值收益分配对当地农民非常不合理。从目前哈尼梯田旅游收益分配情况来看，主要获利的是企业、管理部门和相关的服务行业。例如，随着游客不断增加，梯田景区周边的新街镇和南沙镇的宾馆饭店、餐饮及购物旅游企业的收入不断上涨、商铺价格不断攀升，城镇街道越来越漂亮，城市居民生活水平不断提高，这与处于哈尼梯田旅游区的哈尼族农民的贫穷形成强烈的反差。当地农民耕种梯田的收入很低，每亩每年的纯收入只有 700 元左右，当地发展旅游已经近 20 年，政府从 2009 年才开始提出对农民补偿，而且只对核心区的农户，每户每年仅只是补助 100 元的卫生打扫费。由于是世界自然文化遗产，为了保护梯田景观农民只能保持种植经济价值较低的水稻，不能改种其他高收入的经济作物，还要承担保护梯田的义务，为此当地农民还付出了较高的机会成本。乡村旅游发展过程中的土地增值收益分配的不合理直接影响着当地农民保护梯田的积极性。本书作者在 2016 年 2 月份到元阳县调研时发现当地农民意见很大，他们认为，世博集团公司，给农民的补偿太低，大多数村民几乎没有从旅游业发展得到实惠。现在从事梯田耕种的年轻人越来越少，

---

①　红河州政府办信息科. 红河哈尼彝族自治州政府网站，2015 - 01 - 29.

有些农民在城市找到收入较高的工作,想把梯田无偿流转给同村农民耕种,其他农民都不愿意接受,导致弃耕弃农的现象已经蔓延,这种情况长久下去,作为世界文化遗产的元阳梯田的保护将成为严重问题。

二、分配空间不公平

乡村旅游用地增值收益分配空间不公平主要是指,农户与农户之间的不公平。例如,元阳哈尼梯田 100 元的补助只是针对核心区农民,其他在非核心景区的农民并不在补助范围内,没有得到补助的农民非常不满。少数地处位置好的农户利用自家的住房经营"农家乐"开展餐饮、住宿、购物等活动,收入十分可观,元阳梯田核心景区内有几家农户经营的农家乐每年的收入都在 100 多万元。就在同一村庄中,仅仅由于农民住宅位置和朝向的不同,导致农民的收益有很大差别。如在老虎嘴村位置最好的地段,农户改造自家房屋用于提供餐饮和住宿服务,2015 年的有的农户的旅游收入能达 150 万元。而位置不佳或被前排建筑遮挡无法看到梯田的农户则没有获取土地利益的机会。大多数农户由于居家位置不好,除了能领到每年的 100 元补助外,几乎不能享受到旅游发展的任何收益。更有甚者,景区内有农民还因为发展旅游生活水平倒退的情况。2016 年 2 月,笔者在当地农村调研与 2 家农户主人交谈时,发现主人心情非常不好。她们对笔者说,因景区修路分别征收了她们家的 2 亩地,每亩补偿 2 万元,她们说,4 万元只够她们家生活 2 年,没有了农田以后生计就无法保障,她们并不因为旅游发展而高兴。空间分配不公平还表现为,经营农家乐收入高的农户千方百计扩大规模,出现违规用地现象,把农业用地改为餐厅、住宿、商店等用地,给当地的遗产保护带来巨大压力,而没有得到旅游土地增值收益的农民也产生了较大的心里不平衡。

三、分配时间不公平

土地租期长,租金"低位固化"。旅游业具有资金回收周期长的特点，其经营成本也只能在开发完成后的较长经营期内才能收回，所以，乡村旅游的规模化发展将对土地使用的期限性提出更高的要求。开发商在商议乡村旅游用地流转的期限时，都把期限定得很长，以求资本投资能够得到预期的收益。所以，云南地区乡村旅游用地的流转期限比较长，一般为 10 ~ 30 年，导致乡村旅游用地流转租金被长期固定在一个水平上，有的甚至还超过了第二轮承包期长达 30 年以上，导致农民得不到乡村旅游开发的增长收益。

另外，一些地方政府为了快速推进乡村旅游开发，采取各种优惠政策推动土地流转，吸引工商资本到本地投资。在云南，农民与旅游开发商签订的大多数流转合同中，绝大多数没有签订租金增长协议和新的议价协议，即使有少数乡村旅游用地流转价格制订的合同中考虑到了土地价值的增值和物价上涨因素，但仍然是定价较低。比如 10 年前一亩地500 元，虽然从当时的市场情况看，土地流转租金来看并不低，农民完全可以接受。但是随着社会经济发展，乡村旅游用地的需求是不断上升的，乡村旅游用地的价格总体上是不断增长的，随着未来乡村旅游土地价值的上升，农民土地收益"低位固化"的问题就越来越突出，农民和集体利益受到很大损害。

四、分配方式不公平

当前，云南乡村旅游发展多采用土地流转的方式获取土地。固定不变的租金成为了云南农村乡村旅游用地增值收益分配中农民收入的主要方式，一种方式为每年一付；另一种方式为一次性补偿。在云南，对农民的补偿方式以一次性货币补偿居多，特别是征地，被征地农民除了从开发商那里得到一笔按照当时土地征收的协议价一次性的补偿款外，还有一个低保，然后就与土地没有任何联系，将来的土地增值和旅游开发成果全部被开发商占有。这种单一货币的安置方法，带来两方面的问题，一是云南农村农民普遍缺乏基本的理财技能，在领取大量的补偿款后，要么闲置、要么挥霍一空，即便有少部分有经营能力的人愿意将这些钱用于投资，也难以形成规模。二是单一货币分配的方式没有能够充分考虑农民的养老、就业、医疗等社会保障问题。土地流转给旅游开发商后，农民面临成为失业人员的境地。现有的乡村旅游用地增值收益分配制度缺乏对失地农民理性规划和补偿金长远计划、非农生产经营技能的培训，缺乏对失地农民长远发展的合理制度安排，虽然一些乡村旅游企业已经按照要求按一定比例招收失地农民，但由于农民工的技能水平低，日后的淘汰率较高。云南农村出租乡村旅游用地的农民往往在"失地"之后再"失业"，丧失了长期生活的基本保障，有可能成为社会发展的不稳定因素。

在云南农村，乡村旅游用地增值收益分配中大多数采用现金一次性分配方式。很少采用股份制流转农地，农民基本上没有股金等分红，不能享受到乡村旅游发展所带来的增值收益，无法参与新增收益的分配。当乡村旅游发展到一定规模时，由此导致的本应归农民所有的级差地租就被投资者无偿占有了。况且现实生活中，物价是不断在上涨的，农民当年得到的乡村旅游用地增值收益实际上是每年都在"缩水"，农民的生活水平也因此下降，由此即会产生旅游开发商与农民的一系列矛盾。

乡村旅游用地增值收益的分配不仅有直接收益（租金＋红利）分配，还应该有间接收益分配多种方式进行，农民土地用于旅游开发，除获得固化的土地租金收入外，还有部分农民可到旅游公司打工获得劳务收入。但实际上，以种地为生的农民缺乏相应的专业知识和就业技能等，从而造成只有少部分农民能够进入企业工作，而且农民大多只能从事简单劳动的工作，工资水平普遍低下，例如，元阳哈尼梯田风景区2009年聘请了24名管理员和26名护林员，管理员每月仅发工资400元，护林员每月50元，这些农民通过工资分享乡村旅游用地带来的土地增值收益是非常少的。而没有被雇用的农民，就只能靠土地流转租金收入生活，实际上他们实际收入水平下降了，这些没有工作的农民往往成为社会的"包袱"。因此，旅游开发商大规模流转土地，会使一部分农民失去劳动机会。乡村旅游用地增值收益分配的不均等产生当地农民两极分化，给当地的社会和谐带来一定的不利因素。

五、分配过程不公平

在乡村旅游用地增值收益分配中，农村社区组织（村两委）往往会插手干预，在自身利益影响下，造成收益分配不公平。目前，规模较大的乡村旅游开发要顺利租赁到较大规模土地，都必须借助于农村集体组织的协调、参与，甚至直接与集体组织签订流转合同，再由集体组织与农户进行协商，农户处于从属地位。有的集体组织自身就是乡村旅游土地的转出方，村集体组织将土地整理成乡村旅游用地直接入股旅游开发公司并成为大股东之一。有一些地方政府采用行政手段，利用"反租倒包"方式，低价流转的农民的土地使用权，高价租让给乡村旅游开发商，从中获取土地增值收益。此外，由于缺乏监督管理，以至村集体经济组织在乡村旅游用地增值收益分配中以种种借口，随意截留、挪用土地增值收益。例如，2015 年云南省各级纪检监察机关共查处村官违纪违法案件 2128 件 2358 人，占立案总数的 37.69%。其中，村党支部书记、村委会主任违纪违法案件 621 件 552 人。宁洱县普义乡端金村党支部原书记彭发林、村委会原主任罗云华、村委会原副主任何万元，挪用征地补偿款共计 80 万元被查处。[①]

六、分配结果不公平

从目前乡村旅游用地增值收益的分配格局来看，开发商所得增值收益最大。其中一个主要原因是由于乡村旅游市场需求上升导致地价的快速上涨，从而引起地价的快速上涨，不仅有开发商自身增加利用、投资带来的级差地租Ⅱ（应归开发商所有）的增加，也有区位条件改变、政策改变、供求矛盾加剧等因素带来的绝对地租和级差地租Ⅰ（应归社会共享）的增加，但是，开发商获得了该阶段的全部增值收益，包括本应

---

① 云南惩治农村腐败已查处 2000 余村官［N］. 中国纪检监察报，2015－06－01.

由全社会分享的绝对地租和级差地租Ⅰ增值，从而造成了乡村旅游用地增值收益的不合理分配。下面再以"××生态花果园"案例证明。

昆明市××地区是云南省乡村旅游发展最早、最成熟的地区，该地区一共有乡村旅游经营点170多家，被视为云南省乡村旅游的旗帜，2004年被国家旅游局列为"全国农业旅游示范点"的"××生态花果园"就是其中之一。

昆明市××区为了发展乡村旅游，2006年区政府投资100万、乡政府投资80万在村委会所属1000亩的土地上种植苹果树2.4万株，并建盖了一个占地面积为40亩的"生态餐厅"，该苹果园被取命名为"××生态花果园"。该果园在经过前期的基础建设后承包给了一个当地人经营，承包费每年35万元，期限10年。该承包人聘用了当地村民20人就业，每人每月工资在800元左右。

原来该苹果园的果农是从果园中自己采摘后拉到城市里买，每公斤苹果在市场上的售价6元左右，减去运输费、人工费、税费等，每公斤苹果赚1元左右，利润很低。该果园承包人承包了果园后改变了经营方式，他把果园改名为"生态花果采摘园"，因为该果园环境优美，空气清新、交通便利对城市人产生的一定吸引力，政府多次举办"苹果节"等营销活动并进行广泛宣传，由于广告效应和乡村旅游需求的旺盛，尽管在该果园采摘苹果按每公斤25元的高价出售，到该苹果园采摘的旅游者越来越多，特别是到"黄金周"要通过预约排队才能进入果园采摘。该果园苹果价格大幅度提高，省去了销售运输成本和人工费等，苹果收益利润大幅度提高，而且还带动了当地的餐饮业发展。本书作者在2014年到该苹果园经营情况调查如表8-1所示。

表8-1 　　　　　　　　××生态花果园2014年的经营状况表

收入情况		支出情况	
水果采摘收入	129.60万元	水、电、气支出	10.20万元
餐饮收入	173.88万元	员工人数55人工资支出	66.00万元

续表

收入情况		支出情况	
年总收入	303.48 万元	餐饮原材料成本	68.28 万元
		经营场地租金	35.00 万元
		果园管护费	18.00 万元
		其他支出	15.60 万元
		年总支出	213.08 万元
		缴纳税金	9.96 万元
年利润	80.44 万元	利润率	26.49%

通过该果园的经营转型和土地增值收益分配可以看出，农业用地向乡村旅游用地发展，土地经营收入和土地增值收益大幅度提高，但土地增值收益分配不尽合理。第一，该苹果基地租金过低。该苹果园并不是裸地出租，当地政府已经投资 180 万元用于苹果树栽培、道路、生态餐厅建设，占地面积总共 1400 亩，开发商付出的承包费 35 万/年，平均每亩才 250 元，把该果园在 2014 年获得的年纯收入（利润）均摊到果园的全部土地上，该果园每亩土地获得的纯收入高达 574.57 元，租金明显过低。第二，没有增长机制。该苹果园采取一次性承包土地的方式，一次性付给村集体土地租金，一次性地补偿就导致了农民被排除在以后土地增值收益分配之外。第三，乡村旅游用地增值收益分配明显偏向旅游开发商。乡村旅游开发商应获得的乡村旅游收益应该是以社会平均利润率为基础的合理利润，但该开发商 2014 年获得的纯利润多达 80多万元，利润率高达 26.49%。当乡村旅游用地开发的平均利润与其他行业的投资平均利润接近时，也就是说达到社会平均利润率，才是合理的。该开发商不仅得到了社会平均利润，而且还得到了超额利润。

七、分配保障不公平

旅游业是一个风险性比较大的行业，使乡村旅游用地增值收益分配也存在较大风险。开发商拿到土地后无序利用。第一，租地以后不用。以占有资源坐等升值为目的，不开发、不投入，有些开发商套取了政府的优惠补贴之后撂荒土地，致使许多土地资源被闲置；第二，租地以后乱用。违背客观规律、乱开发，开发出一些不受人们欢迎的项目，导致乡村旅游用地被闲置；一些开发商任意对土地进行改造，搞破坏性建设，任意改变土地种植结构导致土地质量下降。云南农村地区有的地方政府、农村集体、农民在把土地流转给旅游开发商时并没有对开发商的经营能力进行资格审查和评估，有的开发商一旦经营失败，一走了之，根本就不履行条约。由于对土地流转开发乡村旅游的风险认识不足，没有制定预防保护机制，给当地农村造成较大的土地的浪费和经济损失。农民得到较少土地增值收益，但还要承担起由于旅游开发所带来的外部成本。

总体而言，云南乡村旅游用地增值收益分配存在许多问题。乡村旅游开发中虽然为当地农民提供了就业机会，农民虽然也从中获利，但与农民的付出成本和应该得到收益相比是极不相称的，而且农民还是旅游负面影响最直接的承受者。如果乡村旅游开发不充分考虑农民的利益，土地增值收益分配不合理，发展到一定程度时就会发生利益冲突，不仅影响乡村旅游的健康发展，还会引发社会矛盾，极不利于云南农村的健康发展。

第二节　云南乡村旅游用地增值收益分配存在问题的原因

一、收益分配中没有体现旅游资源的价值

云南乡村旅游用地的特点之一，是农产品经济价值较低，而生态价值、社会价值和旅游价值相对高。但乡村旅游用地作为一种新型的土地利用类型，人们对它的认识还不够全面、不够深入。由于从一般农业用

地扩展为乡村旅游用地，土地性质未发生变化，人们认为，既然乡村旅游用地仍然是农业用地，也就自然而然地将乡村旅游用地的价值等同于农业用地的价值，把每亩土地的租金收益通过比照种粮产量和价格的方式长期固定在一个水平上作为乡村旅游用地流转时的交易价格。还有另一种情况是，当地政府和旅游开发商有意回避或模糊乡村旅游用地旅游价值及其在未来所产生的增值收益，蒙蔽农民，从中获利。同时，由于云南农村土地的自然条件较差，土地的边际收益长期处于低水平，这也导致人们形成一种错误的惯性思维，认为既然乡村旅游用地与传统农用土地一样都是农用地，那么其边际报酬原本应该就是低的。[①] 实际上，农用地向旅游用地延伸后，旅游资源的作用被释放出来，土地收益必然会高于原用途的收益，但旅游开发商只支付了土地作为农业生产用地功能的使用费来取得土地使用权，并非是按照乡村旅游用地的价值来支付使用费用，并没有考虑乡村旅游土地利用的预期成长性增值和选择性价值、旅游用地的市场价格。更在于旅游开发商支付给农民的租金是以农地上种植物的收益来计算的，至于土地区位、土地资源条件以及基于乡村旅游资源的土地而延伸的附带的市场价值升值部分并不考虑。不难看出，农民得到的大多数是绝对地租，至于乡村旅游用地的"级差地租"和"垄断地租"农民几乎得不到，农民获得的乡村旅游用地增值收益较低。现实中，农民将土地资源视为实现其对乡村旅游高收益期望的主要资本，但旅游开发商给予农民的土地租金所补偿的只是乡村旅游用地租赁前的年均农业收益，忽略了乡村旅游用地自身各要素重组而形成的旅游价值，造成了农民的乡村旅游用地增值收益分配过低，没有分享到乡村旅游土地高收益的经营成果。

二、乡村旅游用地产权关系复杂利益分配难以协调

目前中国农村土地制度存在一些缺陷和不足，其中之一，就是农村

---

① 蔡妹妹. 对休闲农业利益分配问题的研究 [D]. 杭州：浙江工商大学，2008 - 12 - 01.

土地所有权人——"集体"的概念模糊不清。由于"集体"内涵的模糊，"集体"可以是村集体经济组织、村委会、村民小组成员，"集体"有时又是指全体村民。"农民集体"是一个集合概念，它只具有名义和抽象的意义，很难成为实践层面上的市场主体。这一制度缺陷带来的问题是，土地增值收益、征地补偿款等究竟应归村集体经济组织，还是归村集体内的全体农民所有或者在二者间进行分配？法律并未对集体收益的分配形式做出明确的回答。在现实中，往往由村集体经济组织尤其是主要村组干部一手包揽，村民没有决策权，有时甚至连知情权也保证不了。

乡村旅游开发是把土地资源和旅游资源相互融合，形成一个综合性的旅游产品的生产过程，在这个生产过程中产生了错综复杂的产权关系。本来中国农村土地制度就有如上所述的问题，给农村土地产权带来了比较复杂的问题，由于农业用地拓展为旅游用地，土地产权问题就更加复杂了。我国旅游资源从产权关系的角度划分，具有国家所有、集体所有、私人所有、公司所有、混合所有五种类型。第一，国家所有。指旅游资源多数依附于国有资产上特定形式的物质实体而存在，如土地、森林、草原、山地、河流、湖泊、城市等，因而这类旅游资源与其依附的其他自然资源一起属于国家所有，并在历次宪法中有明确的规定。第二，集体产权性质的旅游资源，如农田、农庄、村寨、集体森林、集体河流、湖泊等。这类资源在生产结构转型过程中发展旅游业，成为旅游资源并延续了原有的集体所有权，由集体行使使用权、管理权和收益权等权利。第三，私人产权性质的旅游资源，如传世文物、民居私宅、私人农庄等。这类资源由私人所有，并受法律保护，产权归属清楚、权责明确。第四，公司产权性质的旅游资源，如主题公园、人造景观等。这类旅游资源由各类公司投资建设，物权性质明显，由投资公司依法占有、支配和处分，依法享有收益权，并承担市场风险。① 第五，产权混合所有制，即股份制产权关系。通过股份形式，政府、企业、乡村居民

---

① 熊元斌，蒋昕. 可持续发展视域下旅游资源产权制度安排研究［J］. 湖北大学学报（哲学社会科学版），2013（5）：119－122.

分享资源占有权、使用权、处置权和收益权。

云南随着乡村旅游的发展，乡村旅游开发从自主开发向多种主体开发发展。一方面，一批有技术、有资金的企业、私营业主，纷纷到云南农村进行旅游开发，乡村旅游用地流转的主体也从农户相互间的自发流转向旅游开发公司、旅游合作社、旅游股份公司等流转发展，呈现出乡村旅游用地开发多元化的发展趋势，由于土地开发主体的多元化，也增加了乡村旅游用地增值收益分配的复杂程度。另一方面，乡村旅游开发涉及多种土地利用类型，包括耕地、林地、园地等农用地、坑塘水面、养殖水面、农村宅基地等，不同的土地利用类型，有不同的土地管制制度，复杂的权属关系也往往形成乡村旅游用地资源产权多元化的情况。

以云南元阳哈尼梯田为例，当地农民耕种的梯田，按照国家土地管理法规定，农村集体拥有所有权，农民拥有承包经营权；有些农民在城市找到工作，把梯田的经营权流转给其他人或者企业使用，该梯田的经营权又有了新的主体；农民的房屋及农民自己种的树木按照规定属于农民私人所有；然而，当哈尼梯田申报成为世界文化遗产后，按照国家规定，世界文化遗产应该属于国家（全民）所有；元阳县政府为了加强对元阳哈尼梯田的旅游开发，与云南世博旅游控股集团公司合作，云南世博旅游控股集团公司占 66.67% 的股权，元阳县国有资产经营管理公司占 33.33% 的股权。于是，哈尼梯田现在的产权关系已经出现多元和交织，产权的边界非常模糊和复杂，国家、集体、企业和个人都在其中拥有一部分所有权、经营权、管理权和收益权。"收益权"是产权的重要内容之一，所以无论产权关系以何种形式存在，都要通过对资源的占有、使用和管理能够获取好处，于是当地政府、开发商、村民、村集体经济组织等土地等资源的产权人必然都要求对收益进行分配。不同的乡村旅游用地开发模式、投资模式、村民参与方式形成的乡村旅游产权结构有很大差异；而产权结构的差异，导致利益主体出现目标差异和行为差异。另外，元阳梯田的政府管理部门也从原来的农业局，变成了农业局、旅游局、文化遗产管理局等多个部门共同管理，在多个产权主体和多个管理部门的情况下，出现了多元化的利益主体，多样化的利益诉求，多样化的管理标准，各利益主体因为价值取向的差异和利益诉求上的冲突，导致乡村旅游用地增值收益的评价标准、要素贡献的权重测评体系难以统一，无法建立旅游利益分配的标准机制，难以形成公平合理的分配方案。

三、乡村旅游用地的旅游资源的权属不明确

乡村旅游用地增值收益分配中农民分配到的最少，重要原因之一在于乡村旅游资源的产权不清，导致以这部分要素产生的土地增值收益没有分配给当地农民。在乡村旅游用地的旅游资源权属不明确会产生两个负面效应，一是开发利用中"租金消散"，即具有价值的共有财产由于没有排他性的使用权，会将其租金价值或净值降为零。[①] 二是乡村旅游资源开发利用的外部负效应，即对于一些稀缺性资源，一方使用得越多，留下可使用的就越少，使得人们在争夺这种资源的过程中没有约束。

要建立乡村旅游用地收益公平分配机制，首先要明确农村土地上旅游资源的产权关系。传统观点认为，旅游资源是人类产生、使用、经历历史空间和时间传承至今的人类共同财富。无论是物质文化遗产，还是非物质文化遗产，它们都是一种公共资源，例如，文化遗产在我国《宪法》规定内属于广义的国有资产，但一些非物质文化遗产有着具体的少数民族社区和个人作为传承人，他们是否拥有该遗产的控制权、收益权等，没有界定。再如，乡村旅游资源有一些是民族文化旅游资源，它们是民族地区农村居民世世代代生产、生活形成的，如果把红河元阳梯田边的蘑菇房、西双版纳傣族的竹楼、非物质文化遗产传承人的产权定义为公共资源就不合道理。所以从法律上对乡村旅游资源进行确权非常重要，这是农民与旅游开发商谈判的基础，若本属于农民的乡村旅游资源，但又找不到法律依据，那么在旅游开发谈判中对农民非常不利。如果不从法律上将农村土地上的旅游资源因其吸引力在未来所产生的收益

---

① 张五常. 经济解释［M］. 北京：中信出版社，2015.

这项资产的产权界定清楚，这项资产将变成"无主财产"。人们必定争相攫取这一稀缺的经济资源。这正是引起旅游开发中企业、居民、政府利益纠葛无穷的根本原因。①

从经济学的角度解释，有效率的产权是经济增长的关键，一个社会的所有权体系如果能够明确规定个人的财产权利，并对之提供有效的保护，就能减少经济活动的成本和费用，使个人收益接近社会收益，从而具有激励个人创新、提高整个社会经济效率的功能（诺斯，1994），要保证乡村旅游用地增值收益分配公平合理，必须以明确产权归属为基础。但是，当前云南乡村旅游用地的旅游资源产权不明确，没有进行确权，当地村民无法凭其所有权获得收益，也使乡村旅游开发中农民的权益保护无法可依，这就导致了在乡村旅游用地增值收益分配根源上的不平等。农民非但不能获得合理的土地增值收益，却还要承担旅游开发所带来的"社会成本"；而开发商却凭借较低的成本获取乡村旅游用地的开发权利，获取高额的利润回报，这是乡村旅游用地增值收益分配不平等的重要原因。

四、乡村旅游用地增值收益分配机制混乱

我国《农村土地承包经营权流转管理办法》规定："县级以上人民政府农业行政主管（或农村经营管理）部门依照同级人民政府规定的职责负责本行政区域内的农村土地承包经营权流转及合同管理的指导。"从规定来看，当地政府是农村土地流转的管理主体，而且应该采用指导性的管理方式。但在农村土地流转和地租分配的实际管理中，政府、相关管理部门、农村集体基层组织都参与到农村土地流转和地租分配的管理当中，政出多门，规定复杂，从而导致乡村旅游用地增值收益分配机制混乱。例如，通过村民代表与公司及政府协商签订合同确定分配方案的方式、由村委会与开发商及政府协商签订合同确定分配方案的方式、

---

① 左冰，保继刚. 旅游吸引物权再考察［J］. 旅游学刊，2016（7）：13－16.

农民直接与租赁土地的旅游开发商商议土地增值分配的方式、以地方政府为主导的征地及分配的方式，在乡村旅游用地增值收益分配博弈过程中，各方均追求自身利益最大化，各利益主体极易出现利益纠葛，往往以牺牲农民的利益为代价。

一是农村土地承包经营权分配制度有缺陷。按照农村集体土地所有制法理，既然是农村集体经济组成员就应该人人有份，增人增地，减人减地。但是，农村的土地承包经营权是采取"按户平均分配，增人不增地、减人不减地，进不增、出不减，长久不变"。此种土地经营权分配机制的缺点是，随着城市化和农村家庭人口的变化，导致土地承包数量不均，土地收益分配不公平，例如，一些家庭，有人去世地不减，一些新人出生地不增；一些村民到城市打工或者转为公务员、干部、教师等，这些人的户口可能已经变为了城市户口，但他们仍然拥有农地和宅基地，他们一边享受着城市人的福利，一边还可把土地流转给农村种地的人，每年收取一定的地租成为"新型地主"。而一些老老实实在农村务农的农民就非常吃亏，尽管家庭新增加了人口，但也不能增加土地，为了养家糊口还不得不租种别人的地。在中国农村，拥有土地的人不再种地，想种地的人没有土地的不合理现象普遍存在。

二是地方政府不尊重农民的分配机制。乡村旅游用地增值收益应该通过市场机制形成，这是分配机制合理性的首要前提。然而地方政府出于政绩考核的考虑，往往对乡村旅游用地流转价格进行行政干预。在流转过程中，大多没有聘请独立的资产评估公司进行乡村旅游用地价值评估，而是由乡镇政府根据每年农业经营收入确定土地租金，低估土地资产价值、以优惠价格吸引旅游开发商投资，不征求农户意见擅自改变土地承包关系、改变土地用途，直接与开发商签订土地开发利用合同或强迫农民流转承包地等土地增值分配的各种重要问题等。这种权力的错位和越位的分配机制，弱化了土地价格的市场机制作用，导致乡村旅游用地增值收益市场化形成机制的缺失，使得权力租金取代权利租金，权力而不是权利成了土地增值收益分配的主要依据。①

三是村集体经济组织不尊重农民的分配机制。开发商为了节省乡村旅游用地使用成本，不直接与农民协商，而是与村集体经济组织协商。村镇干部以"集体经济组织"的名义任意处置土地，撇开农民直接和开发商进行合作，由村集体组织单方面与开发商签订乡村旅游用地开发利用和土地收益分配协议，村集体组织从中得到一定比例的利益分配，村干部个人也从中获利，开发商最终以比市场价低得多的价格使用乡村旅游用地。这种分配机制会造成一些基层干部隐瞒真实信息，利用信息不对称、农户不知情的弱势，动用职权和行政力量从农民群体中低价租来农地再高价转租给旅游开发商，甚至出现隐瞒、私分、贪污和挪用乡村旅游用地增值收益"大发土地财"现象。还有一部分农村集体组织会从而把土地转租过程中形成的收益差留在集体组织内部供特定成员共享。

四是旅游开发商不尊重农民的分配机制。从旅游开发商角度看，他们拥有一定的技术、雄厚的资金实力，有充足的市场信息；再加上地方政府为了完成招商引资任务，会给旅游开发商一些优惠政策。他们往往掌握了乡村旅游用地增值收益分配的话语权，利用各种优势使自己在土地增值分配中有利，如旅游开发商给予农民的乡村旅游用地租金所补偿的只是土地租赁前的年均农业收益，故意忽略了乡村旅游用地自身各要素重组而形成的旅游价值，土地的旅游资源在土地租赁时没有纳入土地租金的计算之列，使得开发商获得了土地附属物的免费使用权，所以，开发商所得土地增值收益远高于农民所获得增值收益，由此产生了巨大乡村旅游用地增殖收益被开发商独自占有，造成农民土地增值收益损失。

五是只注重眼前利益，忽视长远利益的分配机制。过于重视货币补偿，不从可持续发展和生产方式转变的角度为农民提供就业机会和提高农民的就业能力，虽然农民得到了较高的货币收入，但没有机会参与乡村旅游用地开发，得不到土地持续增值收益，从长远看，农民吃亏很大。

---

① 刘元胜. 完善土地增值收益分配机制［N］. 学习时报，2015－11－30.

五、乡村旅游用地交易信息不对称

乡村旅游用地交易信息不对称，是指乡村旅游用地流转过程中交易方所拥有的信息量不平等。一方掌握着另一方所没有的信息，而这一信息又将影响后者的利益，例如，旅游开发商往往掌握了乡村旅游开发的大量信息，而云南农村由于地处西部边远落后地区，农民缺乏专门的知识和渠道，无法获得必要的乡村旅游用地市场信息。主要有三种情况：一是乡村旅游用地资源价值信息的不对称。农民一般无法将自己的乡村旅游用地资源的价值所得与市场上同质土地资源价值所得进行比较，即使获得正确的信息，也可能由于缺乏专门知识进行分析，对获得的信息的价值认识不到位，结果使得农民无法在对自身乡村旅游用地流转时应得的收益做出合理的判断；二是乡村旅游用地资源交易信息不对称。云南乡村旅游用地交易信息渠道不通畅，市场上没有专门的乡村旅游用地的评估机构和交易渠道，农民找不到交易通道，为了把土地流转出去不得不压低价格进行交易；三是土地资源经营信息的不对称。这是指开发商可能对于乡村旅游经营真实盈利情况有所隐瞒，乡村旅游用地流转前农民没有掌握乡村旅游用地开发所能带来的市场收益高低的有关信息，农民缺乏乡村旅游开发的经验和专门知识，导致农民对乡村旅游经营效益认识不清。

信息不对称所产生的直接后果就是占有信息优势的一方采取隐匿信息的方式进行逆向选择。由于利益最大化的目标，开发商隐藏乡村旅游用地增值收益等信息，以获取额外收益，从而最终影响乡村旅游用地增值收益分配机制的运行结果、导致分配不合理。一方面，市场信息对农民而言是稀缺的，信息不能及时、准确传递，缺乏有效的信息沟通，对于乡村旅游土地开发过程中实际市场价格并不真正了解，造成了乡村旅游用地增值收益的信息非对称，农民无法形成理性预期。另一方面，信息的不足还会导致政府对土地开发利用的管理出现偏差，应该进行干预的时候没有及时干预，不需要干预时而又强行干预，甚至做出一些违背市场经济规律损害国家、损害群众的事情，例如，2008 年 7 月 7 日楚雄州政府与"外商"签署了《中国西南国际葡萄酒城项目合作开发合同》。按合同约定，该项目计划总投资 12.8 亿美元，建设期限为 4 年，包括年产 50 万吨优质酿酒葡萄的种植基地 60 万亩和葡萄酒的相关产业。然而，楚雄州的土壤、气候及技术条件不太适宜酿酒葡萄的种植，但时任州长扬××不做深入调查研究，而是主观臆断，一意孤行。几年折腾下来，投资了上千万元，最后只有在一个苗圃里种下几十棵供参观的葡萄。①

六、乡村旅游用地增值收益价格评估机制不健全

乡村旅游用地增值收益分配首先要对乡村旅游土地使用权价格进行科学合理的评估，才能在增值收益分配中有一个合理的标准和界定。乡村旅游用地是一种特殊类型的用地，地价影响因素比较复杂，地价分异规律也不同于一般农业用地，所以其价格体系与评估方法有其特殊性。从国家管理的角度讲，城镇土地有偿使用制度改革以来，我国逐步建立了以城镇基准定价为核心的地价管理体系，主要针对商业、住宅、工业三类用地，但是，对旅游用地缺乏指导，对乡村旅游用地的界定不明确，更没有把乡村旅游用地作为一种单独的用地类型进行管理，对乡村旅游用地评估却是沿用普通常用的评估方法，忽视了乡村旅游用地的特殊性，对乡村旅游用地价格缺乏科学合理的评估。

传统农业进行乡村旅游开发后，虽然用地性质未发生改变，但从资源性质上来看，土地资源由原来的纯粹的农业资源转为具有旅游价值的综合性资源，其资源价值的内涵发生了较大的变化即形成了旅游价值，土地价值就会明显增值，因此，这部分土地增值收益应该要予以合理的界定和有效的资产评估。但由于乡村旅游用地增值收益形成的原因与来源构成较为复杂，形成机制复杂，投资收益与收益成本关系存在巨大差

① 云南楚雄原州长违法批地　双规后数项目陷入困境 [N].羊城晚报，2011-11-19.

异。实践中,乡村旅游用地增值收益分配基本上都是以普通农村土地价值作为衡量标准,以普通农村土地价值增值收益进行价值评估、计算进行分配。现行的对土地的增值收益的评估方法有:收益还原法、影子地价法、实物期权法、基于产出模型的耕地价格评估方法,以及其他一些经过改进的方法。如果使用这些估价方法对乡村旅游用地的增值收益计算都或多或少存在一些问题,主要集中在四个方面:一是用农用土地的原用途价值作为测算标准,没有考虑乡村旅游土地上的旅游资源的价值;二是没有考虑土地的动态增值收益;三是评估标准不一致,导致评估机构运用的评估方法、选取的技术参数、选择的计算公式等不一致,导致评估结果出现千差万别的现象。四是行业主管部门往往制约和限制被评估单位自由选择评估机构,形成行业垄断和地方封锁,影响了评估机构的公平竞争。一些资产评估机构和评估人员为了拉业务、创效益,不惜弄虚作假,违背独立、客观、公正的原则。

目前,旅游学界都认为乡村旅游收益分配中旅游开发商或者政府没有把乡村旅游用地的旅游资源价值计算在旅游收益中进行分配,提出应该把旅游资源从土地上剥离出来,单独计算价值。但是,旅游资源的价值如何评估、计算目前还是一个难题。一方面,由于影响乡村旅游用地价格的因素有很多,如同块土地因区位不同,其价格也不同,公共及基础设施水平高低也影响土地价格高低,甚至旅游资源的季节性也会影响土地的收益,特别是旅游资源价值更是难以量化衡量,例如,人文景观中的传统生活方式、风土人情、社会制度等的无形资产价值无法直接评估,有些旅游资源是"老祖宗"和"老天爷"留给人类的宝贵财富,当对这些资源进行旅游开发时,从理论上讲,这部分资源应该要予以合理的界定和科学的评估,其客观价值如何衡量?另一方面,乡村旅游用地价格高低还受供求关系、物价上涨因素、国家政策等影响,乡村旅游土地的远期价值难以准确评估,增值价格的计算很难做到精确,所以乡村旅游土地价格评估工作相当困难。目前国内外理论界和实际工作中都还没有一个统一的、标准的、公认的评估方法,目前基本上还处在探索阶段。

将旅游用地作为一种资源性资产来评估，在理论上有其合理性，因为，旅游业的六大要素必然要有相应的土地支撑，乡村旅游用地不仅包含主体资源，同时包含与主体资源相配合的其他资源，包含了自然因素及人类为开发旅游资源所付出的各种劳动，乡村旅游用地地价是旅游资源的地租资本化价格，是旅游资源资产价值的体现，其价格水平反映了旅游资源资产性的使用价值。目前比较多的是应用"游客支付意愿法""条件价值法""旅行费用法"三类土地定价模型对旅游用地的价值进行计算，这三种模型具有各自的优势、缺陷和适用性，其显著差异表现为定价目标、定价机制及考虑的利益主体的不同，存在各种各样偏差和错误的处理效果，在学术界存在颇多争议。例如，条件价值评估法（CVM）评估农地景观的存在价值是依据消费者的假想支付意愿及主观评价，消费者从农地景观的存在所获取的满足或消费者剩余，容易受限于受访者的经济状况、文化程度及认知程度等个人属性的影响，特别是调查表明的当前多数受访者对支付意愿和假想市场的认识仍需要一个逐渐接受的过程，存在较多的偏差，尤其以策略偏差表现明显，部分受访者对调查活动目的不理解，并有抗拒心理，存在保守提供真实支付意愿的情况，为此 CVM 的评估结果相对偏低。①

目前，云南多数地区没有专门的乡村旅游土地资产评估机构，乡村旅游用地价格评估的理论方法和实践经验都还比较缺乏，可供参考的评估案例也比较少，致使乡村旅游土地出让价格无章可循，乡村旅游土地价格多为农户与受让业主之间通过协商的交易形成，其地价不够合理，相差悬殊，农民分配到的乡村旅游用地增值收益较少。

七、云南农民法律意识不强

目前，云南乡村旅游用地土地增值收益的分配往往是当地农民与旅

---

① 蔡银莺，张安录. 武汉市石榴红农场休闲景观的游憩价值和存在价值估算［J］. 生态学报，2008（3）1207 – 1208.

游开发商通过协议约定的。张琼、张德森（2016）认为，开发商在经济、法律等方面的知识、信息都比农民丰富，甚至可雇用专业人员参与，有能力引导合同偏向自己的利益。在利益的驱使下，本应公平公正的合同反而因为隐藏的不公平条款成为开发商获取利益的渠道，甚至在合同以外，通过贿赂公权力部门侵占农民资源，获取不正当利益。[①] 而云南农村的农民则处于受教育程度较低、法律知识及其有限的劣势地位，对合同中不公正的内容或开发商不公平的行为不能及时发现。由于云南农民法律意识不强，不善于运用法律的工具来保护自身利益，农民在发觉自身利益受到损害时往往选择暴力行为进行抗争，而非协商、调解、诉讼等方式。

---

① 张琼，张德森. 再论旅游吸引物的法律属性 [J]. 旅游学刊，2016（7）：24 – 31.

第九章

乡村旅游用地增值收益公平分配机制的构建

乡村旅游用地增值收益分配是乡村旅游用地所有者、承包者、使用者和相关利益主体运用地租、地价、地税、地费等经济杠杆调控、参与乡村旅游用地收益分配和再分配的一系列运作过程。所以本书把乡村旅游用地增值收益分配机制定义为，"乡村旅游用地增值分配的诸因素，如分配主体、分配客体、分配目标、分配原则、分配模式、分配途径、保障体系等相互联系、相互制约调节乡村旅游用地增值收益分配系统运行和各分配主体之间关系的过程与方式"。公平的乡村旅游用地增值收益分配机制，是指能够公平、合理、科学地分配乡村旅游用地增值收益，使人们的利益分配关系保持和谐，有利于社会和谐发展的利益分配机制。它的构建包含几个方面，一是建立分配理论体系；二是确立收益分配原则；三是设定合理的目标；四是制定分配模式；五是制定分配机制运行的保障制度。

第一节　乡村旅游用地增值收益公平分配机制构建的依据

一、我国的收入分配制度

我国的收入分配制度最初是以马克思按劳分配理论为基础制定，但随着我国国情不断发展变化而在改变。1978年，党的十一届三中全会首次提出"按劳分配"的要求，在其报告中指出"公社各级经济组织必须认真执行按劳分配的社会主义原则，按照劳动的数量和质量计算报酬，克服平均主义。"① 党的十四大召开，虽然仍然坚持按劳分配的主体地位，但开始突破我国的收入分配制度按劳分配唯一论，开始承认其他分配要素的合法性。1993年，党的十四届三中全会《关于建立社会主义市场经济体制若干问题的决定》明确指出"个人收入分配要坚持以按劳分配为主体、多种分配方式并存的制度，体现效率优先、兼顾公平的原则。"② 第一次提出以按劳分配为主体结合其他分配方式的制度，并第一次提出允许个人的资本要素参与分配。党的十五大的报告把支持生产要素参与分配的态度从"允许"改为"允许和鼓励"，③ 并第一次把资本和技术确认为可以参与分配的生产要素。党的十六大报告非常明确地指出"确定劳动、资本、技术和管理等要素按贡献参与分配的原则……坚持效率优先，兼顾公平……一切合法的劳动收入和非劳动收入都应该得到保护。"④ 第一次明确了劳动、资本、技术和管理作为要素参与分配的合理性。同时，由于收入差距的扩大，党的十六大在坚持经济效率之余开始关注公平问题。2012年党的十八大报告指出"千方百计增加居民收入。实现发展成果由人民共享，必须深化收入分配制度改革……提高居民收入在国民收入分配中的比重，提高劳动报酬在初次分配中的比重。初次分配和再分配都要兼顾效率和公平，再分配更加注重公平。完善劳动、资本、技术、管理等要素按贡献参与分配的初次分配机制，加快健全以税收、社会保障、转移支付为主要手段的再分配调节

---

① 中国共产党第十一届中央委员会第三次全体会议公报，1978年12月22日。

② 江泽民：《党的中央关于建立社会主义市场经济体制若干问题的决定》，1993年11月14日。

③ 江泽民：《高举邓小平理论伟大旗帜，把建设有中国特色社会主义事业全面推向二十一世纪》，1997年。

④ 江泽民：《全面建设小康社会，开创中国特色社会主义事业新局面》，2002年11月8日。

机制。"① 党的十八大报告开始关注农民的土地增值收益分配，提出"改革征地制度，提高农民在土地增值收益中的分配比例"。② 2013 年 2 月国务院批转的《关于深化收入分配制度改革的若干意见》又进一步指出，给予农民"合理分享土地增值收益"。2015 年中央一号文件《关于加大改革创新力度加快农业现代化建设的若干意见》重申了党的十八届三中全会《决定》的精神指出"建立兼顾国家、集体、个人的土地增值收益分配机制，合理提高个人收益"。2016 年中央一号文件指出"研究制定促进乡村旅游休闲发展的用地、财政、金融等扶持政策，落实税收优惠政策。激活农村要素资源，增加农民财产性收入"。从中央的一系列的会议可以看出，党和政府不断地在关注的我国的土地分配制度，并且越来越重视农村土地增值收益分配问题。

二、产权理论

不论是从乡村旅游用地流转，还是乡村旅游用地增值收益分配，都不可避免地涉及土地产权，因此，本书把土地产权理论作为研究乡村旅游用地流转与土地增值收益分配的理论依据。土地产权指存在于土地之中的排他性完全权利，是有关土地财产的一切权利的总和。黄琨（2011）对我国土地财产权利的表述总结成六项权利：所有权、承包权、占有权、使用权、处置权和收益权。③ 土地的所有权、承包权和经营权是土地产权的基本权能。其他诸如土地的收益权、担保权、抵押权等都是从这三项权能中衍生出来的。

土地所有权。《经济学大辞典·农业经济卷》把土地所有权定义为："土地所有者在法规规定的范围内自由使用和处理其土地的权利。受国家法律的保护。"

土地承包权。《中华人民共和国农村土地承包法》第三条明确指

---

①② 胡锦涛：《坚定不移沿着中国特色社会主义道路前进》，2012 年 11 月 8 日。

③ 黄琨．中国农民工市民化制度分析［M］．北京：中国人民大学出版社，2011：191．

出："国家实行农村土地承包经营制度。农村土地承包采取农村集体经济组织内部的家庭承包方式，不宜采取家庭承包方式的荒山、荒沟、荒丘、荒滩等农村土地，可以采取招标、拍卖、公开协商等方式承包。"在我国土地承包权和土地经营权是捆绑在一起的，农村土地承包权是指农民对从农村集体组织承包过来的土地，拥有的占有权、收益权两项子权能的权利。①

　　土地经营权。本书作者认为，土地经营权实际就是土地的使用权，只是文字的表述不一样，二者的内容是一样的，都是指对土地的使用人依法利用土地并取得收益的权利。

　　合理界定乡村旅游用地的产权内涵，完善土地产权制度是推进乡村旅游用地增值收益公平分配的重要内容。乡村旅游用地增值收益分配与土地产权的关系主要表现在两个方面：一是合理的产权制度安排是乡村旅游用地增值收益分配的法律保障；二是合理的产权制度安排能够保障由于乡村旅游用地使用权的转移而明确各个产权所有主体和产权使用主体之间的收益分配关系。当然，在乡村旅游用地增值收益分配过程中也会由于权利归属不同、权能的完整性而产生诸如乡村旅游用地所有者（农民集体与农民）、使用者（开发商）、管理者（地方政府）等多元利益主体之间形成错综复杂的分配关系。

　　马克思的土地产权理论认为，土地所有者既可以自己经营自己的土地，也可以把使用权转让给其他人，也就是说，土地使用权和所有权可以分开；所有的土地产权权能既可以全部集中起来由一个产权主体行使，也可以从整体中分离出一项或几项权能独立经营；土地使用者与经营者并不必须是土地所有者。在这样的理论指导下，我国有了土地产权制度变迁史上曾经有过伟大的创造——家庭联产承包责任制（所有权和使用权分离）以及现在的——"三权分离"（所有权、使用权和经营权分离）。产权的明晰，决定了谁有权利利用资源并获得收益，不仅为治理结构提供了制度保障，还有利于减少交易费用（张五常，

---

① 周跃辉. 按权能分配农村集体土地增值收益论 [D]. 北京：中央党校，2014 年.

2002）。有效的产权制度是促进经济增长的决定性因素，"改进技术的持续努力只有通过建立一个持续激励人们创新的产权制度以提高私人收益才会出现"。①

乡村旅游用地增值收益分配应该充分考虑产权的问题，关注产权的作用，重视农民和农村集体的产权主体地位，要按照土地产权理论，所有权、土地承包权和土地经营权"三权分离"的制度框架实施乡村旅游流转和土地增值收益分配。乡村旅游用地的集体所有权以及农民的承包权不能流转，只能流转的是乡村旅游用地的经营权（使用权），这样既可以解决旅游开发商对土地的需要、增加农民的土地收入，还可以做到风险可控，一旦旅游开发失败，农民损失的只是几年的土地租金，农民仍然还有承包权，可以收回土地，代表农民根本利益的土地仍然由农民拥有。要坚持农村土地集体所有的底线，坚持依法自愿有偿，保护农民承包权益的原则，不能以开发乡村旅游为幌子，改变土地的产权、改变土地的所有制、损害农民的利益。

三、利益相关者理论

利益相关者是指那些能影响企业目标实现的个人或者群体。弗里曼（1984）指出，利益相关者是企业专用性资产的投入者，只有他们对其专用性资产拥有完整的产权，才能相互签约组成企业。专用性资产的多少以及资产所承担风险的大小正是利益相关者团体参与企业控制的依据，资产越多，承担的风险越大，他们所得到的企业剩余索取权和剩余控制权就应该越大，因而他们拥有的企业所有权就应该越大，这也为利益相关者参与企业所有权分配提供了可参考的度量方法。② 利益相关者的利益目标、利益表达、利益决策对利益分配有很大的影响，所以对利

---

① 道格拉斯·C. 诺斯. 刘守英，译. 制度、制度变迁与经济绩效 [M]. 上海：上海三联书店，1991.

② ［美］弗里曼，王彦华，梁豪，译. 战略管理：利益相关者方法 [M]. 上海：上海译文出版社，2006.

益相关者的分析是利益分配分析的基础和前提。乡村旅游用地增值收益分配必须以利益相关者理论为基础，全面分析乡村旅游用地增值收益分配的利益相关者，因为，不同的土地资源、开发模式、村民参与方式导致了不同的乡村旅游产权结构，而产权结构的不同，导致了不同的利益目标和利益相关者不同的行为，从而影响到乡村旅游用地增值收益分配的合理与公平。

四、收入分配公平理论

经济学中的公平主要是指收入与财富的分配平等问题。1897 年，意大利经济学家帕累托在对 19 世纪英国人财富和收益模式进行调查时，指出了这样一种资源配置状态——任何形式的资源重新配置都不可能使至少有一个人受益而同时又不使其他人受损害。此即所谓的"帕累托最优标准（Pareto-efficiency）"[①]。后来，经济学家把在没有使任何人的状况变坏的前提下，使得至少一个人变得更好的资源重新配置称为"帕累托改进"。市场机制是高效率资源配置的重要方式，但有一定的局限性，即它只考虑效率而不考虑公平，在追求效率时往往造成收入与财富分配的不平等问题。庇古认为，由市场自由竞争导致的收入差距问题，不利于社会稳定，有损社会福利，不利于提高效率。政府应该干预分配，制定政策，采取向富人征税再补贴穷人的途径，可以通过征收所得税、房产税、遗产税等税收形式将富人的一部分收入上来，再通过养老金、失业救济、教育等形式补贴给穷人，使二者之间的收入差距缩小，最终实现收入的均等化。[②]

中国乡村旅游用地增值收益分配的公平问题既要考虑资源配置是否有效率、是否公平，更要考虑乡村旅游用地价值的增加额在相关利益主

---

① 斯坦利·L. 布鲁，兰迪·R. 格兰特. 邸晓燕等译. 经济思想史（第七版）[M]. 北京大学出版社，2008：316 – 319.

② 庇古. 金镝译. 福利经济学 [M]. 北京：商务印书馆，2002.

体之间分配的公平，应该以帕累托改进为原则，以分配公平理论为依据，充分考虑乡村旅游用地增值各利益主体的公平，全方位考虑到每个利益主体的利益，并特别关注弱势群体在分配上的平等。

第二节 基于要素权能理论的公平分配机制构建

乡村旅游用地增值收益的分配不公平往往是农村纠纷、矛盾爆发的导火索。但其解决不是仅仅从分配环节着手就能够做到的，而应当形成一套能够处理好乡村旅游用地开发各利益主体之间利益关系的公平分配制度，把保障农民土地权益和维护农民利益作为衡量乡村旅游用地增值收益分配是否公平的重要标准，合理安排好乡村旅游用地及资源的权能（占有权、使用权、处分权、收益权）及其收益，兼顾国家、集体、农民、开发商各方利益。

乡村旅游用地增值收益公平分配必须建立一个"以乡村旅游用地增值要素分配理论为基础，农民平等分享为目标，公平、效率、共享为原则，股份制为途径，科学评估为手段，法律制度为保障，近期和长远相结合，分配方式多元化的分配机制"。

一、建立按乡村旅游用地增值收益要素权能分配的理论体系

本书是以马克思的地租理论及西方经济学中的分配理论作为乡村旅游用地增值收益分配的主要理论依据。根据马克思的地租理论以及西方经济学中的分配理论，可以得到乡村旅游用地增值收益分配理论上的基本格局就是：若农地承包者自己从事乡村旅游用地开发，则获得级差地租Ⅰ、级差地租Ⅱ和平均利润，不存在土地增值分配问题。若土地承包者流转出乡村旅游用地使用权，则可获得级差地租Ⅰ，即获得乡村旅游用地经营的超额利润部分。同时，村集体经济组织凭借乡村旅游用地所有权，获得绝对地租部分和垄断地租；而乡村旅游用地的经营者则获得

级差地租Ⅱ和平均利润。而政府主要以土地管理者身份，以税费等形式参与乡村旅游用地增值收益的二次分配。若政府采用征收方式，则在严格规划管制和用途管制的条件下，按同地、同权、同价原则在市场上交易，让集体经济组织和农民直接成为乡村旅游土地的供给者，他们获得的土地增值收益才是比较公平的。然而，在乡村旅游用地增值收益分配的现实中，农民经常感到分配不公平，认为他们分配到的增值收益太低，受到严重的利益侵害。本书已经在第八章中系统、全面地分析了其中存在的原因，原因众多、非常复杂，其中一个重要的原因是没有按产权要素进行分配。因此，本书提出乡村旅游用地增值收益公平分配的理论基础——按土地增值收益要素权能分配。

（一）乡村旅游用地增值收益要素的内涵

"乡村旅游用地增值收益要素"是指，对乡村旅游用地增值收益的产生有直接贡献的因素总和（以下简称"要素"）。如在本书第四章中所述，土地、土地用途（旅游资源）、劳动、资金、技术、管理、市场等作为乡村旅游用地的增值收益要素在发挥作用、对乡村旅游用地增值收益作出了重要的贡献，这些因素就是乡村旅游用地增值收益要素。在不同的情况下，可以把乡村旅游用地增值收益要素进行分类，例如分为自然要素与人工要素两大类，这两类要素通过人类的直接或者间接活动使乡村旅游用地增值；从土地产权的角度进行分类，有土地所有者（农村集体）、土地承包者（农民）和土地经营者（旅游开发商）；从投入资本的角度看，有直接投入和间接投入。前者指农民的投入和旅游开发商的投入；后者指政府在乡村旅游用地外围的基础设施和公共服务等投入。从乡村旅游资源所有制角度看，国家所有，例如世界遗产；集体所有，例如土地上的集体所有性质的文化遗产；私人所有，例如传统民宅、文化传承人等。在乡村旅游用地增值要素中存在着复杂的产权主体，各种要素参与分配的对象是乡村旅游用地开发中的土地增值收益。乡村旅游用地增值收益是不同要素贡献的最终成果，当然，不同要素的贡献是不一样的，不同主体所提供的要素也是不同的，凡是对乡村旅游土地增值收益有贡献且产生实际收益的，都应当根据要素的所有权和贡献大小进行利益分配。在构建乡村旅游用地增值收益分配机制过程中，在确保分配公平、合理、合法的基础上，还应当针对要素的贡献大小，加以必要的行政干预及适当地调节。

（二）乡村旅游用地增值收益要素权能的内涵

乡村旅游用地增值收益要素的权能是指其所有权权能，即乡村旅游增值收益要素的所有权主体为利用以实现其对这些要素的独占利益而在法律规定的范围内可以采取的各种措施与手段。乡村旅游用地增值收益要素所有权的不同权能表现了所有权的不同作用形式，是构成所有权内容的有机组成部分。①

乡村旅游用地增值收益要素所有权的权能有以下几种。

（1）占有权能。指乡村旅游用地增值收益要素的所有权人对于要素占有的事实。

（2）使用权能。指依照乡村旅游用地增值收益要素的性能或用途，在不损害要素本体或变更其性质的情况下，对要素开发利用，从而满足乡村旅游发展需要的权能。

（3）收益权能。指收取由乡村旅游用地增值收益要素产生出来的新增经济价值的权能。

（4）处分权能。指依法对乡村旅游用地增值收益要素进行处置，从而决定其命运的权能。

在一定的条件下，乡村旅游用地增值收益要素权能可以进行分离，有三种主要形式：

（1）要素所有权人与要素使用权人签订合同，在出让要素的占有权、使用权、处分权的同时，出让部分收益权，保留部分收益权，从而与使用权人按一定比例分享要素带来的乡村旅游用地增值收益。

（2）要素所有权人出让要素的占有权、使用权和部分收益权，保

---

① 叶浪. 旅游资源经营权论［D］. 成都：四川大学，2004.

留处分权与部分收益权。

（3）在一定期限内出让要素的占有权、使用权和全部收益权而仅保留处分权。

在不与法律和社会公共利益相抵触的条件下，乡村旅游用地增值收益要素所有权人原则上均可对要素进行充分的使用、收益，实现要素所有权利益的最大化。

（三）按乡村旅游用地增值收益要素权能分配的涵义

"按乡村旅游用地增值收益要素权能分配"是指，促使乡村旅游用地增值的各要素所有者凭借要素所有权，从要素使用者那里获得报酬的经济行为。它包括三层含义：第一，分配主体。参与乡村旅游用地增值收益分配的主体是要素所有者，依据是要素的所有权；第二，分配对象。分配的对象是各种要素共同作用创造出来的乡村旅游用地增值收益；第三，分配标准。这涉及按要素的质量、数量还是贡献大小进行分配。因此，按乡村旅游用地增值要素分配的内在依据是增值要素的所有权，其表现和标准是要素的数量和质量以及贡献的大小。

（四）按乡村旅游用地增值要素分配的条件

乡村旅游用地增值收益分配按要素分配必须具备一定的前提条件，这个条件就是要素的所有权。所有权的权能包括占有权、使用权、处分权、收益权这四项基本权能。只有具备了所有权的增值要素才有可能参与乡村旅游用地增值收益的分配，没有所有权的增值要素不能参与分配的。例如，乡村旅游开发需要的基本要素有土地、旅游资源、资金、管理、劳动力以及大自然的阳光雨露、新鲜空气等，这些要素都对乡村旅游用地增值有重要贡献，在这些基本要素中除了阳光雨露、新鲜空气不为任何个人支配以外，其他要素都有明确的所有权主体，所以在乡村旅游用地增值收益的分配中，政府、农村集体经济组织、农民、开发商会都得到了相应的收益。而"阳光雨露和新鲜空气"却没有分到任何收益，这是因为它们不归任何个人所有，是公共资源，这些公共资源可以离开土地独立存在。没有所有权的资源是不能够参与乡村旅游用地增值收益分配的。具有所有权的乡村旅游资源有一个特点，就是它们往往以农村土地为载体附着在土地上，不能离开土地独立存在。而土地是有所有权的，所以依附在土地上的乡村旅游资源与土地的所有权不可分，并具有从属性，这些资源具有明确的所有权主体。现实的问题是，作为乡村旅游开发要素的旅游资源的所有权主体分到的收益很少。原因是这些资源的所有权不明晰、没有从法律的角度界定，以至得不到旅游开发商的承认。事实上，只要所开发的土地所有权结构清晰，吸引物的类型如属于自然类或人文类并不会成为争议的问题。因为只要吸引物权属于物权，其权益都属于土地所有者。如果某个景区既包含农村土地也包含国有土地，那么只需按照吸引物评估价值同比例划分两者的权益即可。①

具有产权主体的乡村旅游用地增值要素才能参与分配，其理论依据是，各种要素的所有权反映了所有权主体的经济关系。所有权是乡村旅游用地增值按要素分配的决定性因素，它是按土地增值要素分配的直接原因，按要素分配实质上是要素所有权分配，所以，乡村旅游用地增值要素所有者获得的收入，是要素所有权在经济上的实现形式，体现了人们之间的社会生产关系，能够作为乡村旅游用地增值要素参与分配依据的，只能是增值要素的所有权或要素产权。按土地增值要素的贡献大小参与乡村旅游用地增值收益分配，客观上要求明晰乡村旅游用地增值各个要素的所有权。所以，保继刚、左冰提出，要确认农村社区的旅游吸引物权，为旅游吸引物权立法，此观点具有合理性。张琼、张德淼一方面反对保继刚、左冰提出的对旅游吸引物权立法的观点，另外也承认，只有在明确的权属关系下，其使用权、收益权、处分权、财产权、知识产权才能合理实现。②

（五）按乡村旅游土地增值要素权能分配的重要意义

首先，按土地增值要素权能分配，是提高乡村旅游开发水平的客观

---

① 保继刚，左冰. 为旅游吸引物权立法 [J]. 旅游学刊，2012 (7)：11 – 18.
② 张琼，张德淼. 旅游吸引物权不可统一立法之辨析 [J]. 旅游学刊，2013 (12)：90 – 96.

要求。要加快乡村旅游的发展，就需要调动一切有利因素参与到乡村旅游的开发中，必须让土地、旅游资源、资本、技术、劳动力、管理等都作为生产要素充分发挥作用，并且要按乡村旅游发展的客观要求优化配置和科学使用。因此，需要一个真正能体现和调动各方面积极性的利益分配机制，这就是按土地增值要素所有权的、市场化的分配机制。市场经济条件下，乡村旅游用地增值要素掌握在不同的群体手上，这些要素对土地增值都产生了重要作用，都应该获得收益，只有获得收益后，乡村旅游用地增值要素的潜能才能发挥出来，各资源要素才会更合理地配置在乡村旅游用地的开发利用上。在市场经济条件下随着市场的发育，乡村旅游用地使用权流转的级差收益更为显著，乡村旅游开发所需的各种生产要素需要进行有效配置，而通过市场机制的作用进行配置是最有效率的配置。所以"按要素权能"进行分配可以很好地处理政府、集体、农民、开发商等利益主体之间在乡村旅游用地增值收益分配之间的矛盾，有利于最大限度调动社会各方面力量来支持乡村旅游的健康发展。

其次，按土地增值要素权能分配是社会资源优化配置的实现方式。市场机制对要素优化配置的调节，主要是通过要素的价格波动来进行的。例如，当乡村旅游用地增值要素供不应求时，要素的价格就会上涨，收益就高，就会引起供给增加，促使乡村旅游用地增值要素供给增加；供给增加又会引起价格下降，直至最后达到同种要素价格趋于一致，要素的供给才会减少，达到供求平衡。反之，则相反。只有按要素的权能分配，资源要素才能按照乡村旅游的需求实现有效配置。否则，要素所有者就不愿提供乡村旅游用地增值要素，更不会付出努力提高要素的质量，从而导致乡村旅游开发要素的数量萎缩，质量下降，乡村旅游开发必将陷入困境。实行按增值要素权能分配有利于提高农民的积极性和开发商的投资预期与投资热情，有利于激发劳动者、资本、知识、技术和管理等要素充分流动以促进乡村旅游生产力的提高，促进乡村旅游产业又好又快发展。可见，市场经济本身就包含着按要素权能分配的内在必然性，只要实行市场经济，要素通过要素市场进行配置和调节，那么，乡村旅游用地增值收益就必然采取按要素所有权分配的方式。

最后，按土地增值要素权能分配更能体现社会公平。乡村旅游用地创造的价值——地租，以绝对地租、级差地租、垄断地租、工资、利润、税收等要素收入的形式通过市场方式分配到各个主体手中，实现各要素所有者作为市场经济不同主体的经济利益。对我国农民来说，除了拥有劳动力要素外，还拥有了诸如土地、生产资料、旅游资源等要素。由于农民所掌握的要素都能对乡村旅游用地增值产生贡献，农民就不仅以劳动获取报酬，而且还可凭借其他要素的所有权获得收益。这样，按劳分配和按土地增值收益要素分配在个人收入的结构中相互补充，农民的收入更加多元化，得到的收益就更多，就更加公平。因此，按乡村旅游用地增值要素权能分配体现了社会主义分配的公平原则——按贡献分配的原则，是对社会主义市场经济条件下各种生产要素所有权存在的合理性、合法性的确认，体现对农民权利的尊重。

总之，"按乡村旅游用地增值要素权能分配"是确保农村集体土地旅游开发增值收益公平分配的重要理论。应当说，按乡村旅游用地增值要素分配的本质是所有权参与分配，比按生产要素分配更加精准，因为，阳光雨露和新鲜空气都是乡村旅游的生产要素，但不能对其进行分配。按要素所有权分配符合市场经济的客观要求，既能调动各方面因素的积极性，也能照顾到各个要素主体的利益，是一种比较合理的乡村旅游用地增值收益分配理论。

二、构建乡村旅游用地增值收益公平分配机制的目标和原则

（一）构建乡村旅游用地增值收益公平分配机制的目标

1. 实现乡村旅游用地的可持续增值

好的分配机制首先要保障乡村旅游用地实现持续增值。分配机制在构建过程中一定要具有能够使乡村旅游用地实现经济效益最大化、持续

增值的机制，即所谓"造蛋糕"的机制。构建乡村旅游用地增值收益公平分配机制，保障土地的可持续增值应当作为首要目标，在符合土地利用规划以及保护耕地目标前提下，尽量释放乡村旅游用地级差收益，将乡村旅游用地增值收益分配的蛋糕做大，以收益最大化为标准来构建乡村旅游用地增值收益分配机制的构架。因为经济基础决定上层建筑，分配机制的构建必须要用坚强的经济基础做保障，土地增值收益增加得越多，农民参与乡村旅游用地增值收益分配的机会就越多，"蛋糕"足够大时，农民才会关心如何分配，在没有土地增值收益或者非常少的情况下，谈公平分配没有多大意义。也就是说，乡村旅游用地增值收益分配机制只有能够调动相关主体对乡村旅游开发的积极性和主动性的前提下，乡村旅游用地增值收益分配机制才有实际使用价值。

2. 保障农民共享乡村旅游用地增值长期收益

乡村旅游用地增值收益公平分配机制是短期利益与长期利益相结合的机制，既要保障农民按年获得租金，还应该分享乡村旅游用地的长期收益。乡村旅游用地增值收益分配的总体目标就是既能够激发各方面特别是农民的主动性、积极性和创造性，使乡村旅游用地不断地创造价值，同时更要注重乡村旅游用地增值收益分配的公平性、合理性和经济性，其最终目的是实现农村的发展和进步。

（二）构建乡村旅游用地增值收益公平分配机制的原则

1. 公平性原则

公平性原则是指，乡村旅游用地增值收益分配应该做到两个层次的公平：一是外部收益分配公平；二是内部收益分配公平。外部收益分配公平主要是指区域之间分配公平。乡村旅游用地作为重要的生产要素其从来源上讲是自然赋予人类的宝贵财富，由于乡村旅游用地具有稀缺性，部分群体的长期垄断会导致财富分配集中在少数人，社会公平性受到挑战。另外，在土地使用用途的问题上，农用地与乡村旅游用地之间所产生的价值也会存在较大的差异，并主要表现为土地的自然禀赋和土地用途管制会给相关权利人带来差异性的收益。虽然，我国部分学者提出了应通过设立土地发展权来协调由不同使用用途引起的乡村旅游用地收益分配不公平的问题。但是，我国目前还未有相关的规划和政策。基于上述问题的出现，应主要通过二次分配手段的实施来平衡地区之间、不同土地使用用途之间的收益分配。也就是说，政府作为公共管理者应该通过税收的方式来实现不同权利主体之间的乡村旅游用地收益分配在一定范围内的相对公平，这种分配方式通常也被称为全社会范围的二次分配。

内部收益分配公平主要指当前乡村旅游用地增值收益在农村集体内部均衡分配。在乡村旅游用地增值收益分配过程中，应该允许各地根据不同的情况设立不同的标准。但是，若是因集体成员的确定而影响到特殊群体权益实现的话，就应通过建立有效保障制度的来对其予以保护。比如说：少数民族、外嫁妇女、贫困户、少年儿童及伤残人士和一些地理位置较差得不到旅游者光顾的"弱势"群体，因此，在乡村旅游用地增值收益分配机制中，应更加尊重和保护特殊群体的权益。在民主决策、共同商议为基本原则的前提下，应通过"村规民约"和社会再分配的方式，对于弱者给予一定的特殊照顾，来实现乡村旅游用地增值收益分配在各个主体之间的公平。

2. 利益共享原则

公平的乡村旅游用地增值收益分配机制，要正确处理好内部与外部之间的关系，既要保证村民与政府、开发商、集体组织间的利益分配合理，还必须保证农村社区内部村民与村民之间的利益分配合理。以妥善合理地分配乡村旅游用地增值收益为关键点，坚持以人为本、地利共享，国家、集体、个人利益、企业利益合理分享，初次分配与再分配相结合，局部利益与整体利益、针对性与完整性相结合。乡村旅游用地增值收益分配机制建设既要照顾到开发土地的个人和群体，继续激发他们的动力，又要考虑到土地所有者和承包者的合法利益，保障他们所应得的收益。

3. 效率原则

经济学上的效率原则，是指以最小成本实现资源配置的最优化配置，它包括三个方面，即帕累托最优、经济效率最大化、交易成本最小化。[①]

乡村旅游用地增值收益公平分配机制必须有助于实现乡村旅游用地及开发要素的有效配置，实现效用最大化，也即帕累托最优，它是公平与效率的"理想王国"。

效率原则还应确保乡村旅游的生产成本和分配成本的最小化，即尽量减少生产和利益分配过程中的各种成本。公平与效率是矛盾的统一体，首先，效率是乡村旅游用地增值的动力，有助于公平分配。如果只讲公平，不顾效率，就会造成农村土地资源低效利用和浪费，造成乡村旅游用地增值收益低下和流失。其次，公平是效率的保障，对效率具有非常大的影响力，要使乡村旅游健康发展，乡村旅游用地增值收益不断提高就必须要用公平来保证。但是，二者常常发生矛盾：在乡村旅游用地增值收益分配过程中，公平与效率通常表现出二者不可兼得的情形。因此，在建立乡村旅游用地增值收益分配机制时，要正确处理"效率与公平"的关系，应该针对乡村旅游用地增值收益分配的具体情况具体分析，进行效率与公平的灵活处理。当公平成为主要矛盾时，提倡公平优先，效率成为关键问题时，提倡效率优先，使公平与效率交替发挥作用。在土地利用效率与公平难以辨别时，应坚持"以尽可能小的效率损失换取尽可能大的公平，或以尽可能小的公平换取尽可能大的效率"，从而达到公平的帕累托最优，或效率的帕累托最优。从目前的情况来看，乡村旅游用地增值收益分配中最缺乏的是公平，农民是弱势群体，没有得到应有的增值收益，因此，乡村旅游用地增值收益分配机制建设应该重在体现"公平"原则。

4. 个体理性和集体理性一致原则[②]

乡村旅游用地增值收益公平分配机制要求处理好参与者体追求个体理性与实现集体理性之间的关系。个体理性原则是指，应该保证每个农户参与乡村旅游开发后得到的收益至少大于参与前得到的收益——即它

---

① 童建军，曲福田，陈江龙. 市场经济条件下我国土地收益分配机制的改革：目标与原则 [J]. 南京农业大学学报，2003（11）：29-31.
② 白洁. 虚拟企业收益分配机制研究 [D]. 长春：吉林大学，2006（6）：18.

的机会成本。用数学符号表示就是：

$$\pi_i > \pi_{i0}, \quad (i=1, 2, \cdots, n)$$

其中，π_i 是参与者 i 的收益，π_{i0} 是参与者 i 的机会成本。

集体理性原则是指，在参与乡村旅游开发过程中，要保证每个参与者都能从乡村旅游开发中获取相应的收益，否则将会损害参与者的积极性，甚至导致乡村旅游开发的失败。因此，所有参与者的收益之和应该等于乡村旅游总体收益，总体收益记为 $\pi(N)$。用公式表示如下：

$$\sum_{i \in N} \pi_i = \pi(N); \quad \prod(\pi_1, \pi_2, \cdots, \pi_n) \in R^n$$

其中，$N = \{1, 2, \cdots, n\}$ 代表 n 个参与者；$\prod(\pi_1, \pi_2, \cdots, \pi_n) \in R^n$ 表示乡村旅游用地增值收益在 n 个参与者中的一种分配。

综合上述两个方面，给定乡村旅游开发中参与者与土地增值收益之间 (N, π)，满足以上两式的 n 维向量 $\prod$ 称为乡村旅游用地增值收益的一个分配。所有可行的分配记为 $S(\pi)$，则：

$$S(\pi) = \{ \prod(\pi_1, \pi_2, \cdots, \pi_n) \in R^n \mid \pi_i > \pi_{i0};$$

$$\sum_{i \in N} \pi_i = \pi(N), i=1, 2, \cdots, n\}$$

5. 收益与贡献一致原则

乡村旅游开发是以各参与主体投入各种资源为前提的一种经济活动。在进行土地增值收益分配时应对参与者投入要素的价值进行科学评估，并以此作为收益分配的依据，以激励参与者为乡村旅游开发贡献优质资源，参与者的收益应与其投入的资源成正比。设乡村旅游的总利润为 π，参与者 i 的投入为 t_i，其土地增值收益为 π_i，则：

$$\frac{\pi_1}{t_1} = \frac{\pi_2}{t_2} = \cdots = \frac{\pi_n}{t_n}$$

即：

$$\pi_1 = \left(\frac{t_i}{\sum_{j=1}^{n} t_j} \right) \pi$$

6. 风险分担原则

乡村旅游的运营过程中存在许多不确定性因素和潜在风险，因此在制定收益分配方案时，需要考虑参与者获得的收益与承担的风险之间的关系，才能使参与者愿意担风险。

参与者 i 分配到的收益 π_i 应与其承担的风险 R_i 成正比，则

$$\frac{\pi_1}{R_1} = \frac{\pi_2}{R_2} = \cdots = \frac{\pi_n}{R_n}$$

即：

$$\pi_i = \left(\frac{R_i}{\displaystyle\sum_{j=1}^{n} R_j} \right) \pi$$

总之，在制定乡村旅游用地增值收益分配方案时要综合考虑上面的六个原则，才能体现参与者的个体合理性，对每个参与者才会产生较大的激励效果，使各参与者积极加入乡村旅游用地开发并努力贡献，以实现参与者个体收益尽可能地最大化；遵循以上原则还能体现集体合理性，保证乡村旅游开发的稳定性和高效率，实现乡村旅游总收益的最大化。

三、乡村旅游用地增值收益公平分配的路径和模型

（一）建立一次分配与二次分配相结合的分配路径

左冰、保继刚认为：在未进行乡村旅游开发之前，农村集体土地的增值收益分配根据土地占有情况进行分配，一是国有土地集体使用，收益归集体，农民凭使用权参与分配，可与集体成员共享地租；二是国有土地个人承包使用，收益归个人，农民凭承包经营权获得全部地租；三是集体土地集体经济使用，收益归集体，农民凭所有权参与分配，可与集体成员共享地租；四是集体土地个人承包使用，收益归个人，农民凭承包经营权获得全部地租；五是土地流转给别人，农民凭承包权收取租金。[①] 图 9 - 1 为乡村旅游用地增值收益要素分配基本路径。

---

① 左冰，保继刚. 制度增权：社区参与旅游发展之土地权利变革 [J]. 旅游学刊，2012（2）：51 - 54.

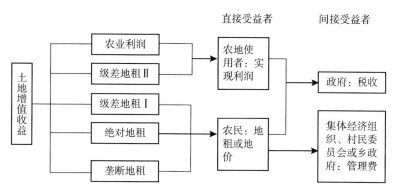

图 9 - 1　乡村旅游用地增值收益要素分配基本路径

当农民的承包地用于乡村旅游开发使用时，农用地用途发生变化，土地得以增值，为此，要逐项考虑促使土地增值的各项要素。第一，土地用途变化增值。这部分增值收益来自土地上的乡村旅游资源的潜在价值变为现实价值使土地增值，表现为级差地租Ⅰ和垄断地租。第二，土地旅游开发投入增值。开发商投入的各项生产要素使土地增值，即级差地租Ⅱ。第三，外部投入增值。这部分收益主要来自政府基础设施的投入导致级差地租Ⅰ的增加。第四，土地需求增值。市场对乡村旅游用地的刚性需求导致土地价格上涨的土地增值。

与此相对应的是乡村旅游用地增值收益的分配。主要有两种情况：

1. 乡村旅游用地增值收益初次分配

初次分配以尊重和保护土地及其各生产要素的产权为基础，主要通过市场机制来完成。

（1）农民开发自家的承包地，全部收益归自己，乡村旅游用地增值收益不存在分配。

（2）农村集体建设用地流转给旅游开发商，集体土地向乡村旅游用途拓展产生的用途性增值（农用地经济价值＋旅游价值，即绝对地租＋级差地租），应该分配给农民和村集体。集体和农民通过二次分配进行再分配。

（3）农民承包的土地流转给旅游开发商，农地向乡村旅游用地拓展产生的用途性增值收益归农民，分配形式为租金。

（4）旅游开发商取得乡村旅游土地使用权后投入生产要素产生的增值收益，在租赁期内一部分归开发商所有，另一部分以税收形式归政府所有。租赁期结束后土地增值收益归土地产权人所有。

（5）外部投入增值分配。这部分收益来自政府投资行为的正外部性，应该归政府和社会所有，因为这是政府从整体布局考虑对当地基础设施的投入，是社会发展所引起的土地增值，这是政府所做的贡献，政府通过税收等以二次分配的形式获得收益。

（6）供求增值分配。因土地需求导致的乡村旅游用地增值收益，按照土地产权"三权分置"即所有权、承包权、使用权三者分离的理论，集体、农户和开发商都有权利获得相应的收益，所以，供求增值收益应该在村集体、农户和开发商之间分配，所以，应该积极推广乡村旅游用地开发股份合作制。在按乡村旅游用地增值要素分配的制度框架下，政府不是农村集体土地的所有者，所以不应直接参与乡村旅游用地增值收益的初次分配，但政府可以通过管理者的身份以税收等形式参与乡村旅游用地增值收益的第二次分配。

2. 乡村旅游用地增值收益二次分配

第二次分配以公平为基础，主要通过农村集体内部的再分配、政府征税、政府转移支付和提供社会保障来完成。

一是指农村集体建设用地增值收益的分配。乡村旅游开发需要一部分建设用地，集体建设用地出租或者转让给开发商或者国家使用，这部分增值收益由农村集体经济组织获得，但应该在农村集体经济组织与农民之间进行分配。集体经济组织和农民之间从理论上讲，两者都是集体的成员，是平等的关系，分配应该本着民主协商、村民自治的原则。

二是指由农村集体经济组织获取的乡村旅游用地增值收益的分配。农村集体经济组织掌握的未利用土地，由村集体统一经营或流转给开发商经营的，乡村旅游用地收益要单独建账、单独核算、专户储存，并严格履行民主程序，在全体村民范围内合理分配，要及时、足额发放到农户。

三是指政府以税收形式对乡村旅游用地增值收益的分配。政府要以税收的形式对乡村旅游用地增值收益进行调节。要通过合理征税，用税种、税基、税率的变化以及财政转移支付等手段来动态调节和平衡集体、个人、开发商之间，以及农村不同区域在乡村旅游用地增值收益分配中的不平衡。① 除此而外，还要通过转移支付等方式将部分增值收益用于社会保障体系的建设，比如失业保险、医疗保险、工伤保险等，从而保障农民因为个人原因（如丧失劳动能力）或者社会原因（如经济不景气）或者经营不善企业倒闭造成大规模农民失业之后仍然能正常生活。

乡村旅游用地增值收益的具体分配比例有赖于对其土地增值的评估和政府税收标准的制定。税收还是进行乡村旅游用地流转的调节手段和杠杆。假设乡村旅游用地市场不够活跃，国家可以对土地增值税进行减免，降低相应的税率或缩小税基，从而提高相关土地权利人获得乡村旅游用地增值收益的比例，促进土地的开发；如果乡村旅游用地市场投机风气过盛，立法者则可以扩大税基或者提高税率，从而提高土地增值返还社会的力度。②

乡村旅游用地增值收益的二次分配还要关注那些承包地位置不在"黄金地段"的农民。他们虽然没有机会直接参与乡村旅游开发，但他们间接为乡村旅游的发展做出贡献，例如，粮食安全、生态环境、文化传承等。集体或者政府应该对这一部分村民以转移支付的分配形式进行适当补偿。

（二）建立资源投入与贡献大小相结合的分配模型

通过上面的分析我们得出的结论是，乡村旅游用地增值收益应该按照具有产权主体的资源要素的价值大小和贡献来进行分配，这些产权资源要素主要来自政府的基础设施、公共服务、政策、制度等投入；农村集体经济组织的集体建设用地和管理投入；农民的土地和旅游资源的投入；开发商的资金、技术、管理、人才投入等。可以看出，乡村旅游用地增值收益分配主要涉及当地政府、农村集体经济组织、农民和旅游开

---

① ② 程雪阳. 土地发展权与土地增值收益的合理分配 [J]. 法学研究，2014（5）：89 – 92.

发商四个主体，各个主体具有各自的目标，并且追求目标效益最大化。由于各个主体投入的资源不同，对土地增值的作用和付出的大小也不一样，因此，乡村旅游用地增值收益的公平分配应该先对各主体提供的资源价值的大小进行评价，再按照资源要素在乡村旅游土地增值中付出的贡献大小来确定土地增值收益分配的多少。为此，本书探索构建乡村旅游用地增值收益公平分配的计算模型。

1. 基本假设

为了方便模型的构建，给出下列基本假设和推导。

（1）各个资源投资主体为了获得收益最大化组建乡村旅游合作社。村集体经济组织投入集体建设用地和集体资源，农民投入承包地、传统民居、民族文化、农耕文化等乡村旅游资源，开发商投入资金、技术和人才等作为乡村旅游合作社的资源共同开发乡村旅游。在此假设中不把政府列为合作社成员，是因为政府对乡村旅游用地开发的投资不是直接投资，而且政府不是经济组织，不能直接参与土地增值分配，只能通过税收等参与二次分配。

（2）乡村旅游合作社由 N 个乡村旅游资源产权成员组成，$N = [1, 2, \cdots, n,]$ 为全体成员的集合；

（3）合作社成员参与旅游开发投入的土地资源、旅游资源、资金资源、技术资源、人力资源、管理资源等等可以用一定的方法进行价值评估并加总，则设成员 i 投入到土地 d 上的资源价值总量为 T_{id}，成员 i 投入合作社的资源价值总量为 T_i，土地 d 的资源价值总量为 $T_d = \sum_{i=1}^{n} T_{id}$，当年合作社资源价值总量为 $T = \sum_{i=1}^{n} T_i$；

（4）乡村旅游开发的成本与其他商品生产一样，按成本额的大小与生产工程量的关系分为固定成本和变动成本两类。合作社当年开发乡村旅游总成本为 C，且有 $C \leqslant T$。这说明当年未完成项目的资源投入不计入当年开发总成本，而是结转到下一年；

（5）C_g 为合作社固定总成本，C_d 为土地 d 的总成本，C_{db} 为土地 d

的可变成本，C_{dg} 为土地 d 的分摊固定成本，则旅游开发总成本 $C = \sum_{d=1}^{n} C_g + C_{db}$，在乡村旅游用地 d 上的开发的总成本 $C_d = C_{dg} + C_{db}$。

（6）合作社的旅游收益分为旅游总收益 S 和土地总收益 S_d，按照土地收益比例分摊固定成本后，得到土地 d 的总成本 $C_d = (S_d/S) \times C_g + C_{db}$。

（7）土地的纯收益 $E_d = S_d - C_d$。

（8）设 C_{idg} 为成员 i 在土地 d 中分摊的固定成本，则有 $C_{idg} = (T_{id}/T_d) \times C_{dg}$。

（9）C_{idb} 为合作社成员 i 在土地 d 中分摊的变动成本，即成员 i 在土地 d 中投入的资源价值量 T_{id}，则有 $C_{idb} = T_{id}$。

2. 乡村旅游用地增值收益分配模型

根据以上假设与推导，可得出合作社成员 i 在土地 d 中获得的纯收益如式（9.1）所示：

$$E_{id} = E_d \times (C_{idg} + C_{idb})/C_d \tag{9.1}$$

将推导出来的 S_d，C_{id}，C_{idb} 以及 C_d 的表达式带入式（9.1），即可得乡村旅游用地增值收益分配模型，如式（9.2）所示：

$$E_{id} = \left(S_d - \frac{S_d}{S} \times C_g - C_{db} \right) \frac{\dfrac{T_{id}S_d}{T_d S}C_g + T_{id}}{\dfrac{S_d}{S}C_g + T_d} \tag{9.2}$$

3. 乡村旅游用地增值收益分配调节模型

当合作社完成了土地增值收益的第一次分配之后，还应该以公平为目标在全体成员之间进行第二次分配来调节全体成员之间的收益差距。第二次分配的大体思路是，成员 i 将自己所获得的全部收益（S_{id}）减去自己获得的土地纯收益部分（E_{id}）、投入的资源价值量部分（T_{id}，亦即变动成本 C_{idb}）以及所应分摊的项目固定成本部分（C_{idg}）后的剩余部分划拨给其他成员。[1] 合作社成员 i 在土地 d 的总收益中应向外划拨的

---

[1]　陈爱祖，等. 产业技术创新战略联盟利益分配模型研究 [J]. 科技管理研究，2013（12）：120–121.

经费值如式（9.3）所示。合作社成员 i 当年向外划拨收益总额如式（9.4）所示。

$$X_{id} = S_{id} - E_{id} - T_{id} - C_{idg} \qquad (9.3)$$

$$X_i = \sum_{d=1}^{n} \left(S_{id} - E_{id} - T_{id} - C_{idg} \right) \qquad (9.4)$$

在式（9.4）中，若 X_i 值为正，表示合作社成员 i 在第二次分配中应向外划拨的收益，若 X_i 值为负，表示合作社成员应接受二次分配的收益。上述收益调节模型可以用矩阵表示，如表9-1所示。

表9-1 乡村旅游用地增值收益调节分配模型

	1	2	⋯	n
1	X_{11}	X_{12}	⋯	X_{1n}
2	X_{21}	X_{22}	⋯	X_{2n}
⋯	⋯	⋯	⋯	⋯
m	X_{m1}	X_{m2}	⋯	X_{mn}
$X_1 = \sum_{di1}^{n} X_{id} X_1$	X_2	⋯	X_n	

资料来源：陈爱祖等，2013。

4. 模型应用验证

设某乡村旅游合作社于某年对甲、乙、丙三块土地进行旅游开发，其中甲、乙土地当年开发成为景区，丙土地没有完成，结转到下一年。当年合作社总固定成本为40万元。甲土地由A、B、C三个成员共同开发，A成员当年在该景区门票收入2000万元，B成员在该景区经营餐饮住宿收入1000万元。参与开发的成员不仅能经营旅游项目获利，还可根据他们资源要素投入从土地增值收益中获利。成员A、B、C在甲景区上投入的资源价值量如表9-2所示。

乙土地由C、D、E成员共同开发，C成员在乙景区经营餐饮住宿收入900万元，D成员在乙景区售门票收入900万元，E成员在乙景区经营旅游商品收入 200 万元。C、D、E 三个成员在乙土地上投入的资源价值量如表 9 - 3 所示。

表 9 - 2 　　　　　甲景区资源价值总量汇总　　　　　单位：万元

参与者 \ 资源类别	资源总量	物质资源	非物质资源	资金资源	人力资源	技术资源	管理资源
A	800	10	—	700	10	60	20
B	400	260	100	20	5	10	5
C	600	300	260	10	20	10	—
合计	1800	570	360	730	35	80	25

注：物质资源包括土地、水塘、房屋、树木、道路等；非物质资源包括民俗、生活、生产、节庆等。

表 9 - 3 　　　　　乙景区资源价值总量汇总　　　　　单位：万元

参与者 \ 资源类别	资源总量	物质资源	非物质资源	资金资源	人力资源	技术资源	管理资源
C	380	200	70	10	80	10	10
D	520	300	—	170	20	10	20
E	400	260	100	20	5	10	5
合计	1300	760	170	200	105	30	35

利用公式（9.2）可计算 A、B、C 三个成员在甲景区可分配的土地增值收益

$$E_{甲A} = \left(2000 + 1000 - 1800 - \frac{2000 + 1000}{2000 + 1000 + 900 + 900 + 200} \times 40\right) \times$$
$$\left(\frac{800}{1800} \times \frac{3000}{5000} \times 40 + 800\right) \Big/ \left(\frac{3000}{5000} \times 40 + 1800\right) = 522.67 （万元）$$

$$E_{甲B} = \left(2000 + 1000 - 1800 - \frac{2000 + 1000}{2000 + 1000 + 900 + 900 + 200} \times 40\right) \times$$
$$\left(\frac{400}{1800} \times \frac{3000}{5000} \times 40 + 400\right) \Big/ \left(\frac{3000}{5000} \times 40 + 1800\right) = 261.33 （万元）$$

$$E_{甲C} = \left(2000 + 1000 - 1800 - \frac{2000 + 1000}{2000 + 1000 + 900 + 900 + 200} \times 40 \right) \times$$

$$\left(\frac{600}{1800} \times \frac{3000}{5000} \times 40 + 600 \right) \Big/ \left(\frac{3000}{5000} \times 40 + 1800 \right) = 392.00 \text{（万元）}$$

同理，利用公式（9.2）可计算 C、D、E 三个成员在乙景区可分配的土地增值收益

$$E_{乙C} = \left(900 + 900 - 200 - 1300 - \frac{2000}{5000} \times 40 \right) \times$$

$$\left(\frac{380}{1300} \times \frac{2000}{5000} \times 40 + 380 \right) \Big/ \left(\frac{2000}{5000} \times 40 + 1300 \right) = 83.02 \text{（万元）}$$

$$E_{乙D} = \left(900 + 900 - 200 - 1300 - \frac{2000}{5000} \times 40 \right) \times$$

$$\left(\frac{520}{1300} \times \frac{2000}{5000} \times 40 + 520 \right) \Big/ \left(\frac{2000}{5000} \times 40 + 1300 \right) = 113.60 \text{（万元）}$$

$$E_{乙E} = \left(900 + 900 - 200 - 1300 - \frac{2000}{5000} \times 40 \right) \times$$

$$\left(\frac{400}{1300} \times \frac{2000}{5000} \times 40 + 400 \right) \Big/ \left(\frac{2000}{5000} \times 40 + 1300 \right) = 87.38 \text{（万元）}$$

利用式（9.3）对分配进行调节，即获利较多的成员应划拨出一定的收益给哪些付出较多，但获利较少的成员。根据式（9.3）可得出各合作社成员应该划出的收益额。

$$E_{甲A} = 2000 - 522.67 - 800 - 10.67 = 666.66 \text{（万元）}$$

$$E_{甲B} = 1000 - 261.33 - 400 - 5.33 = 333.34 \text{（万元）}$$

$$E_{甲C} = 0 - 392.00 - 600 - 8.00 = -1000 \text{（万元）}$$

$$E_{乙C} = 900 - 83.02 - 380 - 4.67 = 432.31 \text{（万元）}$$

$$E_{乙D} = 900 - 113.60 - 520 - 6.4 = 260 \text{（万元）}$$

$$E_{乙E} = 200 - 87.38 - 400 - 4.29 = -291.67 \text{（万元）}$$

根据以上计算结果列出的收益调节矩阵如表 9 - 4 所示。

该矩阵表示 A 应该向 C 划拨 666.66 万元，B 应该向 C 划拨 333.34 万元，C 应该接受 A、B 划拨共 1000 万元，并应该向 E 划拨 432.31 万元，D 向 E 应该划拨 260 万元，E 共接受 C、D 划拨资金 291.67 万元。

表9-4 乡村旅游用地增值收益分配调节矩阵

	A	B	C	D	E
甲	666.66	333.34	-1000	0	0
乙	0	0	432.31	260	-291.67
$X_1 = \sum_{d=1}^{n} X_{id} X_1$	666.66	333.34	-567.69	260	-291.67

经以上实证表明，本书提出的乡村旅游用地增值收益分配模型虽然是理论上的假设和推理，但操作性较强，在理论分析中具有一定的参考价值。该模型说明根据各参与者提供的资源要素及贡献大小来进行乡村旅游用地增值收益的分配，对参与各方来说比较公平合理，而收益调节矩阵也很清晰地表明在利用土地进行旅游开发的情况下，参与者还可根据分配的具体情况再进行收益调节，最终达到一个公平的结果。

四、乡村旅游用地增值收益分配公平分配的机制

（一）建立形式多元化的分配机制

当前，乡村旅游用地增值收益分配模式大多采用货币分配单一性模式，应该采用多元化分配方式保障乡村旅游用地增值收益分配的公平。

一是物质收益与非物质收益分配相结合。物质收益是指出租乡村旅游用地获得的租金、入股分得的红利、务工得到的工资等。非物质收益是指给农民参与机会收益权，例如，培训、就业、搬迁、入股等方面的机会。

二是近期收益与远期收益分配相结合。除了保证在土地流转期限内，农民每年都能得到一笔固定租金外，还应该积极推广重新择业、入股分红、养老医疗、异地移民等多种补偿模式，注重从跨期分配的角度，优化乡村旅游用地增值收益分配结构，实现土地增值收益分配机制的可持续性，以保障农民的长远生计和权益。

三是货币收益分配与社会福利相结合。将乡村旅游用地增值收益的集体部分最大程度地运用于农民的社会保障，农村集体组织获得的乡村旅游建设用地增值收益在分配给农民个人后，应该全部用于村内福利事业、生活设施和基础设施建设的需要；发展集体经济、提高村集体公共服务开支、村行政事务性开支。积极帮助那些文化水平低、年龄偏大、不能离开农村等困难群体，开展技能培训，提供就业服务。同时，对特困农户给与经费补贴。

四是开发商经营乡村旅游的税后利润分配应当体现公司的共同利益。除了预留用于企业扩大再生产的资金外，公益金部分主要用于旅游企业的公益事业，例如，技能培训、养老医保、困难职工补助等方面。

五是政府利用税收手段调节乡村旅游用地增值收益在全社会的公平分配。促进平等分配的庇古税方法是，对规划管制下允许转用农用地的业主征税和对按照规划要求受到保护和限制转用开发农用地的业主予以补贴。许多国家通过对农业支持和补贴政策、公共投资政策、税收优惠、设立资源保护基金等方式，对农用地给予补偿，以促进规划管制下对各类土地财产的平等待遇。乡村旅游用地是农用地的一种类型，国家应该利用税收这一强制性工具来调节乡村旅游用地增值收益的再分配，缩小乡村旅游用地增值收益分配的差距，构建土地财产收益和财产税收相互衔接的分配机制。改革和完善土地租税费制度，精简征税项目并将征收方向转移到土地保有环节的增值上来。建议使用土地增值税来调节由于土地区位不同、用途不同而乡村旅游用地增值收益不均等的不公平情况。有些乡村旅游用地增值较高是由于政府对周边基础设施投资的结果，土地增值收益全部归开发商，这是非常不公平的。对增值幅度大的土地，增值税就适当高些，通过土地增值税来调节乡村旅游用地增值收益在各主体之间的平衡。土地增值税在乡村旅游用地使用权转让环节征收转变到土地保有环节征收，使农民以分享土地增值收益为核心的土地财产税。

（二）建立多层次的分配调节机制

乡村旅游用地增值收益不仅包括静态的土地收益，而且包括动态的土地增值收益。乡村旅游用地增值收益分配时必须要考虑到土地的货币时间增值，要按照一定的标准实行动态租金，要明确规定乡村旅游用地价格随时间和市场不断增长调节的机制。乡村旅游土地流转租期限超过5年的，在合同中就应当有调整价格的内容，明确规定调整时限和幅度，分时段实施乡村旅游土地增值收益分配。农民与开发商双方应对各种政策性补贴、土地使用期满后地上物权属及补偿办法、土地征占应得补偿的归属等做出明确约定。

根据乡村旅游开发商经营的不同阶段，农民的土地收益也分为几个相应的阶段，如乡村旅游开发初期，经营成本高、收入少利润低，因此，给农民的土地收益可以少。当进入到乡村旅游业成熟期，游客人数增加、旅游收益快速增长，土地增值明显，这时就应提高农民的土地增值收益。因此，公平合理的乡村旅游用地增值收益分配机制应将增值收益分配与乡村旅游发展结合起来，根据乡村旅游经营状况，用动态的方式对农民进行补偿。

政府要采取各种措施建立科学合理、公正公平的利益调节机制，要提高农民的谈判地位，充分考虑农民的诉求，结合市场经济的规则制订客观反映乡村旅游用地价值的价格。建立乡村旅游用地交易市场，用市场经济手段与政府行政手段相结合的办法建立乡村旅游用地增值收益分配的指导机制，例如，通过市场招标、拍卖等方式确定乡村旅游用地价格，根据农村各地区实际情况制订乡村旅游用地流转的最低指导价格，确保农民获得乡村旅游用地增值收益。在农村地区，政府出于乡村旅游发展的需要必须征收农民土地的情况下，如果按征用土地的原用途进行补偿，农民得到的补偿很低，应该考虑农民失地后外出就业特别困难、当地社会保障程度低以及农民经济收入较低等特殊情况，应该适当提高补偿标准。应该综合考虑农村土地的产出、区位和乡村旅游的预期增值等因素，制定土地流转的区片乡村旅游用地地价，并通过不断调整和更新。

乡村旅游开发并非每个利益相关者都能获得土地增值收益，也并非每个利益相关者获利大小相等。当部分利益相关者获得的土地增值收益明显多于其他利益相关者时，就要通过社会力量进行调节，谋求利益平衡，使大多数农民都能够分享乡村旅游用地增值收益。

一是制定出台乡村旅游用地经营收益分配指导性意见，切实保障把土地流转给开发商进行旅游开发或者以土地入股、土地股份合作农民在乡村旅游用地具有收益中的地位和比例。

二是制定出台乡村旅游用地流转农民就业安置指导性管理办法，强制旅游开发商和政府管理部门在乡村旅游开发中安置农民就业的责任和义务，例如，规定开发商优先吸收当地村民就业，妥善解决农民出路和发展问题。

三是进一步完善乡村旅游用地流转农民"返乡"就业创业力度，制定专门规划和切实可行的政策，培育新型职业乡村旅游农民，造就高素质的乡村旅游经营者队伍。扶持有技能和经营能力的农民工返乡创办乡村旅游家庭农场、领办乡村旅游合作社，使之成为乡村旅游发展的新生力量。加大返乡农民就业安置财政转移支付力度和税收优惠，大力支持农村外出农民回乡创办乡村旅游企业，让当地农民自主开发，把土地增值收益留在当地。

（三）建立分配法制化的法律机制

我们常常遇到的窘况和困境是，要改革就会违法，违背各种落后、不科学的法，[①] 所以建立公平正义的乡村用地旅游增值收益分配机制还需要从法律机制上来解决：其一，赋予法律上的支持；其二，对法律的具体执行。要建立完整的土地增值收益分配的法律法规体系，政府依法管理，开发商依法经营、农民依法参与和维权，用法律规范来建立乡村旅游用地增值收益评估和公平分配的新次序。

第一，从法律上乡村旅游资源进行确权。目前，我国已经从法律和制度上明确提出，对农村集体土地进行确权和颁证，即从法律上规定确

---

① 吴必虎. 基于城乡社会交换的第二住宅制度与乡村旅游发展 [J]. 旅游学刊，2017（7）：6-8.

定农村某个区域的土地所有权、使用权的隶属关系和他项权利的内容。但对其土地上的旅游资源还没有提出确权，没有明晰乡村旅游用地增值收益分配权利边界。保继刚、左冰提出"农村集体土地的旅游吸引物应该得到明确的法律界定，为旅游吸引物权立法"该观点具有重要的参考价值。旅游吸引物权就是通过法律手段来维护村民在乡村旅游用地增值收益分配的公平权利。

第二，改变现行乡村旅游用地价值评估标准和计算方法。在乡村旅游用地流转过程中，旅游开发商除了要支付农用地租金外，还应考虑土地用途向乡村旅游用地延伸的增值，这部分土地增值收益也应该计算到土地流转价格中。

第三，要制定用于乡村旅游开发的土地使用权交易以及土地增值收益分配的规则和程序，并保障交易行为和乡村旅游用地增值收益分配具有合法性，以防止损害农民利益。

第四，在建立乡村旅游用地增值收益分配机制时，要从乡村旅游用地开发合同这一最基本的事情做起。要提高乡村旅游用地增值收益分配合同的规范性和合法性，一旦双方签订了合同就必须依照合同执行，出现纠纷也要按合同解决纠纷。解决乡村旅游用地增值收益公平分配需要一份公平、诚信的旅游开发合同。要做到合同的公平合理，必须以法律为准绳。王维艳（2015）提出：乡村旅游用地交易时就应该建立吸引物地役权捐出补偿保障机制——订立吸引物地役权合同。[①] 这一观点具有较大的参考价值。地役权是指为使用自己不动产的便利或提高其效益而按照合同约定利用他人不动产的权利，一方面，乡村旅游用地的旅游资源具有很强的地域性和生态性，是一种以土地为载体附着在土地资源上的旅游吸引物，绝大多数一旦离开养育它的地域和生态社区，就会丧失旅游吸引力从而失去价值。另一方面，我国《公司法》关于企业出资规定："股东可以用货币出资，也可以用实物、知识产权、土地使用

---

① 王维艳. 乡村社区参与景区利益分配的法理逻辑及实现路径——基于现行法律制度框架视角［J］. 旅游学刊，2015（8）：44–51.

权等可以用货币估价并可以依法转让的非货币财产作价出资"。《物权法》第 156 条规定:"地役权人有权按照合同约定,利用他人的不动产,以提高自己的不动产的效益。前款所称他人的不动产为供役地,自己的不动产为需役地。"《物权法》中"地役权约定取得"的规定已经为农民与开发商之间就乡村旅游用地的旅游资源物权益确立了债的关系,开发商对乡村旅游资源的利用,对于农民来说其本质就是一种负债,应该纳入开发商的资产核算。① 地役权既包括土地也包括土地上的不动产。乡村旅游用地分为承载旅游资源的土地和承载旅游服务设施的土地两个部分,其中,前一部分主要是农民生活和生产的空间,主要有田园、村落、住宅等乡村旅游资源;而后一部分土地则是开发商取得了用益物权的、附着了旅游基础设施或专用设施的有形地产。开发商采取租赁、转让等方式获得的土地是农村居民的承包地,空间边界清晰、土地权属清楚、功能定位明确,为土地流转双方签订地役权合同提供了良好的基础条件。所以,根据《物权法》第 156 条规定,当地农民占用并附着了旅游资源的那部分土地就是供役地,而需役地就是指由开发商租用的那部分土地。由此可见,我国现行法律框架下允许以土地使用权作价出资、入股,农民可通过与地役权人(开发商)订立乡村旅游资源地役权书面合同,以"乡村旅游资源地役权捐出补偿费"(即法定孳息)名义,规定农民应该获得相应的土地增值收益。因此,考虑到乡村旅游资源的地域性特点和现行法律框架,在明确产权和旅游资源进行资产评估的基础上把它与土地合并一起进行出租、转让、入股等,以这样的方式参与乡村旅游用地增值收益分配,获得的乡村旅游用地增值收益就比较公平。把旅游资源合并到土地资源上这样可以解决土地上的旅游资源的产权不明关系,可避免乡村旅游用地租赁者只认土地价值,不认旅游资源价值的做法。

具体操作时,一是依法建立乡村旅游资源地役权登记制度。《物权

---

① 王维艳. 乡村社区参与景区利益分配的法理逻辑及实现路径——基于现行法律制度框架视角 [J]. 旅游学刊, 2015 (8): 44 - 51.

法》第 9 条第 1 款确定了不动产物权登记效力的基本规范："不动产物权的设立、变更、转让和消灭，经依法登记，发生效力；未经登记，不发生效力，但法律另有规定的除外"确立了不动产登记效力的两个原则：一是登记要件（生效）主义，即不动产权的设立、变更、转让和消灭不登记不生效；二是采登记对抗主义，即不登记不得对抗善意第三人。《农村土地承包法》第 49 条规定"经依法登记取得土地承包经营权或者林权证等证书的，其土地承包经营权可以依法采取转让、出租、入股、抵押或者其他方式流转。"同时，对家庭承包取得的用益物权性质土地承包经营权实行互换、转让的，采登记生效主义。因此，应该促使作为地役权人的乡村旅游开发商通过登记强化地役权的绝对性和排他性，受国家法律的保护。

二是积极推行规范化的"地役权合同"。因为，旅游开发商支付给农民的补偿只是土地租金，而土地上的旅游资源却被无偿使用，也就是说开发商无偿行使了地役权；所以，可以通过订立地役权合同、取得地役权的约定来弥补开发商无偿使用乡村旅游资源的漏洞。在"乡村旅游资源地役权合同"中要明确规定：作为地役权人的旅游开发商，必须按期提取一定比例经营收入的"乡村旅游资源地役权捐出补偿费"，才可依法行使地役权；同理，当地村民作为债权人，在按期获得了"乡村旅游资源地役权捐出补偿费"后，也必须履行"乡村旅游资源保护"的相关责任。

"乡村旅游资源地役权合同"的签订一定要规范。合同应该明确双方的权益与责任，依据法律规范。地方政府要参与到合同的制定和管理中，例如，由政府统一规定合同的格式并统一编制印发。合同订立时应有第三方公正组织参与，即应有专门的中间组织调查并评估认证合同内容的合理性。当地政府要对合同把关审核，可要求开发商必须出具第三方专业机构的评估报告，并对其实施审批制度。从"源头"——合同订立时进行有效的协调和制约，这样就可以在一定程度上防止不公平的合同签订，从而保障和实现农民应得的土地增值收益。

（四）建立资源股份化的经营机制

乡村旅游用地增值收益公平分配的另一个难度在于，怎样从乡村旅游用地增值收益中来区分旅游资源价值带来的增值和投资者不同时期创造的价值。乡村旅游用地增值收益与开发商经营管理水平密切相关，如何从土地的价格中来区分哪些是乡村旅游用地自然增长带来的价值增值收益，哪些是开发商的创造的价值，也就是说，用什么标准来分割乡村旅游用地价格中农民与开发商的收益。由于乡村旅游的区位条件和面临的市场环境差异以及投资者经营策略的不同，统一的分割标准难以形成。因此，需要建立一种土地投资与旅游开发商经营成果有紧密联系的分配机制。本书建议云南乡村旅游开发应该建立"农地与旅游资源合并共同入股的动态股份制"模式，即建立以农地的经营权、旅游资源产权和集体公共财产合并打包折价作为股份投入与企业投资相结合。按照建立现代企业制度的要求，实行乡村旅游股份制管理，通过股份形式，政府、企业、集体经济组织、农民共同分享资源的占有权、使用权、处置权和收益权，并按股份比例分享土地增值收益的模式。构想如下：

第一步，对当地村庄的耕地、林地、水域以及一些公共设施等乡村旅游资源进行价值评估，把这些资源的价值货币化，再定额分成若干人口股，形成代表乡村旅游资源收益分配权的股金证（规定每股有一个最低限度的收益额，以保障农民在当地的基本生活。每股的股金额会随本村人口的变动而变动）。

第二步，统计当地村庄在户人口数，凡户籍登记在册（即户籍登记在本地农村）成员才享有资产量化的资格，按人均分股，用土地与乡村旅游资源相结合的股金平均分配代替对土地自然形态平均分配，这样村民就可以利用分得到的资源经济权股份在自愿的基础上入股。

第三步，利用土地和旅游资源招商引资成立集体产权合作股份公司，建立股东大会，董事会和监事会为核心的集体资产管理机制，制定公司章程。政府不得随意干涉公司运转，但公司的经营必须在法律许可的范围内进行。

第四步，为解决变动人员的股权分配问题，各村集体经济组织可定期对股权进行调整。每隔三年根据当地农村人口出生、死亡、迁入、迁出等四项变动情况实行增人配股减人减股，调股不调地进行调整，新增股东可从集体新增积累中享受与其他股东同等数量的股份，减少股东的股份由集体无偿收回，保障人人享有公司经济受益权。农民具有自主选择的权益，即到合同年限之后，可以自主选择退出合资还是继续参股。为保持股权的相对稳定，股权不得提现、抵押，可以继承和在本集体经济组织内部转让。

第五步，旅游股份公司每年要从公司的总收益中留取一定比例的资金，用于扩大再生产，例如，服务设施建设、新项目的开发等。在扣留再生产费用后，按股额分给股东股金收益，余下的部分根据股份进行分红。

第六步，为了进一步扩大乡村旅游规模经营，可以在条件允许的情况下与地理位置接近的村社结合，构建更大规模的乡村旅游集体产权合作股份公司。

实行乡村旅游集体产权股份制的优越性主要表现在以下几方面：

第一，明确了乡村旅游发展中各方的产权关系。乡村旅游用地开发中各方投入资源的产权在股份制分配模式中得到明确，尤其是对乡村旅游资源使用权能以股权形式加以确认，解决了乡村旅游资源产权不清的问题，有利于乡村旅游用地增值收益的公平分配。用土地与旅游资源合并入股方式集中乡村旅游用地使用权，一方面，保证了个人对股权的最终所有；另一方面，实现了全民通过股份公司对生产资料在经营形式上的共同所有。这样各项权利的明晰化，可以减少在土地增值分配问题上的矛盾，如果不进行产权明晰，有可能产生外来资本侵占集体资产、村镇干部腐败、资产流失、农民利益受损等问题。集体资产明晰并确权后，农民可以清楚地知道到集体资产的数额、自己应该分到的收益。

第二，有利于保障农民的土地长期收益权。这种开发模式既可以解决云南乡村旅游规模小、层次低、效益差的问题，又可解决旅游开发商一次拿地、一次付费和无偿使用旅游资源，长期占有乡村旅游用地增值收益的不公平分配的问题。在一定程度上可以提高乡村旅游开发效率，解决家庭承包责任制下土地和旅游资源产权模糊不清的问题，形成乡村旅游用地的产权激励和约束机制。股份制不仅可以让农民按期获得乡村旅游用地增值收益，而且如果公司经营状况好，股金分红的标准也会逐年提高，比一次性征地补偿或者一次性固定租金的租赁模式更能体现公平。

第三，有利于乡村旅游的经营和管理。土地股份合作制，是资源共享、技术共用、利益共享，风险共担、管理规范的经营模式。实施股份合作制为乡村旅游的发展提供很多有利条件。通过广泛吸引各方投资者参股，非常有利于乡村旅游吸收外来资金和技术，非常有利于云南乡村旅游发展。有利于解决"生不增，死不减"与"生要增、死要减"土地分配的诉求悖论，有利于解决因人口增减而土地不增减带来的土地使用权分配不公平。

第四，可以增加村民的主人翁意识。通过股份合作制，对土地及乡村资源动态配置，消除"增人不增地、减人不减地"制度的缺陷，农民参股之后可以真正体会到自己不仅是劳动者也是所有者，农民作为股东，享有企业的决策权和利益分配权。村民个体与公司紧密联系在一起，提高了村民的积极性和主动性，做到与公司共担风险。

乡村旅游的开发要实行股份制，关键是要科学合理地确认利益各方的股权份额。实施乡村旅游用地增值收益股份制分配模式，应该将乡村旅游用地增值收益分为固定收益和风险收益，也就是说土地使用权和旅游资源使用权入股应该以租金加红利的方式分配，即现金补偿＋土地入股分红的分配方式。为了农民的长远利益和规避风险，股份制应该将企业收益分为两部分，一部分为固定收益，就是不管开发商经营状况和市场行情如何，农民每年都能获得稳定租金收益，可谓刚性收益；另一部分为风险红利，与企业的经营效益相联系。企业经营利润高，农民分配到的土地增值收益就高，反之，就低。同时，开发商要尽最大努力吸收当地农民到企业就业。最后，要建立风险防范机制；设立入股保险、风险保障金等救济机制等；建立投资及股东退出机制，使农民的土地及旅游资源的投资能够根据经营情况灵活进退，以有效规避风险。

把土地使用权和旅游资源的使用权合并折算为股权，入股共同开发乡村旅游，以公司股权方式参与土地增值分配，农民土地的收益权不仅得到了保障，农民成为了股东后，就有了参与或监督企业经营的权利和资格，进一步保证了农民在乡村旅游用地增值收益分配中的平等权利，此种分配机制是目前最能有效化解各方利益与矛盾，达致共容利益的分配方式。

（五）建立经营主体新型化组织机制

目前，云南经济发展水平不高，在短期内不可能把大量农民转移到城市。所以，乡村旅游的发展尽量保证大部分农民不失去土地、不离开农村。"旅游专业合作社"就是一种最优的选择。旅游专业合作社是自愿联合、民主协商，把家庭承包土地（或林地）的经营权采取入股、委托管理和其他流转方式进行集中统一规划、统一经营的农村互助性合作经济组织。"合作社"实行"三权分离"，即村集体拥有土地所有权，农民拥有土地承包权，合作社拥有土地经营权。在这一组织机构中，社员收益为土地入股保底金加年底分红，另外还可以在合作社"打工"，但其承包所有权仍归自己所有，实行社员代表大会制度，农户按入户土地面积从合作社获取分红收益。政府要进一步创新财政支持乡村旅游合作社发展机制，允许政府项目直接投向乡村旅游合作社，提高云南乡村旅游的经营集约化、规模化、组织化、社会化、产业化水平。构建农户、合作社、企业之间互利共赢的合作模式，创新乡村旅游产业链组织形式和利益联接机制，让农民更多分享乡村旅游产业链增值收益。

（六）建立农村产权抵押贷款和产权交易机制

按照目前农村土地承包法、担保法和物权法等法律规定，不允许农民以土地、房屋和宅基地做抵押贷款。这些规定极不利于农民的物权利益增加，也不利于农民利用固定财产筹集资金发展乡村旅游。由于农村集体土地的权能不完整、市场机制不健全，早在 20 世纪 90 年代，一些农村就曾尝试集体经营性建设用地使用权流转。但进展很小，也未能获得法律的支持。因为与法律相冲突，许多企业不敢用这类土地，银行也不接受此类土地使用权抵押融资，有许多农村集体建设用地和固定资产处于低效利用甚至闲置状态。要加快农村土地制度改革，赋予农民更多财产权利。国家要缩小征地范围，允许农村集体土地在符合规划和用途管制的条件下进入市场。

允许农村集体土地入市的一个重要方面就是宅基地制度改革，即扩大宅基地流转范围，允许宅基地入市。目前，我国 191158 平方千米的村庄用地中，真正属于经营性建设用地即乡镇和村办企业用地只占 10%，70% 以上是宅基地。随着农民进城务工落户，大量农村住宅和宅基地闲置，[①] 但是，国家规定农村宅基地不能流转（目前只能在 15 个试点地区允许农村宅基地在集体所有制成员内部流转），造成了闲置的农村宅基地不能集中开发成乡村旅游服务设施，限制了乡村旅游规模化发展。如果允许农村宅基地的使用权、乡村旅游资源的使用权可以流转给集体所有制以外的成员，不仅可以解决乡村旅游发展的用地困难的问题，还可以增加农民的财产性收入。农村宅基地和乡村旅游资源绝大部分的所有权是集体的，但使用权是农民个人的，作为我国《物权法》所保护的用益物权，农民有权出租、抵押、继承和转让。开发商到农村租用宅基地和旅游资源的使用权是农民土地权益在经济上的实现，增加了农民的财产收入，不仅对农村集体土地所有权没有任何侵害，反而有利于改善城乡居民收入分配关系，促进城乡融合。所以要对中国农村的土地进行供给侧改革，针对农村集体经营性建设用地权能不完整、不能同等入市等问题，探索建立同权同价、流转顺畅、收益共享的农村集体经营性建设用地入市制度；针对农户宅基地取得困难、利用粗放、退出不畅等问题，健全依法公平取得、节约集约使用、自愿有偿退出的宅基

---

① 蔡继明．允许农地入市是土地制度改革的关键点［N］．经济观察报，2017 - 03 - 12．

地制度。[①] 因此本书建议，云南省建立《云南省农村土地承包经营权、流转经营权和宅基地使用权抵押贷款管理办法》以确权颁证为基础，在"两个不变"的前提下，探索农村集体组织以出租、合作等方式允许农民使用空闲农房、宅基地、设施用地、荒地、配套设施所有权、小型林权、水权等旅游资源使用权等抵押贷款，用于发展乡村旅游。可采用"增减挂钩""宅基地换房"等方法实现宅基地和旅游资源使用权的财产权利，可以通过出让、出租、入股等途径，由外部资本开发利用。

（七）建立乡村旅游用地开发风险防范机制

乡村旅游用地开发如果管控不好会出现各种风险和危机：一是一些地方以发展旅游业为名，租用农村土地开发建设大型地产、主题公园、高尔夫球场擅自改变农村土地用途，可能造成农民失地又失业风险；二是债务风险、粮食安全风险、土地质量风险、生态环境风险等；三是开发商经营不善，企业倒闭。一旦出现这些风险，首先伤害到的是农民。为保障农民根本利益应该建立乡村旅游用地开发风险防范机制。

1. 实行严格的监管制度

加强乡村旅游用地经营权规范有序流转管理。在农村耕地实行所有权、承包权、经营权"三权分置"的基础上，按照依法自愿有偿原则，引导农民以多种方式流转承包土地的经营权，发展多种形式的乡村旅游。把握好乡村旅游用地集中和规模开发的度，不片面追求乡村旅游超大规模经营，不搞强迫命令，不搞行政瞎指挥，乡村旅游发展规模要与当地农村的社会经济条件相适应。

加强乡村旅游用地开发管理。在村域范围内，农户之间需要相互流转土地用于乡村旅游开发可自由进行，但须经集体经济组织或者村委会审核备案，变更手续。把土地流转给非本村的旅游开发商，使用期限在一年以上的，双方必须签订规范的土地开发利用合同，并到

---

① 乔金亮. 奏响三部曲用好三块地——聚焦农村土地制度改革［N］. 经济日报，2017 - 02 - 28.

乡镇（街道）农村经营管理机构办理合同鉴证手续。没有土地承包人的书面委托，任何组织和个人无权以任何方式流转农户的承包地。乡村旅游用地开发合同及有关资料，按管理职责分别由乡镇（街道）农村经营管理机构进行归档，并建立开发情况登记册，及时记载和反映开发情况。由省、市人民政府农村经营管理部门制定统一标准对乡村旅游用地开发合同文本进行规范。省、市、县、乡（镇）政府要加强对土地用途的管制。

2. 乡村旅游用地开发的风险评估

应当在《关于支持旅游业发展用地政策的意见》的基础上进一步细化用地政策，出台土地使用与供给细则，落实旅游项目、基础设施、公共服务设施用地得供给方式、管理方式和使用方式，保障在土地使用上不变样、不走样、不浪费。

要建立乡村旅游用地风险评估机制，制定乡村旅游用地开发的约束规则，对在开发中肆意改变土地用途，浪费土地的行为进行约束。例如，在开发 50 亩以上土地的必须编制乡村旅游发展规划，否则，就不能进行乡村旅游开发。乡村旅游规划的编制必须严格把关，规划中必须有对乡村旅游土地资源利用详细说明和土地保护的说明。规划一旦制定就必须严格执行。为使乡村旅游开发的约束机制具有可操作性，建议合理确定乡村旅游项目建设用地控制标准，加大对违法用地的监管力度和执法力度，同时适当放宽旅游用地利用劣质土地或未利用地的进入"门槛"和计划指标。

3. 构建乡村旅游用地开发风险预警机制

提高政府对乡村旅游用地开发的风险识别和风险防范能力，采用先进技术搭建网络体系、数据库、风险分析、预测、评估等功能的土地风险监测平台，实现乡村旅游用地开发风险出现时的及时有效预警。

4. 建立乡村旅游用地开发风险保障金制度

为防范开发商因各种原因无法履约的情况发生，要在乡村旅游用地开发合同中规定开发商必须交纳一定数额的风险保证金。同时，也要对农户有一定的要求，即为防范在开发有效期内农户单方面毁约，在开发商交纳的土地流转租金中，提取一定数额的信用保证金。两项"保证金"存入当地农村信用社，由乡（镇）农业承包合同管理机构监管。为保障农地使用安全要建立复耕保障机制，对少数开发商确因经营需要而部分改变耕地农业用途的要严格审查，审查通过后，要按有关规定交纳复耕保证金，由乡财政代管，作为今后的复耕之用。

对乡村旅游用地开发面积较大的农村，建立土地开发风险保障金制度，通过政府补助、开发商、农户缴纳等方式交由第三方托管。一旦出现天灾人祸时，可用此基金来对农民予以补偿。此外，还应加大乡村旅游创业保险工作力度，可通过财政补贴的方式，引导租赁业主积极参加乡村旅游创业保险，以提高抗御自然灾害的能力。

5. 建立旅游开发商退出的管理制度

防止乡村旅游用地开发风险，还应当设立乡村旅游开发退出的管理制度。

主动退出。乡村旅游开发商因各种原因，要退出乡村旅游经营，停止租地。一是应足额支付农户土地租金，无能力支付的，从其乡村旅游用地使用风险保障金中支取。二是开发商因没有履行有关合同，有违约责任，应适当向农户支付违约补偿金，如果无力支付，从其乡村旅游用地开发风险保障金中支取。三是拆除旅游服务设施，按质按量进行土地复耕。

被动退出。如果是国家征地需要，迫使开发商退出的，国家应对开发商和农民进行补偿，首先要对农户进行经济补偿、就业安置及社会保障，其次足额补偿开发商的安置补助费、青苗补偿费、地上附着物补偿费、产业用地及其配套基础设施补助费用、拆迁安置用地配套基础设施补助费用等。旅游开发商因公益事业建设被动退出农户承包地，政府应帮助开发商流转新的适合的乡村旅游用地，保障企业可持续发展。[①]

---

① 刘奇. 应尽快建立农地经营的准入与退出制度 [J]. 中国发展观察，2013（12）：58－61.

乡村旅游用地开发经营主体也可以将其流转所得的土地经营权流转给第三方，但必须征得原农户的同意，而且应该明确所有债权债务由谁承担，并及时到相关部门办理注销、变更和登记等手续。

第三节　基于诺斯模型的公平分配机制保障体系建设

即使我们建立了乡村旅游用地增值收益公平分配的理论体系，制定了原则和目标，设计了公平合理的分配机制，如果没有一个外部的保障制度，公平合理的分配机制仍然难以正常运行和充分发挥作用，所以还必须建立相应的乡村旅游用地增值收益公平分配机制运行的保障体系。诺贝尔经济学奖得主格拉斯·诺斯的制度变迁理论不仅可以解释中国过去30多年经济增长的奇迹，而且对中国经济未来改革和突破的侧重点，都有很强的指导性和解释力。[①] 诺斯认为"人类历史中的一个关键疑难问题是，如何解释穷国与富国之间、发达国家与欠发达国家之间的差距甚至比曾经存在的差距更加拉大了。"[②] 产权理论、国家理论和意识形态理论是诺斯制度变迁与制度创新理论的三大基石，被国内一些学者称之为"诺斯模型"。诺斯模型以成本收益为分析工具，论证了制度是"一系列用来建立生产、交换与分配基础的基本的政治、社会和法律基础规则"。[③] 有效的产权制度是促进经济增长的决定性因素，"改进技术的持续努力只有通过建立一个持续激励人们创新的产权制度以提高私人收益才会出现"。[④] 谁最有责任来制定产权制度呢？他认为是国家，"因为是国家界定产权结构，因而国家理论是根本性的。最终是要国家对造成经济增长、停滞和衰退的产权结构的效率负责。因而，国家理论必须

---

① 马光远．诺斯经济学理论对中国的"告诫意义"［DB/OL］．中国改革论坛网，2015 - 11 - 25.

②③④ 道格拉斯·C．诺斯．刘守英，译．制度、制度变迁与经济绩效［M］．上海：上海三联书店、上海人民出版社，1994.

对造成无效率产权的政治—经济单位的内在倾向做出解释。"① 意识形态对制度变迁及创新有重要意义，"如果没有一种明确的意识形态理论或知识社会学理论，那么，我们在说明无论是资源的现代配置还是历史变迁的能力上就存在着无数的困境。"②

　　作为一位受到马克思理论影响的新经济史理论的奠基人和开拓者，诺斯对现代经济学的贡献是解释了制度在经济增长中的重要作用，将新古典经济学中作为外生变量的制度看做内生变量，特别是将产权制度、意识形态、国家、伦理道德等作为经济演进和经济发展的变量，极大地发展了制度变迁理论。③ 本书探索借助诺斯提出的制度变迁与制度创新的理论模型，研究乡村旅游用地增值收益公平分配机制建立的保障体系建设。

一、完善土地产权管理体系

　　产权理论是诺斯模型的第一大理论支柱。他认为，国家服务的基本目标：一是界定形成产权结构的竞争与合作的基本规则，二是在第一目标的框架中降低交易费用以使社会产出最大。有效率的产权不仅能提高资源配置的效率，而且还能形成经济系统激励机制，即降低或减少费用；人们的预期收益得到保证；从整个社会来说，个人的投资收益充分接近于社会收益（在产权行使成本为 0 时，充分界定的产权使得个人的投资收益等于社会收益）。④ 所以有必要对产权进行界定、调整、变革。

　　明晰产权主体，明确谁有权利利用资源并获得收益，不仅是乡村旅游用地增值收益公平分配制度的基本保障，还是减少交易费用的手段。

---

　　①② 　道格拉斯·C. 诺斯. 刘守英，译. 经济史中的结构与变迁 ［M］. 上海：上海人民出版社、上海三联书店，1999.

　　③ 　马光远. 诺斯经济学理论对中国的"告诫意义"［DB/OL］. 中国改革论坛网，2015 – 11 – 25.

　　④ 　道格拉斯·诺斯，罗伯特·托马斯. 厉以平，蔡磊，译，西方世界的兴起 ［M］. 北京：华夏出版社，1999.

我国法律规定，农村土地所有权的主体是农村集体经济组织，但是，我国法律尚未对"农村集体经济组织"属于何种民事主体在法律上却没有做出界定，"村集体经济组织"这一概念高度抽象和模糊，在现实中找不到对应的载体①，导致对集体土地所有权主体法律地位不清晰，在同一块乡村旅游用地在所有、承包、经营、处置等环节出现多元财产权益主体，其大部分权能多数是由少数村干部在行使。另外，我国法律也没有对"农村集体经济组织成员"概念以及其资格的认定问题给出具体解释，进而造成农村集体土地所有权归属不清，在有的地方，集体土地及集体资产实际上成了乡、村干部的小团体所有、有的甚至成为个别乡、村干部的个人所有，任意支配集体土地增值收益。村民委员会与村集体经济组织之间的职责重叠、职权矛盾、权利冲突，从而导致乡村旅游用地增值收益分配中涉及的权利、责任和义务不清，成员和集体组织之间的矛盾尖锐。

建议从法律进一步明确界定土地所有权、承包权、经营权、处置权、收益权以及农村集体经济组织的内涵、外延及其权能。修订民法通则、土地管理法等法律中有关农民集体的表述，规范"农民集体"和"农村集体经济组织"的使用，厘清村委会和村集体经济组织之间的关系。建议将土地等集体资产的管理权完全归属到农民集体经济组织，而村委会主要承担公共服务职能，并且赋予村委会来代表一定范围的农民集体实施集体土地所有权行使的监督权，以达到制衡农村集体经济组织的行使权，防止土地腐败。

改革土地产权制度。在对农民土地确权、登记、颁证的基础上，在法律上明确农户土地产权可分离，即将农村土地的产权分离为所有权、承包权和经营权。要明确"三权"的内容和有效范围，与权利相对应的责任、义务和利益，以及获得权利的资格、条件和程序。应该明确，农村集体拥有土地的所有权，"农民拥有承包权和

---

① 王静等. 农村土地资产管理面临的挑战与政策检讨 [J]. 天津农业科学, 2014, 20 (1) 67 - 73.

经营权，承包权为田底权，经营权为田面权。承包权由承包农户持有，不能流转出去，可以流转的是经营权（使用权），农民离开农村不影响田底权和田面权，也不影响土地的生产经营。这样不用担忧农民失去对土地的承包关系，为土地在更大范围内优化流动配置和发挥作用拓展巨大空间"[①] 也为乡村旅游用地增值收益公平分配机制建设创造必要条件。

二、界定乡村旅游资源产权关系

乡村旅游资源"产权清晰"归宿明确是乡村旅游用地增值收益公平分配的前提和基础。目前，国家对风景区的旅游资源产权比较明确，国务院《关于加强风景名胜区保护管理工作的通知》规定："风景名胜资源属于国家所有"。但是，广大农村地区的乡村旅游资源的产权主体尚未得到明晰，使农民无法通过产权参与旅游发展和从中获益。乡村旅游用地的旅游资源产权的界定包括权利主体的界定和权利客体的界定，其中权利主体的界定从整体上界定较容易，但从个体，社区上界定存在很多困难，这是当前乡村旅游用地增值收益公平分配机制建立的障碍和难点，需要制度创新，要对乡村旅游用地的旅游资源的产权进行主体确认。

保继刚、左冰提出"农村集体土地的旅游吸引物应该得到明确的法律界定，为旅游吸引物权立法"[②]。巴泽尔（Barzel）强调，"从法律上界定一项资产的所有权比在事实上界定它，花费的资源通常要小"。[③] 乡村旅游资源物权化并加以法律界定，从法律上来体现乡村旅游资源财产关系的合法化、特定化、稳定化。尽管乡村旅游资源的所有权有些是国家所有，有些是集体所有，有些是个人所有，但是因为

---

① 周跃辉. 按权能分配农村集体土地增值收益论 [D]. 北京：中央党校，2014.

② 保继刚，左冰. 为旅游吸引物权立法 [J]. 旅游学刊，2012（7）：11 – 18.

③ Barzel Y *Economic Analysis of Property Rights* [M]. Cambridge：Cambridge University Press，1989（4）.

它们附着在农村集体土地上,所以,第一,从法律上明确乡村旅游资源的使用权归农民,从而使农民的乡村旅游资源使用权受我国《物权法》的保护,落实乡村旅游资源的用益物权,农民具有乡村旅游资源收益的优先权,农民有权出租、抵押、继承和转让实现乡村旅游资源权益的经济利益;第二,理顺乡村旅游资源所有权和使用权的关系,使乡村旅游资源使用权交换流通的前提更加明确;第三,让农村集体土地上旅游资源的所有权和经营权受到平等的保护,所有者和使用者享有让妨害人停止妨害、请求国家对旅游资源法律保护的权利,既有利于鼓励经营者努力创造财富,又有利于促进乡村旅游用地增值收益公平分配。第四,从法律上对土地及其附属物的旅游资源价值加以认可,通过法律来协调各方面冲突因素,才能使相关各方的矛盾冲突的解决有法可依。

深化对乡村旅游用地增值收益问题的研究,确定乡村旅游用地增值收益要素市场化,以明晰要素的所有权并使之资本化,在此基础上,建立多元化的产权制度。加强法制、法规的建设,实施旅游资源申请知识产权、专利、专营权拍卖制度,使乡村旅游产业发展及土地增值收益分配有法可依。只有建立多元化的旅游资源产权体系,才能够做到既发挥乡村旅游资源的经济效益,又确保乡村旅游用地增值收益分配公平。

三、尽快制定乡村旅游土地使用政策

在诺斯模型中,制度变迁和制度创新包括个人安排、组织安排与国家安排三种基本形式。① 国家应通过有效的制度改革来防止因使用稀缺资源发生的利益冲突,阻止"租金消散",充分发挥产权的激励机制。"随着乡村旅游、文化旅游、自驾车房车旅游、邮轮游艇旅游、研学旅

① 叶剑平,田晨光. 中国农村土地权利状况:合约结构、制度变迁与政策优化——基于中国17省1965位农民的调查数据分析 [J]. 华中师范大学学报,2013(1):33.

游等新产品新业态的兴起，新的用地政策需求旺盛"。① 因此，政府要针对旅游用地政策长期不明确的情况，改革完善旅游用地管理制度，推动土地差别化管理与引导旅游供给结构调整相结合，与国家旅游扶贫战略相结合，尽快制定乡村旅游用地使用政策。

我国目前的土地制度跟不上旅游业发展的需要，在一定程度上影响中国旅游业的发展速度。《土地管理法》中提到建设用地包括城乡住宅和公共设施用地、公矿用地、交通水利设施用地、旅游用地、军事设施用地等。但对于什么是"旅游用地"没有详细解释。在政府相关部门，对旅游用地的划分标准不一样，在各自内部形成了各自的分类体系，这些分类相互矛盾、重叠，造成各部门之间工作扯皮、沟通不畅，不利于我国土地的开发和管理，更不利于乡村旅游用地的开发和管理。建议尽快制定乡村旅游土地使用政策。

《国务院关于促进旅游业改革发展的若干意见》要求，"年度土地供应要适当增加旅游业发展用地，在符合规划和用地管制的前提下，鼓励农村集体经济组织依法以集体经营性建设用地使用权入股联营等形式与其他单位、个人共同开办旅游企业"。但是，还需要国家有关部门尽快制定相关的实施细则。受 18 亿亩耕地红线的制约，我国乡村旅游的发展一定要坚持不改变农村土地用途、不改变农村土地性质的原则，所以国家应该对旅游用地进行界定、实施用地分类管理。

一是确定旅游用地的内涵和标准。针对相关法律法规并未明确定义旅游用地的具体内容，旅游部门会同国土部门对旅游用地进行系统和全面的调查，确定当前旅游用地的数量、权属、分布等情况，将旅游用地从商业用地中细分出来，合理确定旅游用地的供给价格，在此基础上提出一个旅游用地分类标准，为乡村旅游用地提供指导，实现乡村旅游用地的精准供应。在乡村旅游用地流转中，在土地供应价格上存在按哪类土地价格定价的困惑，乡村旅游土地流转实际中，有的

---

① 窦敬丽. 乡村旅游可用集体建设用地（政策解读）［N］. 人民日报，2015 - 12 - 20，02 版.

按商业用地定价，也有的地方按工业用地定价。目前，国家应规定旅游业用地的价格，如一时不好规定，也最好按工业用地价格来定价。在乡村旅游用地的使用年限上，也希望最好按70年来定，这样有利于可持续发展。

二是对旅游用地差别化管理实施用地分类管理。应以《国务院关于促进旅游业改革发展的若干意见》为指导，推动对旅游基础设施用地、旅游服务设施用地、旅游扶贫用地、废弃用地、滩涂荒地、乡村旅游用地、文物设施利用、旅游新业态用地等的统筹利用。在此基础上，地方政府应在全域旅游规划和实施过程中，根据实际情况制定旅游用地导则或细则，进一步明确旅游用地的相关方式、类型和条件。建议把旅游用地分为建设用地、非建设用地，分设旅游设施用地、旅游地产用地与旅游景观和生态用地。同时，制定旅游用地分类体系与城市规划分类体系衔接表，为旅游用地的出让提供依据，推动旅游项目顺利落地。①

三是对乡村旅游用地分类管理。对于已经存在的乡村旅游项目应当继续允许其存在，按保障面积对乡村旅游项目用地进行计算，超过面积的应该有偿使用。对于农民利用自己宅基地开展旅游接待活动的，免征营业税，对于宅基地以外另建经营设施的，实行有偿使用制度，征收土地使用费。针对乡村旅游用地特点，在符合规划和用途管制的原则下，对利用农用地和未利用地、生态景观用地发展乡村旅游，可按照实际地类进行管理，采取长期租赁、先租后让、租让结合的土地流转方式。并建立乡村旅游产业用地的差别化、精细化管理制度。

借鉴马波提出的观点，建议把乡村旅游用地管理分为五大类。第一类，乡村度假区、特色小镇、乡村旅旅游主题公园等较大规模的乡村旅游用地，宜采用土地征收方式及"程序规范、补偿合理、保障多元"的管理方式；第二类，用于乡村旅游的宅基地，要突破宅基地交易只能在农村集体经济组织成员内部的政策、消除村宅功能改造的政策管制、

---

① 林业江. 桂林旅游产业用地改革试点的探索与实践 [J]. 旅游学刊, 2017 (7): 5 – 6.

鼓励旅游规模利用；第三类，乡村旅游利用的农村集体公共用地，这一类型的土地，可用于旅游公共环境建设或基础服务设施建设，采取集体内部经营，土地增值收益分配公益化；或面向农村集体成员，配合宅基地旅游利用，有偿转让开发，土地增值收益分配市场化的管理模式；第四类，未利用土地旅游开发。具有公益性质的开发，如植树造林、交通、湿地、绿化等旅游环境建设，适合借鉴 PPP 模式，走政府—乡村伙伴关系（PCP）路子。如果属于旅游产业性质的开发，可遵照"同权同价、流转顺畅、收益共享"的原则，走集体经营性建设用地入市的路子，同时依照契约，赋予开发主体用地自主权；第五类，乡村旅游利用的农用地。首先，不改变农地的性质，把旅游作为第二功能叠加在农业上，以开发旅游家庭农场、休闲农庄类产品为主；其次，从主体看，应优先选择农民合作社形式；再次，应当允许一定比例（如 <5% 或 3%）的农地用于农业产业链延展和旅游配套设施建设；最后，对于必要的旅游设施占用耕地，可通过其他方式实现耕地总量平衡管理。[①] 要通过乡村旅游规划制定更为细致的乡村旅游用地空间管控机制，进一步明确乡村旅游用地的管控原则和措施，才能有效建立乡村旅游用地增值收益公平分配机制，为乡村旅游发展提供可持续发展的空间和环境条件。

四是建立乡村旅游用地管理条例，规范乡村旅游用地开发。建议尽快制定"农村集体土地使用权旅游开发流转条例"。实现从农村土地规划、报批、供地、土地流转、土地增值分配等方面对乡村旅游项目投资进行政策支持，简化相关程序，提高旅游开发商的投资积极性。积极引导旅游开发商在不改变农地的用地性质、不改变农地用途基础上，尽量保持原来农地的原生态状况，以农田、蔬菜、鲜花、果园、茶园、科技园等为基础融入有地方特色的农耕文化，做到旅游文化与生态田园风光相结合，把农业生产的观光、度假、体验、休闲、健康等潜在价值发挥出来为农村农民致富。

---

① 马波. 农村旅游用地问题的梳理与收敛［J］. 旅游学刊，2017（8）：4-5.

四、推进乡村旅游用地价值评估工作的法制化

在明确了乡村旅游用地旅游资源产权所有之后，还必须对其进行合理评估。在乡村旅游开发中，很多乡村旅游用地是流转经营权给开发商开发，由于当地村民甚至是政府管理人员对于乡村旅游用地价值的认识不足，也没有相应的具有法定权威性的评估标准参考，往往低估了乡村旅游用地的价值，而外来开发商却以较低的成本获得了有较高价值的乡村旅游用地使用权，致使利益格局失衡，农民利益受损。对各种乡村旅游用地及旅游资源进行资产评估是公平分配的技术基础，所以必须对乡村旅游用地进行合理评估。但是，目前我国对乡村旅游用地的价值评估及定价的研究和实践都还极为不成熟，可以说还处于空白阶段。建议政府相关部门加强对乡村旅游用地价值评估工作的领导，确立相应的评估机构与科学的评估方法，建立科学的评估指标体系。综合考虑土地的经济价值、生态价值、社会价值、旅游价值等多方面因素，实现对乡村旅游用地的自然属性和经济属性进行综合评价。农民有权独立聘请中介机构进行评估，评估人员不得违反国家有关法律法规和行业准则，不得故意规避评估程序、歪曲评估标准、出具虚假评估报告，要科学、客观、公正地进行评估。加快实现乡村旅游用地评估制度法制化，以确保评估工作中的客观公正，使乡村旅游发展中的土地增值收益分配更加规范化、法制化。

五、搭建乡村旅游用地交易信息平台

乡村旅游用地增值收益分配不公平的原因之一，是信息不对等、信息系统不健全。所以，政府要按照"全面、准确、有效"原则，建立乡村旅游发展、土地流转、土地价格的信息传输和查询平台，促进农村社会主体信息占有地位上的平等对等。建议政府搭建乡村旅游用地交易平台，将乡村旅游用地供需双方的报价纳入电子交易系统。信

息系统主要包括乡村旅游用地的等级评定、价格评估、经营方案等。在这一交易信息系统中对农民与开发商双方的情况尽可能的地全面介绍，例如，农民的乡村旅游用地资源有正规评估中介机构对土地资源质量等级的认证书，供开发商做投资决策参考。同时，也要求开发商把自己的资产、经营状况等在交易系统中公布，方便农民决策；此外，要求开发商定期把会计事务所审核通过的乡村旅游经营的财务报表披露于交易系统，以实现经营信息的透明化。信息公开应渗透至乡村旅游用地流转、管理、收益分配、收益使用及管理等各个环节，保障政府、农村集体经济组织、开发商、农民之间都存在一定的约束与彼约束，减少信息不对称现象，真正实现乡村旅游用地增值收益分配的公平与合理。

六、完善第三方力量的制度体系

第三方力量，主要是指专门为乡村旅游用地增值收益分配而设置的中介组织、服务机构及其他配套设施等，例如，建立专业化的乡村旅游用地评估组织、乡村旅游资产评估公司、行业协会等。用第三方推进乡村旅游用地增值收益分配正规化，避免农民在乡村旅游用地流转和土地增值收益分配中受到损害。因此，政府要尽快建立公正规范的第三方力量制度体系，出台建立第三方力量相关法律，规范第三方力量的行为；充分发挥第三方力量在乡村旅游发展及增值收益信息交流、土地流转合同和分配协议签订、损失追偿、纠纷解决方面的作用。第三方力量要协助乡村旅游用地增值收益分配活动中的法律事务的处理，从流转农地价格评估、土地增值收益分配协议要件审查、协议签订、违约行为追偿、责任承担方式上为农民提供有合法依据的对策建议。通过第三方的监督和约束力，让旅游开发商的经营信息更加透明，使农民能够准确掌握经营者真实的收益情况，杜绝开发商为获得更高利益而弄虚作假。

七、建立乡村旅游用地增值收益分配的民主决策制度

乡村旅游用地增值收益分配的民主决策制度是指，各相关利益主体通过自由而平等的对话、讨论、审议等方式协商乡村旅游用地增值收益分配问题，进行民主协商和集体决策。农民的知悉权、参与权，是尊重农户对于土地用益物权的直接有效形式，是保证乡村旅游用地增值收益分配公平合理的重要环节，实际上这就是市场交易双方的合作博弈。乡村旅游用地增值收益公平分配机制必须以农民民主权利的落实作为保障，从制度上完善乡村旅游用地增值收益分配民主决策，保障农民的知情权、提请权、协商权、投票权、决策权、参与权与监督权，以民主协商制度方式充分反映农民的利益诉求，从而产生多元利益的均衡机制，以防止乡村旅游用地增值收益分配权利为少数人利用，保证乡村旅游用地增值收益分配受到集体成员意志的制约。

乡村旅游用地增值收益公平分配机制通过民主协商制度保障，既强调通过平等对话、公开讨论、辩论来实现乡村旅游用地增值收益分配的公平性；也强调通过理性相互对话实现利益合作，推动乡村旅游的健康发展。以民主协商制度，提高乡村旅游用地增值收益分配公平质量，把个人观点转化为共识，把纠纷转化为统一，把矛盾转化为协调。确立乡村旅游用地增值收益分配的民主协商机制是体现农民土地权利、增强农民话语权的重要保障，是将农民在乡村旅游用地增值收益分配中对利益的被动选择、在信息不对称条件下的简单否定或暴力抗争转化为一种更加理智和深思熟虑解决矛盾的有效途径。

八、建立乡村旅游用地增值收益分配纠纷争议处理制度

（一）建立纠纷争议协商处理制度

是指乡村旅游用地增值收益分配出现纠纷或者争议时，各方利益主

体基于理性的协商，消除彼此分歧、取得共识，以维护各自权益的特定机制。由村集体经济组织或者当地政府在不违背现行法律法规情形下，帮助乡村旅游用地增值收益分配争议各方在分配权、分配比例、义务责任等方面进行协商、协调达成一致意见。凡属于乡村旅游用地增值收益分配重大问题、涉及当地农民切身利益的事项，农民反映强烈、要求迫切解决的利益分配问题等都应在基层广泛协商，协商时充分吸收利益相关者参与，协商结果要规定期限向村民公开。协商无法解决或者存在较大争议的问题和事项，应提交村民会议或村民代表会议决定。建立村民恳谈会、村民议事会、村事务协商会、村事务听证会、村民理事会、成效评议会等协商形式。

（二）建立纠纷争议调解处理制度

要建立健全乡村旅游用地收益分配矛盾纠纷调解制度，实现人民调解、行政调解、司法调解的有机结合，综合运用法律、政策、经济、行政等手段，通过教育、协商、疏导等办法最大限度缓解乡村旅游用地增值收益分配中的纠纷和冲突，坚持先调解、后仲裁的原则，把矛盾化解在基层、解决在萌芽状态。

（三）建立纠纷争议诉讼处理制度

积极推进民意调查、信息公开、听证论证、民主协商等方式，拓宽农民在乡村旅游用地增值收益分配中的诉求表达渠道。要善于利用群众代表、党员代表、人大代表、政协委员联系群众制度，了解和传达农民的诉求，并积极疏导和化解土地利益纷争。大力提倡乡村旅游用地增值收益分配发生纠纷争议时纳入法律诉讼轨道、通过司法途径解决。要积极推进农村法制建设，要把司法诉讼处理作为乡村旅游用地增值收益分配纠纷争议最终和主要的处理途径。通过司法途径处理争议可以最大程度体现乡村旅游用地收益分配的公平和公正，而且，司法途径处理的结果更具有权威性、更容易为纠纷争议双方所接受和认可。

九、提高基层干部和农民的法制意识

根据诺斯模型，对于制度公平或正义的判断，是每个人的意识形态所固有的一部分。[①] 意识形态能提供给人们一种世界观而使人们的行为决策更为合理，如果人的行为受一定的准则和规范的约束就会更加公正、合理并且符合公正的评价。在乡村旅游开发过程中，既不能漠视当地农民的合法权益也不能允许目无法纪的行为发生。针对基层干部可能出现的违背农民意愿、侵犯农民土地权益等问题，要提高基层干部的法律意识、民主意识、服务意识，用道德规制对乡村干部行为进行制约。要积极、广泛地推行普法教育，使宪法、土地承包法、土地管理法、旅游法、土地流转管理办法等法律法规深入农户，让农户懂得自己在乡村旅游用地增值收益分配中拥有的权益，善于运用法律的工具来保护自身利益。要宣传乡村旅游开发的风险性，要让农民有思想和心理准备，乡村旅游用地流转以及土地增值收益分配要遵守什么样的相关法律规定等，一旦出现风险，应该采用法律手段进行处理。增强基层干部和农民的法律意识，并以此促进乡村旅游用地增值收益分配行为的规范化。只有按照国家法律来办事，才能切身保护自己的利益。提高村民的法制意识，当发生利益被侵害事件时农民就能寻求法律的帮助，而不是采取原始暴力手段。

综上所述，建立一个"以乡村旅游用地增值要素分配理论为基础，农民平等分享为目标，公平、效率、共享为原则，股份制为途径，科学评估为手段，法律制度为保障，近期和长远相结合，分配方式多元化的乡村旅游用地增值收益公平分配机制"（见图 9-2）是当前推动中国乡村旅游健康发展，提升旅游扶贫效果，维护农村稳定的最迫切、最重要的工作。

---

① Douglass C North, *Stucture and Change in Econmic Hitory* [M]. New York: W. W Norton & Co, 1981. 1.

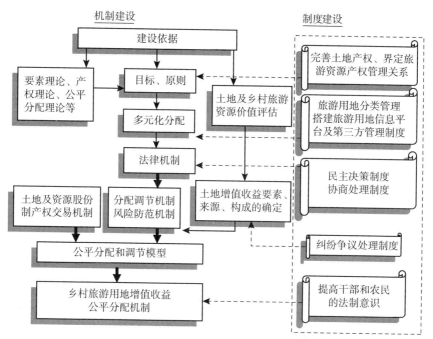

图 9 - 2 乡村旅游用地增值收益公平分配机制构建示意